HISTOIRE

DU

SACRE DE CHARLES X.

IMPRIMERIE DE C. L. F. PANCKOUCKE,
RUE DES POITEVINS, N. 14.

HISTOIRE

DU SACRE

DE CHARLES X,

DANS SES RAPPORTS

AVEC LES BEAUX-ARTS

ET LES LIBERTÉS PUBLIQUES DE LA FRANCE,

ORNÉE DE QUATRE PLANCHES GRAVÉES;

PAR F. M. MIEL.

PARIS

C. L. F. PANCKOUCKE, ÉDITEUR
Rue des Poitevins, n°. 14;

FÉLICIER, LIBRAIRE, PLACE DU PALAIS ROYAL, N. 243.

M. D. CCC. XXV.

Au moment où ce livre va paraître, j'apprends que le beau contre-point sur plain-chant, dont j'ai fait l'éloge à la page 76, est l'ouvrage de M. Benoit, organiste de la Chapelle du Roi et professeur d'orgue à l'École royale de musique. Je crois avoir loué l'auteur de la manière la plus flatteuse pour lui, en attribuant à M. Cherubini cette composition, qui porte le cachet du maître. Mais je me félicite d'être encore à temps d'inscrire dans mon *Histoire du Sacre* le nom du jeune artiste, et de lui rendre ce qui lui appartient. Par sa facture à la fois savante et simple, par la convenance et la sévérité de son style, M. Benoit est appelé à devenir chez nous un des soutiens de l'art classique.

PRÉFACE.

Les arts ont fait les délices de ma vie; dès mon enfance, ils eurent pour moi un attrait irrésistible; j'en recherchais avec avidité les productions; j'en contemplais avec ravissement les chefs-d'œuvre; j'étais sensible à l'impression du beau long-temps avant l'âge où l'on cherche à raisonner ses sensations et à remonter à la source de ses plaisirs.

Plus tard, des études spéciales, des comparaisons répétées, de constantes méditations, m'ont éclairé sans me refroidir. Je me suis fait une doctrine invariable sur la destination des arts, sur leur influence, sur les causes de leur perfectionnement ou de leur dégradation. Quelquefois j'osais me dire : « Et moi aussi, je pourrais écrire sur la peinture, sur la sculp-

ture, sur l'architecture, sur la musique. »
Mais j'avais voué aux arts une espèce de culte;
ils étaient, en quelque sorte, ma seconde religion. Jamais ces enfans du génie n'eurent rien
de frivole à mes yeux. Je pensais qu'il n'était
pas permis de prendre la plume froidement,
sans inspiration, je dirais presque, sans mission, sur un texte dont je ne voyais que la sublimité; je me taisais par respect pour les arts
mêmes.

Des circonstances étrangères à ma volonté
m'ont conduit à entretenir le public de ce qui
avait été pour moi jusqu'alors l'objet d'une adoration secrète. J'avais rendu compte d'un *Salon*, presque malgré moi; mes examens furent
goûtés, parce qu'ils reposaient sur une théorie.
Je fis paraître en hésitant mon *Essai sur les
beaux-arts*; je fus honoré de suffrages flatteurs; j'eus le bonheur d'obtenir le plus auguste de tous, sans avoir même conçu la pensée
d'y aspirer; j'appris que M. le duc de Berry
avait lu mon livre. Je désirai lui en présenter un

exemplaire, et cette faveur me fut accordée. Le prince me reçut avec cette bonté franche qui le caractérisait. « A merveille, M. Miel, me dit-il, à merveille; je vous ai lu avec intérêt et avec plaisir, et la duchesse aussi; je vous remercie; continuez. » Tel fut l'encourageant accueil de Son Altesse Royale. Hélas! un mois après, mon auguste protecteur n'était plus.

Il n'était plus; mais ses paroles restaient gravées dans mon âme. Je ne perdais pas de vue la tâche que son suffrage m'avait imposée; je la remplirai. Je n'oublie pas que j'ai à renouer mon premier *Essai* avec l'époque actuelle. J'y suis tout prêt; mon plan est tracé, mes matériaux sont disposés, mes gravures faites. Je passerai en revue toutes les productions remarquables qui ont paru, soit dans les arts, soit dans les lettres en tant qu'elles se rattachent aux arts. J'examinerai l'influence des doctrines exotiques qu'on essaie de naturaliser en France. Ces poétiques étrangères, qui menacent de faire perdre à notre littérature sa physionomie nationale, ne sont pas moins redoutables pour les arts. Quand un faux goût s'est emparé de la lyre du poète, il est difficile que la palette du peintre y échappe entièrement ; la poésie et la peinture sont sœurs, et la marche de l'une se lie toujours à celle de l'autre. J'oserai aborder aussi les actes de l'autorité ; j'exprimerai mon sentiment avec mesure, mais avec franchise ; les opinions que je professe sont trop miennes pour n'être pas indépendantes ; si j'ai pu valoir quelque chose, c'est par mon franc-parler ; je le conserverai ou je cesserai d'écrire ; j'ai prouvé qu'aucun intérêt ne pouvait m'y faire renoncer.

Depuis long-temps je n'ai publié que des fragmens ou des articles épars ; mais ils ont été constamment empreints de cette liberté qui, lorsqu'elle vient de la conviction, supplée quelquefois le talent. Des devoirs que je m'étais imposés, et qui devinrent d'autant plus sacrés pour moi qu'ils étaient volontaires, ont restreint ma plume à ces pages isolées. J'ai pu né-

PREFACE.

gliger le culte des arts pour celui de l'amitié; j'étais si heureux et si fier de me consacrer à elle! Aime-t-on sans faire des sacrifices? J'ai fait sans réserve le plus difficile de tous; quand j'aime, je me dévoue; j'aime à aimer. J'ai rempli les obligations de mon cœur. Redevenu libre, je dois reporter vers les arts le reste d'une existence qu'ils ont animée; c'est obéir à l'ordre d'un prince dont les encouragemens retentissent encore à mon oreille; c'est suivre ma plus douce inclination, après l'amitié.

Pour rentrer dans la carrière sous des auspices favorables, il me vint à l'esprit de saisir une occasion où les arts déploient toute leur pompe, en s'associant aux institutions nationales. Je conçus avec enthousiasme le projet de décrire une imposante solennité, à laquelle se rattachent les destinées de la patrie. Je vis là un double motif de reprendre la plume; je m'y décidai comme ami des arts et comme français. Aussi, dès que la commune renommée eut annoncé que les préparatifs de Reims étaient assez avancés pour qu'il fût possible d'en juger l'effet, je fis un voyage dans cette ville. J'y vis d'admirables dispositions à la cathédrale et à l'archevêché ; le système de décoration me parut parfaitement approprié à son objet ; les idées m'arrivèrent en abondance ; celle qui domina toutes les autres fut de mettre le sacre de Charles x en parallèle avec celui de Louis xvi, et de comparer l'état des arts aux deux extrémités du demi-siècle qui vient de s'écouler. Plein de ce projet, je fis faire des dessins fidèles et propres à rendre ma comparaison sensible ; car sans dessins, ces sortes de considérations ne sont que de vains mots. Mais je ne tardai pas à m'apercevoir que le temps me manquait. J'ai poursuivi toutefois, espérant pouvoir en partie suppléer au temps par le bonheur que j'éprouve à parler de ce que j'aime ; c'est pour moi une telle satisfaction, qu'elle double mes forces.

J'offre donc cet ouvrage, fait autant de nuit que de jour, comme une sorte d'improvisation écrite. Quand je songe que, six semaines avant le jour où je trace ces lignes, j'étais encore à Reims, ayant, il est vrai, des matériaux précieux, abondans, mais n'ayant guère que ces matériaux, je ne vois pas sans inquiétude mon livre s'échapper de mes mains, et je demande grâce d'avance pour ses nombreuses imperfections. Ici le temps fait beaucoup à l'affaire. Quelque intéressante que soit la solennité en elle-même, il y a un à-propos qu'il importe de ne pas manquer; malheureusement, l'improvisation ne va pas à ma tournure d'esprit. A vingt-cinq ans, ne doutant de rien, je savais produire avec rapidité; à cinquante ans, quoique je sente bien que mon imagination n'est pas encore froide et inactive, il me faut de la méditation; c'est quand la vie m'échappe et quand j'aurais le plus besoin de me hâter, que je ne le puis plus. Mais mon respect pour le public ne me permet pas de lui livrer des choses indigestes et hasardées. Cependant, le volume que je lui présente a été produit par feuillets détachés, la presse dévorant chaque matin la composition de la nuit, et ne me laissant ni le loisir de consulter la censure de l'amitié pour m'épargner celle d'un lecteur justement difficile, ni la faculté de voir ensemble une certaine étendue de travail autrement que par les épreuves; j'ai presque toujours revu l'épreuve de la veille en composant la feuille du lendemain, et, par rares intervalles, j'ai pu avoir en même temps sous les yeux le commencement et la fin d'un même chapitre. Au surplus, ce livre ne pouvait pas voir le jour d'une autre manière; il fallait qu'il se fît comme cela ou qu'il ne se fît point.

Mon ouvrage n'est que le récit du sacre de Charles x, accompagné de réflexions historiques et de considérations *artielles*. J'ai tout vu le crayon à la main. J'ai fixé sur le papier toutes mes impressions, à mesure que je les éprouvais, ne m'en fiant pas à mes souvenirs, et parmi ces impressions, j'ai choisi celles qui caractérisaient le mieux et le plus vivement, celles qui faisaient le plus image. Mon but a été de retracer la fête du sacre au lecteur qui a eu le bonheur de la voir, comme de la faire voir au lecteur qui ne l'a pas vue. Si ma narration manque de coloris, il m'est du moins permis de garantir que le dessin en est exact. Observateur scrupuleux, j'ose croire que je suis resté fidèle à la physionomie. Comme La Bruyère, mais dans un autre sens, je me flatte de rendre au public ce que j'ai reçu de lui.

L'étude des sacres approfondie est curieuse et instructive. Mais écrire une histoire des sacres, roi par roi, ne me semble pas une idée heureuse ; c'est s'engager dans des redites inévitables ; car tous les sacres se ressemblent. Cinq seulement ont un caractère propre et individuel. Je n'y comprends pas celui de Clovis, sur lequel nous manquons de données vraiment historiques.

Le sacre de Charlemagne est le premier qu'il soit possible d'étudier dans l'histoire. Quoique par des documens encore imparfaits, il montre déjà tout l'esprit de l'inauguration royale. La religion s'empare de la personne du prince ; elle va le chercher dans son palais et le conduit à l'autel. On demande aux assistans s'ils le veulent pour roi. L'archevêque l'investit des insignes royaux, le couronne et l'intronise, c'est-à-dire, le présente au peuple sur un trône élevé, qui remplaçait dès lors l'ancien pavois. C'est à peu de chose près ce qui se pratique encore de nos jours.

Le sacre de Philippe 1er est le premier sur lequel les détails soient complets. Cette cérémonie reproduisit une image vive et crue de l'élection primitive, et les légats du pape en furent exclus, ou ils n'y furent admis qu'à titre honorifique, mais avec déclaration expresse qu'ils y seraient sans influence. Chose remarquable! ce dernier point est peut-être le seul sur lequel la nation française, si confiante pour tout le reste, se soit montrée constamment ombrageuse. Plus d'une fois même, ses rois renoncèrent à des réformes utiles, uniquement parce qu'elles pouvaient avoir une couleur de complaisance pour la cour de Rome, et qu'aux yeux d'une nation jalouse de toutes ses libertés, à toutes les époques de la monarchie, il importait d'éviter jusqu'à l'apparence d'une soumission.

Le sacre de Philippe-Auguste est le premier dont la forme ait été réglée par un acte de l'autorité souveraine. Les sermens, la liturgie, tout le cérémonial furent l'objet d'un édit spécial de Louis-le-Jeune, père de ce prince. Cet édit fit de tout le formulaire une sorte de constitution de l'état, que depuis l'on a toujours suivie, à quelques nuances près.

Le sacre de Louis ix, conforme à ce formulaire, en diffère dans un seul point; mais ce point est essentiel; on ajouta au serment royal l'anathème contre les hérétiques, toujours répété depuis, même après l'édit de Nantes.

Enfin, le sacre de Charles x, en présentant les mêmes cérémonies, se distingue par un rituel nouveau, adapté à la Charte constitutionnelle.

Telles sont les cinq époques vraiment remarquables dans l'histoire des sacres. Je n'insisterai pas sur chacune d'elles en particulier. J'aurais pu, taillant à plein drap dans les rituels, dans les chroniques, dans les journaux, allonger mon volume et raccourcir mon travail; mais les ciseaux sont l'instrument littéraire dont je sais le moins me servir; je ne saurais me décider à faire un ouvrage avec des lambeaux cousus ensemble, et je ne consentirai jamais à découper, quand mon devoir est d'écrire[1]. Mais ce que j'ai dû coudre ensemble, ce sont les faits que j'ai vus, les mots que j'ai entendus, les documens que j'ai recueillis sur les lieux. Je me suis attaché à ne mettre rien de mon invention, mais à rendre tout naïvement; la vérité a toujours son charme.

J'ai entremêlé avec soin les descriptions d'art,

---

[1] Une fois pourtant j'ai usé de la faculté de transcrire le journal. La cérémonie de l'ordre du Saint-Esprit devait trouver place dans cet exposé pour qu'il fût complet, et le récit en pouvait recevoir une forme historique. Mais comme l'intérêt de cet épisode est faible par lui-même, il fallait racheter ce qu'il y avait d'ingrat dans le sujet, par un travail auquel je n'avais

PRÉFACE.

les considérations historiques et les détails du cérémonial, de manière à prévenir la monotonie. Mais en retraçant le sacre de Charles x, j'ai dû rappeler l'esprit des anciens sacres; aussi en ai-je fait connaître tous les détails saillans, sous le rapport des opinions, des mœurs et des usages. Mes recherches préliminaires ont été considérables et, pour ainsi dire, complètes; j'ose dire que la substance de la plupart des ouvrages qui ont traité de cette matière, est concentrée dans le mien. En montrant que le sacre de nos rois fut l'origine de toutes nos libertés publiques, je crois envisager le sujet sous un point de vue neuf, et qui doit intéresser. Sans doute je n'intéresserai pas moins en faisant ressortir ce que les arts ont déployé d'éclat et de magnificence pour donner à cette pompe toute la solennité possible; ce sera entretenir les Français d'une de leurs gloires.

pas le temps de me livrer. C'est pourquoi j'ai reproduit en grande partie, et à quelques descriptions près, la relation officielle.

Le fond de la cérémonie tenant à la religion, est placé au dessus de la censure humaine; mais la forme extérieure, qui est l'ouvrage des hommes et même des ministres, peut être critiquée; en cette partie, j'ai dû me faire le fidèle interprète du public assistant. Quant aux examens et aux jugemens sur l'architecture, sur la peinture, sur la sculpture, sur la musique, ils m'appartiennent en propre; en ce qui touche à la doctrine des arts, je ne m'en rapporte qu'à moi seul. A cet égard, j'avais tout distribué d'avance et avant de prendre la plume. Dès les premiers chapitres, je rattachais historiquement le nom de sainte Geneviève au sacre des rois de France, pour préparer le lecteur à une excursion dans la sublime *Coupole*, peinte par M. Gros [1]; et le beau portrait en pied de Charles x, peint par M. Gérard, rentrait naturellement dans mon sujet [2]. Ce sont les sommités *artielles* qui ont jalonné ma route.

[1] *Voir* page 185.
[2] *Voir* page 245.

PRÉFACE.

J'ai pu, grâce aux arts seuls, marcher toujours devant moi sans m'égarer dans le dédale des faits. Aussi, telle qu'elle est, si je ne me fais pas illusion, cette histoire ne peut laisser aucun doute sur le motif qui me l'a fait entreprendre : elle doit, comme l'âme de son auteur, être remplie des arts.

Mes matériaux étaient disposés, mes gravures faites, lorsque je me vis sur le point de perdre le fruit de mes travaux et de mes dépenses. Les libraires ne voulaient pas de mon livre ; tous m'opposaient celui dont le gouvernement a chargé des historiographes spéciaux, le seul, suivant eux, qui puisse avoir du débit, quoique, selon toute apparence, il ne doive pas être mis en vente. Je m'adressai à M. Charles Panckoucke, sans avoir l'honneur d'être personnellement connu de lui. Sur la vue des gravures, sur la lecture de quelques chapitres dégrossis, sur mon nom seul, j'ose le dire, comme attaché à un écrit qui devait traiter des arts, et avant d'avoir rien vu ni lu, M. Panckoucke se chargea d'un ouvrage qui n'existait pas encore. Digne héritier d'un nom distingué dans les annales de la typographie et de la littérature, M. Panckoucke porte le plus noble esprit dans la plus noble industrie; les amis des lettres, des sciences et des arts lui doivent de la reconnaissance; moi, dont il a ranimé le courage prêt à s'éteindre, je lui adresse de sincères remercîmens.

SACRE
DE CHARLES X.

CHAPITRE PREMIER.

Origine du sacre; ses effets.

L'ORIGINE du sacré des rois se confond avec celle de la monarchie. Cette institution, toute religieuse dans son principe, a eu dans ses effets une grande importance politique. On y voit une limitation primitive à la toute-puissance d'un seul homme. C'est dans les cieux que la religion pose des bornes à un pouvoir qui n'en connaît plus sur la terre.

Ouvrons la Bible, le plus ancien et le plus vénérable monument de l'histoire. Au temps des patriarches, le gouvernement des Hébreux n'est que celui de la famille; l'affection paternelle y est une garantie suffisante contre l'excès de la domination. Lorsque après la sortie d'Égypte, les Israélites s'organisent en corps de peuple, leur chef, leur législateur, leur souverain est Dieu lui-même; et, comme sous cette théocratie, tout émane du ciel, le pouvoir, incapable de faillir, n'a pas besoin de contre-poids. L'autorité passe aux Juges; mais elle ne réside que temporairement entre leurs mains; dès lors, l'abus n'est point à craindre; l'élection libre en est le préservatif ou le remède. Jusque là, le dépositaire de la puissance n'est pas inauguré par la religion; le sacre est inconnu, parce qu'il est inutile.

Mais lorsque les Hébreux ont demandé un roi, et quand les anciens d'Israël ont déclaré que le peuple, malgré les représentations divines, persiste dans son désir, le Seigneur désigne ce roi au prophète Samuel, et le serviteur de Dieu répand l'huile mystérieuse sur la tête de Saül. Si cette onction, auparavant réservée pour le grand-prêtre seul, imprime au monarque un caractère de sainteté et d'inviolabilité, elle lui rappelle en même temps que toute puissance vient d'en haut, et qu'il doit compte à Dieu de la sienne. La consécration l'avertit que l'autorité royale reconnaît elle-même une suprématie; le pouvoir absolu ne fait que de naître, et il trouve dans la religion un modérateur.

Il n'y a pas de nation policée qui n'ait établi des rites particuliers pour le couronnement de ses princes. Mais cette solennité, différente dans la forme, suivant la diversité des lieux, est partout la même au fond, partout instituée pour montrer au peuple l'excellence de ses rois, et pour montrer aux rois la limite de leur puissance. C'est toujours un souvenir du mode électif et du pacte héréditaire, un renouvellement de l'alliance entre le souverain et ses sujets, un serment de maintenir et de transmettre intact le dépôt des franchises et des libertés publiques ;. la religion est partout appelée en garantie de ce serment, et, comme sur le char du consul romain, c'est toujours une leçon placée à côté d'un triomphe.

Ici, on revêt le prince des ornemens qui furent portés par son plus vertueux prédécesseur. Là, on le conduit du lieu des sépultures au trône, ou du trône au lieu des sépultures, afin qu'au comble des grandeurs humaines, il soit frappé de leur néant. Tantôt, pasteur d'hommes, il s'achemine avec le sarreau et la houlette d'un berger, qu'il échange au pied des autels contre le sceptre et la pourpre. Tantôt, pour le prémunir contre les délices de la cour, on l'élève sur un feutre grossier, et on lui présente dans le creux d'un chapeau une onde puisée à la fontaine. Ailleurs, il ne prend le titre de roi qu'après trois invitations successives et sur trois refus, comme s'il ne devait céder qu'à la contrainte, en acceptant une magistrature si redoutable. L'empire que régissent les lois du sage Confucius ne pouvait manquer d'offrir un symbole expressif; à la Chine, le champ impérial touche au temple de l'inauguration; le monarque, à peine couronné, saisit la charrue, ouvre un sillon et l'ensemence, moins pour honorer la plus noble des professions, que pour témoigner qu'il en connaît les labeurs. Dans l'ancienne Perse, le mage offrait au nouveau roi un breuvage de lait et de vinaigre mélangés dans une coupe, puis un gâteau où le miel savoureux de la figue était pétri avec les sucs amers du térébinthe; emblème qui faisait ressortir les charges de la royauté bien plus que ses prérogatives, et qui prouve qu'en tout temps, les amertumes du pouvoir l'ont emporté sur ses douceurs.

Le souverain qui, par la forme de son élévation et la nature de sa puissance, doit être le plus en garde contre l'enivrement des grandeurs, le pape lui-même, n'est pas affranchi de la leçon symbolique. Dès qu'il s'est placé sur le trône pontifical, on brûle devant lui, à trois reprises, un flocon d'étoupe, et on lui répète autant de fois ces paroles : *Ainsi passe la gloire du monde.*

En France, avant Clovis [1] et au commencement de

---

[1] *Clovis*, ou *Klovis*, ou *Chlovis*, d'après le nom latin *Chlodoveus*, des anciennes chroniques. Par la suppression de l'aspiration *Ch,* dont on trouve tant d'exemples, ou par le retranche-

son règne, le droit, c'était la force; la loi, la volonté du maître. Que pouvaient sur l'esprit du prince les ministres d'un culte sanguinaire, aussi féroces que leur divinité? Mais vivement frappé du miracle de Tolbiac, Clovis a reconnu l'arbitre des combats; c'est au Dieu des armées qu'il doit son triomphe. Ce Dieu est celui que Clotilde adore; le Dieu de Clotilde est devenu le sien; l'huile sainte a coulé sur le front de Clovis, purifié par les eaux du baptême [1]; le fier Sicambre a fléchi le genou; la religion, avec sa mâle éloquence, lui a dit que les rois de la terre ont un roi dans le ciel [2].

Clovis cède à l'ascendant suprême de la religion; mais trop façonné à la violence pour subjuguer entièrement ses passions vindicatives, il se fait du moins un mérite de glorifier l'humble vertu. Le chef d'une nation belliqueuse a senti quelque chose de touchant et de sublime dans une simple villageoise. C'est Geneviève de Nanterre. Les Parisiens, épuisés par un long siége,

---

ment de l'initiale *K*, lettre superflue par rapport au nom, puisque chez les Francs elle désignait l'autorité royale, on a eu *Lovis*, et enfin *Louis*. Ainsi le nom de Louis, que nos rois ont le plus souvent porté, n'est réellement autre que celui de Clovis.

[1] Ce roi fut baptisé à Reims par saint Remi, en 496.

[2] *Humiliez-vous, Sicambre; brûlez ce que vous avez adoré; adorez ce que vous avez brûlé*: telles furent les paroles du prélat chrétien. Le roi franc dut être un peu étourdi par ce langage auquel ses druides n'avaient pas accoutumé son oreille.

allaient succomber à la famine; Geneviève les a nourris; héroïne sous la bure, elle a soutenu, exalté leur courage; elle les a forcés de vaincre. Le ciel a comblé de ses grâces la vierge modeste. Le prodige de la liqueur divine n'a fait que se renouveler pour l'onction des rois; un miracle pareil avait eu lieu pour le soulagement des pauvres malades, et Geneviève est dépositaire d'une autre sainte ampoule, où la souffrance a mis son espoir [1]. Clovis le sait, sa déférence redouble; il fait asseoir Geneviève à sa table, lui réservant déjà d'autres honneurs [2] : la gardienne d'un troupeau va devenir la patronne d'un royaume.

L'histoire est parfois admirable dans la manière dont elle nuance la justice qu'elle distribue aux souverains. En arrêtant le torrent des Huns débordé sur la France naissante, Mérovée a conquis le privilége de donner son nom à la première race de nos rois. Mais en plaçant le christianisme sur le trône des Francs, Clovis a rendu

[1] C'était une tradition généralement admise alors, qu'un ange avait apporté à sainte Geneviève une fiole remplie d'une huile miraculeuse, et que les malades frottés de ce baume céleste étaient guéris.

[2] Clovis recueillit ses reliques, et fit bâtir pour elle, sous l'invocation des deux premiers apôtres, saint Pierre et saint Paul, l'église qui depuis a pris le nom de Sainte-Geneviève. Suivant quelques auteurs, le prince a fait bâtir cette église du vivant de la sainte et a sa sollicitation.

un tout autre service. A une époque d'oppression et d'esclavage, adopter une religion de bienfaisance et de liberté, c'était préparer le bien-être social. Sans doute Clovis profita lui-même de cette grande révolution pour affermir son pouvoir; mais ce que la consécration religieuse lui fit gagner en respect et en influence sur ses peuples, il le leur rendit en germes de civilisation et d'affranchissement. Aussi, quoique le nom de Mérovée reste à la dynastie, l'histoire, qui voit dans le premier roi chrétien un bienfaiteur de l'humanité, appelle Clovis, à juste titre, le fondateur de la monarchie française.

Quant à l'onction royale, il n'y a que les Israélites et les chrétiens qui en aient fait usage, afin que leur *Christ* [1], le souverain terrestre, fût la vivante image du monarque divin, de ce roi *qui a été oint de l'huile de gloire par dessus tous ceux que Dieu daigna lui associer* [2], roi promis par les Écritures, Messie que les uns attendent encore, mais que les autres ont reconnu dans le Sauveur du monde. Entre les princes éclairés par le christianisme, les rois de France ont été les premiers bénits par

---

[1] Mot qui signifie *oint* ou *sacré*.
[2] Paroles de l'oraison qu'on prononçait au moment de l'onction, selon l'ancien rituel, mais qui ont été retranchées du nouveau formulaire, où le reste de la prière a été conservé.

l'onction; long-temps même ils furent les seuls admis à ce sacrement de la royauté; ils rehaussaient ainsi la royauté par le sacerdoce [1], et l'on a vu ce double caractère les faire briller d'un tel lustre, les investir d'une autorité si imposante, qu'un roi de France, ayant reçu à Paris les rois d'Angleterre et de Navarre, *paraissait au milieu d'eux comme le roi des rois de la terre* [2]. Les prémices de ce rite sacramentel, en méritant à nos souverains le plus beau titre religieux [3], leur ont fait appliquer une prédiction du psalmiste, qui semble annoncer cette suprématie de la France en la personne de son roi [4].

Si, depuis un demi-siècle, la ville de Reims n'a pas été témoin d'un couronnement, ce n'est pas par l'effet d'un long règne. Louis XVII fut roi; mais une prison fut son palais et son tombeau. Louis XVIII a régné; mais devenu roi dans l'exil, il y trouva la nature aussi inclémente que les hommes; la rigueur d'un climat

---

[1] *Rex atque sacerdos*, dit Fortunat. En suivant les différentes phases du sacre, nous aurons plus d'une fois occasion de comparer l'onction du prêtre et celle du roi.

[2] Saint Louis, d'après le témoignage de Mathieu Pâris, historien anglais. Nul doute que cette impression ne fût en grande partie l'effet de la croyance au miracle de la sainte ampoule, opéré en faveur des monarques français.

[3] Très-chrétien et fils aîné de l'Église.

[4] *Et ego primogenitum ponam illum præ omnibus regibus terræ.* Ps. 88.

glacial priva ses pieds du mouvement, et ne leur laissa de sensibilité que pour la douleur. Replacé dans l'héritage de ses pères, deux fois le monarque désiré manifesta l'intention de solenniser et de sanctifier par le sacre les nouveaux liens qu'il venait de former avec son peuple[1]; mais il n'a pas réalisé ce vœu de son cœur. En se soumettant aux fatigues d'un laborieux cérémonial, il eût craint sans doute d'affliger l'élite de ses sujets par le spectacle d'une lutte trop prolongée entre son courage et ses forces.

Toutefois, des jours de paix et d'espérance avaient lui pour nous; les Bourbons nous étaient rendus; avec eux, l'honneur, la loyauté, l'amour pour les peuples étaient remontés sur le trône. L'indulgence et la générosité sont dans leur âme; leur langage est d'accord avec leurs sentimens, et nos monumens publics en ont déjà rendu témoignage. Dans le temple consacré à cette bergère dont le nom se lie à celui de nos rois, sous la coupole de Sainte-Geneviève, récemment décorée par le génie et la piété[2], quelle scène a frappé nos regards? La protectrice de la France nous a montré les cieux ou-

---

[1] A l'ouverture de deux sessions législatives, d'abord en 1814, puis en 1818.

[2] Les peintures de la coupole de Sainte-Geneviève sont l'ouvrage de M. le baron Gros.

verts; les royales victimes nous ont apparu dans la gloire, intercédant pour les Français; la famille des martyrs a pardonné.

Charles x règne sur les cœurs. Qui ne se rappelle avec attendrissement, avec ivresse, les premiers jours de son avénement? C'est cet avénement légitime que la religion va bénir, en le scellant par le chrême descendu du ciel. Les arts ont entendu l'appel du noble personnage placé à leur tête [1]; ils sont accourus à l'envi pour embellir cette solennité; la peinture, la sculpture, l'architecture, la musique, la poésie, l'éloquence ont réuni leurs efforts pour en vivifier l'appareil, et un savant pinceau doit éterniser la représentation de cette pompe doublement auguste [2]. Les arts eurent-ils jamais une occasion plus magnifique, un plus généreux motif de signaler leur puissance, de se montrer reconnaissans envers un prince qui les aime et les protége, de faire à l'étranger les honneurs de leur patrie? C'est la fête de la France.

O France! réjouis-toi; tu as entendu ton roi bienaimé garantir les institutions que tu reçus de son frère;

---

[1] M. le vicomte Sosthène de La Rochefoucault, chargé du département des beaux-arts.

[2] M. le baron Gérard, premier peintre du roi, a été chargé, par S. M. Charles x, de peindre le tableau du sacre.

tu l'as vu s'associer plus intimement à la nouvelle alliance; il en a juré le pacte devant Dieu et devant toi. Non, la Charte, qui fut ton salut, ne sera ni mutilée ni méconnue. Grâce à ce code de tolérance, l'anathème n'a plus menacé une partie de tes enfans dans une solennité qui fait la joie de tous. Le fils aîné de l'Église a prié le ciel d'éclairer les Français qui marchent encore dans la voie de l'erreur; mais la bouche de Charles x n'a pas prononcé le serment de les *mettre hors du royaume ou de les exterminer*[1].

[1] Formule contre les hérétiques, insérée dans le serment royal en 1226, et désormais incompatible avec la Charte, qui accorde protection à tous les cultes. Il est permis de croire que l'ignorance eut plus de part que la cruauté à l'interprétation primitive du mot *exterminare*, lequel signifie *bannir*, et non *exterminer;* mais l'histoire offre trop d'exemples de la préférence donnée à cette sanglante traduction par un fanatisme deux fois barbare.

CHAPITRE II.

Prérogative de Reims pour le sacre des rois. Utilité de cette prérogative. Convenances locales de la ville. Coup d'œil sur l'origine des sacres[1].

L'INAUGURATION royale, très-compliquée dans ses détails, se compose essentiellement de quatre parties : le serment, l'onction, le couronnement et l'élévation sur le bouclier. Ce furent là originairement les quatre principales cérémonies de ce grand acte. Aujourd'hui, la dernière ne subsiste plus que dans un simulacre; mais cette image la rappelle avec une évidence remarquable : l'élévation sur le bouclier a été remplacée par l'intronisation.

Il ne faut pas croire que ce changement ait eu lieu

[1] Pour écrire ce chapitre, j'ai principalement consulté la *Description historique et statistique de la ville de Reims*, par M. Gérusez, ancien professeur; ouvrage où l'érudition est éclairée par la critique, et le plus vaste savoir allié à la plus saine philosophie. Je dois aussi d'utiles documens à un excellent recueil intitulé, *Essais historiques sur la ville de Reims, depuis Jules César jusqu'à nos jours*, publié par la Commission des archives de la ville, et dont il a déjà paru seize numéros en quatre cahiers.

parce que le mode primitif retraçait une coutume du paganisme; long-temps l'onction chrétienne fut accompagnée de cette forme militaire, et dans les anciens auteurs, le sacre n'est jamais désigné que par le mot d'*élévation*[1]: mais à mesure que les mœurs s'adoucirent, l'appareil des camps fut remplacé par un cérémonial plus auguste. Lorsque la force, si nécessaire au pouvoir, dont elle est le premier élément, ne fut pourtant plus regardée que comme une qualité secondaire par rapport à la justice, quand la justice devint aux yeux des peuples le premier attribut de la royauté, le monarque sentit qu'il devait paraître comme magistrat plutôt que comme guerrier. Dès lors, il cessa de se faire porter sur un bouclier par ses soldats; il jugea plus à propos de se montrer à ses sujets élevé sur un trône : le trône est en effet le tribunal du souverain.

Cette modification dut aussi être une conséquence de la régularité calme qui s'introduisit peu à peu dans l'ordre de succession à la couronne. Plus le retour de l'élection proprement dite devint impossible, plus les traces du mode électif s'oblitérèrent; quand l'armée eut perdu toute influence sur le choix du prince, les usages militaires disparurent de l'inauguration. Il n'en est pas

---

[1] *Sublimatus in regem* est l'expression dont les chroniques se servent pour dire que le roi a été sacré.

moins étonnant qu'aucun vestige du bouclier triomphal ne se retrouve dans celle des rois de France, chez la nation la plus belliqueuse du monde, chez les descendans directs de ces Francs, pour qui l'élévation sur le pavois était l'unique consécration du chef. La surprise augmente, si l'on fait attention que les monarques français ont pris et conservé le titre de rois de Navarre, et que, dans toutes les occasions solennelles, les armoiries royales offrent toujours l'écu de Navarre uni à l'écu de France. Or, on sait qu'au couronnement des rois de Navarre, l'exaltation sur le pavois fut, jusqu'à la fin, la formalité caractéristique [1].

Si l'on excepte les temps et les pays où l'héritage royal se partageait entre tous les enfans, comme un patrimoine de famille, on trouve peu de royaumes où le sacre du souverain ait lieu dans la capitale de ses états. Presque partout, on a choisi une autre ville pour cette cérémonie. Outre qu'il a paru convenable de sortir en tout des habitudes ordinaires pour un acte aussi solennel, il semble qu'on ait eu l'intention de dérober un instant le prince aux regards de son peuple, par une sorte de retraite, pour le remontrer ensuite à ses sujets, empreint du sceau de la divinité.

Dans la plupart des états chrétiens, on a désigné

[1] Le nouveau roi se plaçait sur un écu peint aux armes de

pour le sacre un lieu célèbre dans les annales de la religion, et, d'ordinaire, une des cités qui furent illustrées par les premières conquêtes du christianisme. L'acte étant éminemment religieux, cette préférence était naturelle. Tolède, Upsal, Cantorbéry, Francfort, Gnesne, Albe-Royale, et, sans pousser plus loin l'énumération, notre ville de Reims, dûrent à de tels titres leur prérogative. D'autres titres, et des plus respectables, justifient la prérogative de Reims [1].

Cette ville était, de toute ancienneté, une des plus considérables des Gaules; elle était reconnue pour la capitale de la Gaule Belgique, lorsque Jules-César se présenta devant ses murs. Le vainqueur lui conserva cette prééminence; elle continua d'être la métropole de la seconde Belgique, et les Rémois prirent rang immédiatement après les Éduens. Sa position géographique en fit bientôt pour les Romains un point militaire important, d'où ils tenaient en respect la population toujours remuante de la Belgique, et en échec les nations

---

Navarre, et les seigneurs, l'élevant trois fois en l'air, criaient autant de fois : *Real!*

[1] Beaucoup de personnes écrivent *Rheims*. Cette orthographe ne semble pas motivée : l'étymologie du nom est évidente; c'est le nom même des peuples qui habitaient la contrée, les *Remi*, en français, les *Rémois*, et non les *Rhémois*. La ville de Reims s'appelait primitivement *Durocortum*, d'après César.

guerrières de la Germanie, toujours prêtes à se jeter sur la Gaule.

L'antique Reims fut fréquemment visitée par les empereurs de Rome. Auguste, Claude, Adrien s'y arrêtèrent ; Antonin-le-Pieux y mit en quartier la dixième légion, et ce cantonnement fut un hommage rendu à la fidélité des citoyens. Probus leur accorda des priviléges ; la porte de Mars, arc de triomphe, vraisemblablement érigé en l'honneur de ce prince, paraît être un monument de leur reconnaissance.

Située entre l'Aisne et la Marne, dans ce pays spacieux et découvert auquel l'étendue de ses plaines a fait donner depuis le nom de *Champagne*, jouissant d'une température douce et d'un climat salubre, adossée à une colline où mûrissaient dès lors de précieuses vendanges, arrosée par une petite rivière dont les bords sont fertiles [1], cette ville offrait à ses conquérans, outre

---

[1] La Vesle, qui se jette dans l'Aisne au village de Condé, près de Soissons. On a démontré récemment la possibilité de la rendre navigable jusqu'à l'Aisne, en suivant le cours naturel de la rivière, ou d'établir une jonction plus directe par un canal de Reims à Berry-au-Bac. En joignant ensuite l'Aisne à l'Oise par un chemin plus court, au moyen de la Lette, on peut faire de Reims, à peu de frais, un centre de communication entre l'Alsace, la Lorraine, la Bourgogne et la Flandre. Ces deux derniers projets, simples dans leur exécution, vastes dans leurs résultats, et qui, à bien dire, ne sont qu'un seul projet, tant l'un est la conséquence

une place de guerre avantageuse, l'attrait d'un séjour agréable. Elle était belle et régulière; un ovale parfait en formait le circuit; deux larges rues, se coupant dans le centre à angles droits, étaient terminées par des portes triomphales. Celle de Mars, déjà citée, celle de Cérès, la porte Basée ou Basilicaire [1], en sont encore aujourd'hui d'imposans vestiges.

Lorsque la surface des Gaules était en grande partie couverte de forêts et de marécages, déjà de grandes voies romaines liaient Reims, d'un côté avec Rome, de l'autre avec Trèves, résidence ordinaire des empereurs dans la Belgique. Ces communications dûrent favoriser le commerce et l'industrie. Cependant César avait remarqué chez ces peuples une certaine austérité de mœurs qui en éloignait les marchands.

de l'autre, ont été recommandés à tout l'intérêt du gouvernement par la Chambre de commerce et le Conseil municipal de la ville de Reims, *comme source de prospérité et d'abondance pour l'agriculture, l'industrie et le commerce.* Ils sont dus à M. Derodé-Gérusez, citoyen rémois, dont le zèle pour le bien public est aussi ingénieux qu'infatigable.

Lors de la visite que le roi fit au Bazar de Reims, après le sacre, M. Derodé eut l'honneur de lui présenter son Mémoire sur la navigation. SA MAJESTÉ daigna l'accueillir et ajouter que l'intérêt qu'elle portait à la ville de Reims lui ferait donner à ce projet une attention toute particulière.

[1] Ainsi nommée, parce qu'elle conduisait à plusieurs églises ou basiliques, situées hors de la ville.

Les préfets romains y fixèrent leur demeure; ils y placèrent une manufacture d'armes et un arsenal, y entretinrent une cour et des troupes. L'assemblée générale des provinces belges se tenait dans son enceinte, et comme ses habitans exerçaient beaucoup d'influence sur leurs voisins, les vainqueurs se plurent à l'orner; ils y construisirent des palais, des thermes, des fontaines, un amphithéâtre. L'architecture, la sculpture, la peinture, la mosaïque, la numismatique, y multiplièrent leurs monumens, et sa splendeur primitive a survécu dans plusieurs de ses ruines. Reims étalait toute la magnificence du peuple-roi, lorsque Paris, renfermé dans une île de la Seine, n'était qu'une position militaire, où s'élevaient quelques cabanes éparses autour d'un fort.

Ainsi, plus importante et plus tôt importante que *Lutèce*, Reims vit la première s'ouvrir dans son sein une académie et des lycées. Les études y fleurirent, et même avec un tel éclat, que la ville gauloise reçut le nom de nouvelle Athènes. Quand les barbares, se ruant les uns sur les autres, eurent renversé ses édifices et détruit les chefs-d'œuvre qui faisaient sa beauté, ils ne purent y étouffer le goût des lettres et des arts qui faisaient sa gloire; l'école romaine, plus forte que les invasions, continua d'y prospérer.

Après l'arrivée des Francs et leur conversion au christianisme la célébrité littéraire de Reims se soutint, quoique la direction des études eût changé, et que la théologie fût à peu près la seule science qu'on enseignât dans ces écoles d'évêques. A toutes les époques, des hommes distingués en sortirent ou y apportèrent le tribut de leurs lumières. Il suffit de citer un saint Remi, orateur, poète et homme d'état, l'esprit le plus élevé, le plus cultivé de son temps, et qui joignit aux vertus d'un grand saint les talens d'un grand homme; un Hincmar, versé dans toutes les doctrines, et l'oracle de l'administration comme l'ornement de l'épiscopat; un Foulques, zélé protecteur des sciences, et qui, prélat célèbre, ne dédaignait point de s'asseoir sur les bancs, pour honorer le savoir, enflammer l'émulation, et donner l'exemple de l'assiduité; un saint Bruno, dont l'éloquence touchait les cœurs, dont l'âme fut tendre comme celle du peintre chargé depuis de retracer son histoire[1], qui, après avoir long-temps édifié l'église, mérita d'être appelé près de son chef pour l'éclairer; un Gerbert, à qui l'Europe doit l'arithmétique d'Orient, initié par les Arabes dans les secrets de la physique, de la chimie, de la mécanique, et qui, dans un siècle de superstition, n'échappa au bûcher comme magicien, qu'en pla-

[1] Eustache Le Sueur.

çant la tiare sur sa tête[1]. Le dirai-je dans un aussi grave sujet? pour que rien ne manquât à cette académie du moyen âge, le pouvoir y trouva des flatteurs, et Charles-le-Chauve reçut la dédicace d'un poëme latin, ayant pour titre, *Éloge des chauves*[2].

Dans les temps modernes, Reims n'a point dégénéré de son ancienne réputation; elle a fourni son contingent d'hommes célèbres. L'érudition lui doit dom Mabillon, dom Ruinart; la science, Macquart, Pluche; la littérature, Le Batteux, Vély, Pouilly[3]; le barreau,

---

[1] Il devint pape sous le nom de Silvestre II.

[2] *De laude calvorum, Ecloga.* Tous les mots de ce poëme singulier commencent par un *C;* en voici le premier vers,

Carmina, clarisonæ, calvis cantate camœnis.

L'auteur est Hugbald. Il disait sans doute au prince : *Est-ce qu'on a des cheveux?* J'imagine que cet Hugbald aurait été plus à son aise sous Clodion-le-Chevelu, et que la parure naturelle de la tête humaine aurait trouvé en lui un panégyriste.

[3] Membre de l'Académie des inscriptions et belles-lettres, versé dans toutes les sciences, le premier Français qui ait entendu Newton, et de qui Voltaire, logé chez lui et travaillant à sa tragédie de *Catilina*, disait, dans une lettre à d'Argental : « M. de Pouilly est peut-être l'homme de France qui a le plus vrai goût de l'antiquité; il adore Cicéron et trouve que je ne l'ai pas mal peint. » Tous les amis des lettres ont apprécié la *Théorie des sentimens agréables*, modèle de philosophie et de style. M. de Pouilly, nommé lieutenant de la ville de Reims, fut aussi un magistrat distingué, et, sous le rapport de l'administration, un des bienfaiteurs de sa patrie.

Linguet, Tronsson du Coudray; l'industrie manufacturière, Gobelin; les arts, Nanteuil; l'administration publique, un de ces hommes qui s'associent à la gloire des rois, le grand Colbert. La ville qui a donné naissance à Colbert est quitte envers la patrie.

Les bienfaits du christianisme s'étaient répandus de bonne heure chez les Rémois; l'évangile y fut apporté par saint Sixte, disciple de saint Pierre, et ordonné, dit-on, par cet apôtre. Les semences de l'apostolat fructifièrent dans cette religieuse contrée. Bientôt les autels des druides y furent abattus; les temples du paganisme y devinrent le sanctuaire d'un culte plus pur, et les fondemens de l'église chrétienne s'y consolidèrent, cimentés par le sang des martyrs [1].

Lorsque Clovis parut sur la scène, Paris avait reçu des accroissemens notables. Julien, qui était d'abord venu à Reims, avait ensuite préféré Lutèce; il l'avait agrandie, embellie, et l'admirable position de cette dernière ville put faire prévoir ses destinées futures; mais ce serait une erreur de croire qu'elle jouât alors le rôle d'une capitale. Elle ne prit ce rang que plus tard, à la fin du règne de Clovis, et elle ne le retint pas toujours [2];

---

[1] Entre autres saint Nicaise et sainte Eutrope, sa sœur.
[2] Dans les partages qu'amenait le mode de succession en usage sous la première race, il arriva plusieurs fois que Paris n'appar-

Reims dut l'emporter long-temps comme métropole ; et si l'onction reçue par le premier roi chrétien fut réellement celle du sacre, comme on n'en peut pas douter [1], Reims était digne d'être le théâtre de la première consécration royale. Il suffisait d'ailleurs que Julien eût été élevé sur le bouclier et proclamé empereur dans Lutèce, pour que l'exaltation de Clovis dût se faire en un autre lieu. Le monarque nouvellement converti au christianisme devait repousser jusqu'à l'idée de s'autoriser d'un exemple donné par l'ennemi du Christ.

On a cru pouvoir avancer que Lutèce n'avait ouvert ses portes à Clovis qu'après qu'il eut quitté le culte des faux dieux, comme Paris, a-t-on ajouté, n'a ouvert depuis les siennes à Henri IV qu'après l'abjuration de ce prince. Le rapprochement est dépourvu d'exactitude. Clovis régnait depuis quinze ans, quand il embrassa le christianisme. Le moyen d'admettre qu'il ne soit pas entré dans Paris pendant tout ce temps ! Les plus graves autorités établissent que Childéric, son père, s'était avancé jusqu'à la Loire, et que Clovis avait conservé

tint à aucun des frères qui régnaient ensemble, et fut comme une ville neutre par rapport aux royaumes séparés.

[1] On a prétendu à tort que Clovis n'avait reçu que l'onction du baptême ; il reçut trois onctions en même temps, celle du baptême, celle de la confirmation et celle du sacre : c'est ce qui résulte du testament de saint Remi, dont voici les expressions :

toutes les conquêtes de Childéric. D'ailleurs, quelle que pût être la répugnance des Gaulois à reconnaître un chef idolâtre, les faits prouvent qu'elle n'était pas invincible [1].

Préparé à un nouveau culte par les douces leçons de Clotilde, engagé, jusqu'à un certain point, par les ménagemens même dont il avait usé envers le clergé de la Gaule, déterminé par la soudaine illumination d'un miracle, Clovis obéit sans doute, comme Henri IV, à la conviction de son esprit et à l'impulsion de son cœur : mais il est permis de croire que, comme Henri IV encore, il mesura les conséquences temporelles de sa conversion. Dans la situation où étaient les choses, la religion devait le servir bien mieux que les armes; l'influence des évêques était immense; leur autorité s'était augmentée de tout ce que l'autorité impériale avait perdu, et comme la nation devait à leurs efforts quelques restes d'indépendance, elle leur en savait gré; de là cette influence politique, dont le principe était juste, et dont les résultats furent bienfaisans. Nul entre ces prélats n'ayant plus de prépondérance que saint Remi, c'était

Baptisavi...... Dono septiformis spiritûs confirmavi..... Per ejusdem sancti spiritûs sacri chrismatis unctionem ordinavi in regem.

[1] L'arianisme infectant alors presque toute la chrétienté, les évêques aimaient mieux se soumettre à un chef payen qu'à un chef arien.

de lui surtout qu'il importait de se faire un partisan, ou plutôt, un appui. Son pouvoir n'était pas seulement l'effet de ses vertus et de ses lumières : il possédait de grandes richesses; ses domaines s'avançaient jusque dans les Vosges, et la province soumise à son autorité pastorale s'étendait depuis Soissons jusqu'à Trèves; c'est-à-dire qu'il devait la haute considération dont il jouissait à tout ce qui contribue à la fonder parmi les hommes. En recevant l'onction des mains de saint Remi, le roi des Francs faisait tourner au profit de sa couronne tous ces avantages; il désarmait des peuples nombreux, et, d'ennemis plus ou moins exaltés par le fanatisme, il se faisait de fidèles sujets.

Humainement parlant, Henri IV fit un semblable calcul par rapport à la Ligue, et voilà sans doute, en y ajoutant la bravoure personnelle, le seul rapprochement possible entre les deux monarques; placés dans des circonstances analogues, ils se déterminèrent de même par les mêmes motifs; c'étaient deux grands rois.

L'évêque, de son côté, voyait, dans cet événement, l'heureux gage d'une tranquillité durable. Choisi par le ciel pour être l'instrument d'une grande conquête religieuse, il devenait l'apôtre de la France, comme saint Denis avait été celui de la Gaule[1]. Reims, sa pa-

---

[1] On peut s'étonner de ce que dans des temps où la plupart

trie ¹, allait être la *cité royale*, la *cité sainte*, et ses successeurs dans l'épiscopat hériteraient de ses propres honneurs ². L'œuvre commencée par la religion, achevée par la politique, fut affermie par des stipulations

des rues de Paris recevaient des noms de saints, celui de saint Remi n'ait été donné à aucune d'elles. Peut-être serait-il permis de désirer qu'une des nombreuses églises qui s'élèvent dans la capitale par la sollicitude de M. le comte de Chabrol, préfet de la Seine, fût dédiée à l'apôtre de la France. Sainte Geneviève avait une chapelle à Reims.

¹ Il était né à Cerny, bourg situé près de Laon et peu éloigné de Reims; mais il fut élevé dans cette dernière ville, dont il devint le patron. Bossue dit qu'il fut suscité pour convertir la France.

² Les titres de *Primat de la Gaule Belgique*, de *Légat-né du Saint Siége*, de *Premier pair de France*, furent attachés à l'archevêché de Reims par la reconnaissance royale et pontificale. Au commencement de la troisième race, l'archevêque, d'abord comte, puis duc de Reims, joignit souvent à toutes ces qualités celle de *Chancelier du royaume*. Un siége épiscopal investi de tant d'éclat devait être le partage des premières familles françaises. Il fut en effet rempli par les plus grands personnages; les Châtillon, les Courtenay, les La Roche-Aymon, les Périgord, l'occupèrent, et plusieurs princes du sang royal furent archevêques de Reims. Humbert II, dernier dauphin de Viennois, après avoir cédé le Dauphiné à la France et embrassé l'état ecclésiastique, fut nommé à cette primatie. Le diocèse de Reims vit souvent ses chefs revêtus de la pourpre romaine. L'archevêque-seigneur exerça toujours une grande autorité dans la ville, quelquefois en opposition avec les bourgeois et à leur préjudice, plus souvent d'accord avec eux et à leur avantage. Le siége de Reims est actuellement occupé par S. Ém. le cardinal de Latil, pair de France, grand cordon de l'ordre du Saint-Esprit.

de liberté : on convint que les Rémois conserveraient leurs lois, coutumes, franchises et priviléges. Le traité fut signé à Reims dans le palais de Jovin, lieutenant de Julien, et l'un des plus illustres membres de cette cité [1].

Le ciel ayant manifesté son assentiment aux actes de la terre par le don miraculeux de la sainte ampoule, la possession seule de cette relique devait attacher pour toujours à la ville de Reims le privilége de sacrer les rois. Mais comme beaucoup de personnes, même très-religieuses, n'admettent pas le miracle [2], il vaut mieux appuyer la prérogative de Reims sur une base incontestable, incontestée, sur la conversion même de Clovis, sur son baptême, sur la triple onction qu'il y reçut.

En tout état de cause, l'exercice régulier de cette prérogative était subordonné à la régularité de la succession au trône. Sous la première race, et tant que l'héritage du royaume se divisa entre plusieurs frères, ces princes furent inaugurés, les uns dans leurs propres

[1] Jovin s'était signalé par d'importantes victoires, qui l'avaient fait élever à la dignité de consul. Devenu chrétien, il demeura constamment fidèle à son empereur apostat. On voyait autrefois son tombeau dans l'église de Saint-Nicaise. Ce monument, remarquable par un bas-relief qui représente une chasse, sculpture antique, mais sans beauté, est aujourd'hui dans la cathédrale.

[2] Les détails relatifs à la cérémonie de l'onction donneront lieu d'exposer les diverses opinions sur la sainte ampoule.

domaines, les autres dans la ville de Reims, alors une des deux capitales de l'Austrasie. Pendant la durée de la seconde race, cinq rois seulement furent sacrés à Reims[1]. Les divers titres accumulés sur la tête de Charlemagne et de ses descendans firent répéter la cérémonie en divers lieux. Soissons, Laon, Noyon, Compiègne, Metz, Orléans, Sens, Troyes, l'abbaye de Saint-Denis, celle de Ferrières, en furent indistinctement le théâtre durant l'une et l'autre dynastie. Rome elle-même vit dans ses murs trois monarques Carlovingiens sacrés et couronnés par le pape[2].

Ainsi, à la fin de la seconde race, la célébration du couronnement à Reims, quoique regardée comme une dévotion louable, quoique plus solennelle en cette métropole que partout ailleurs, n'était pas encore passée en usage invariable. Le sacre ne prend réellement sa forme et son caractère que sous la troisième race, quand la succession de mâle en mâle, par ordre de primogéniture, et la représentation à l'infini ne laissent plus aucune équivoque dans l'exercice de l'hérédité. C'est alors

[1] Pépin, Louis-le-Débonnaire, Charles-le-Simple, Lothaire et Louis V. On croit que les autres rois de cette lignée, non sacrés à Reims, l'ont été par l'archevêque de Reims, dans une des villes de la province ecclésiastique.

[2] Charlemagne, Louis-le-Débonnaire, comme roi d'Aquitaine, et Charles-le-Chauve.

qu'il devient une attribution constante de la ville de Reims[1]. Tous les rois Capétiens y furent sacrés, excepté Louis-le-Gros et Henri IV, deux exceptions qui, comme on va le voir, et comme on sait qu'il arrive toujours, confirment la règle.

A l'avénement de Louis-le-Gros, cette ville était divisée en deux partis sur le choix de son archevêque, et le pape Pascal, pour trancher le différent, avait excommunié l'église de Reims. Le roi se trouvait près de Bourges; il fallait traverser un pays couvert de soldats armés, qui n'étaient pas dans ses intérêts, et d'ailleurs, Reims était en proie à une épidémie. Cependant le couronnement ne pouvait être différé sans danger pour l'état; il eut lieu à Orléans par les mains de l'archevêque de Sens. Mais deux députés rémois vinrent protester contre l'atteinte portée à la prérogative de leur église, et s'étayant de plusieurs bulles, ils déclarèrent que la nécessité présente ne devait pas tirer à conséquence ni préjudicier pour l'avenir.

Après l'abjuration de Henri IV, Reims était au pou-

[1] En cas de vacance du siége ou d'empêchement personnel, la cérémonie était célébrée par l'évêque de Soissons, premier suffragant. Deux fois seulement, pendant toute la durée de la troisième race, au sacre de Henri III et à celui de Louis XIII, cet usage ne fut pas observé; mais les évêques de Soissons protestèrent.

voir des rebelles, et cette fois, l'inauguration était encore plus urgente. La religion servant de prétexte à la guerre, il importait que le sacre du monarque mît le sceau à sa nouvelle profession de foi. La cérémonie fut célébrée à Chartres par l'évêque diocésain. Mais le pape réprimanda le prélat pour avoir enfreint par cet acte les décisions du Saint Siége.

Dans ces deux circonstances, on examina les titres. La bulle d'Hormisdas, qui attachait au siége de Reims le droit de sacrer les rois [1], et les différentes bulles confirmatives de la première furent discutées. On reconnut qu'il appartenait au Saint Siége d'intervenir en tout ce qui concerne le rituel; il s'agissait d'une onction sacrée; l'autorité pontificale devait par conséquent régler le cérémonial ecclésiastique et la liturgie; mais ces points convenus, on contesta pour le reste. On soutint que le lieu du couronnement était étranger à la cour de Rome, aussi bien que la formule du serment royal dans ce qui intéresse la monarchie; que toute église métropolitaine était propre à la pompe du sacre; que tout prélat pouvant conférer l'ordination, pouvait sacrer; qu'il suffisait que le lieu fût déterminé et l'évêque délégué par

---

[1] Ce pape envoya à saint Remi, en même temps que cette bulle, un bâton qui indiquait la primatie, et que l'on conservait à Reims, dans le trésor de l'abbaye de Saint-Remi.

le prince. Telle avait été en substance l'opinion d'Yves de Chartres, contemporain de Louis-le-Gros, qui jouissait, comme théologien, d'une grande réputation de science. De fait, ces distinctions ne touchaient en rien au privilége de Reims, consenti par les évêques de France et par la France entière[1]. Mais la question soulevée, agitée, avait son utilité, puisqu'elle éclairait sur les limites respectives des deux puissances, et que la détermination de ces limites devait prévenir les conflits. C'est presque toujours la confusion des idées qui introduit celle des pouvoirs.

Quand on se livre à des recherches sur l'origine du sacre, on rencontre beaucoup de lacunes ou de mutilations dans les chroniques, et, par conséquent, beau-

---

[1] Voici comment l'écrivain, qui, sans contredit, a le plus approfondi cette matière, le savant Marlot, si religieux et même ultramontain, s'exprime sur l'intervention pontificale : « Nos rois sont élevés par la dignité de l'onction en un état qui n'est pas purement laïque, dont l'excellence semble désirer, en quelque manière, la présence du chef de l'Église; lequel, ne pouvant se trouver toujours en personne, comme il a fait quelquefois, a créé, du consentement du roi, l'archevêque de Reims son vicaire et légat en France pour l'accomplir. » Cette circonspection de langage fait assez voir le fond de la pensée : Marlot n'était pas bien sûr que le Saint Siége eût droit d'intervenir dans le choix du lieu et dans la désignation du prélat pour la cérémonie du sacre; il était du moins persuadé que le pape ne pouvait rien à cet égard sans le consentement du roi.

coup d'obscurité ou d'incertitude dans les faits. Ce qu'il y a de certain, c'est que les premiers Carlovingiens, sacrés par le pape, conservent devant lui l'attitude qui sied à la puissance temporelle [1], tandis que les premiers Capétiens, sacrés par un archevêque, affectent de lui laisser toutes les marques de la suprématie. Abstraction faite des considérations hiérarchiques ou religieuses, la différence s'explique par les intérêts humains. Conquérans heureux, les Carlovingiens commandaient par la force; politiques habiles, les Capétiens gagnaient des appuis par l'adresse. Quand on observe la situation de Charlemagne et celle de Léon III, on voit que le pape avait besoin de l'empereur; quand on compare la position de Hugues Capet et celle d'Adalbéron, on reconnaît que l'archevêque était utile au monarque. L'église avait reçu de Charlemagne et de son père d'immenses services; au contraire, le clergé en avait rendu d'immenses à Hugues Capet et à ses successeurs. La posture change avec le rôle de bienfaiteur ou d'obligé; elle devient le signe du bienfait ou de la reconnaissance.

Ce qu'il y a encore de certain, c'est que le sacre n'est pas un, si je puis m'exprimer ainsi, tant que le royaume

[1] On sait que Charlemagne, présent au sacre de Louis-le-Débonnaire, son fils, lui ordonna de se couronner de ses propres mains, quoique lui-même eût été, à ce qu'il paraît, couronné par les mains du pape.

est travaillé par les ambitions féodales, et que la jalousie inquiète des seigneurs puissans paraît rendre problématique ou vacillante l'unité de l'état. Les premiers Capétiens crurent devoir faire sacrer de leur vivant l'héritier présomptif du trône, ainsi que les empereurs romains associaient leur successeur à l'empire[1]; c'était comme un roi désigné par précaution, offert d'avance aux hommages du peuple par une cérémonie démonstrative de la personne[2]. Le sacre se renouvelait à l'avénement, au mariage; il avait lieu pour les provinces du nord, pour celles du midi; on semblait craindre qu'une seule inauguration ne suffît pas, qu'elle ne fût pas assez solennelle, et, par une de ces contradictions si ordinaires à l'esprit humain, on la rendait moins solennelle en la multipliant.

Ainsi, l'on pourrait dire que les circonstances du sacre, furent, jusqu'à certain point, un indice de stabilité. A mesure que le royaume s'affermit par la concentration du pouvoir royal, l'acte extérieur acquiert plus d'autorité; il se répète moins; il n'a plus lieu qu'une fois, quand la monarchie est invariable.

[1] Sous le titre de *César*.
[2] Hugues Capet s'associa Robert; Robert, Henri; Henri, Philippe Ier; Louis-le-Gros désigna Louis-le-Jeune, et celui-ci Philippe-Auguste. Là s'arrête l'association ou la désignation.

Louis-le-Jeune avait été couronné par le pape Innocent II, alors en France pour un concile. L'appareil extraordinaire développé dans cette occasion [1] avait fait une impression profonde sur ce prince religieux, osons le dire, trop religieux, puisqu'il consentit à répudier Éléonore de Guyenne, et qu'il entreprit les Croisades. Vivement ému par cette pompe, et regardant le sacre comme un acte constitutif de la monarchie, il voulut déterminer lui-même le cérémonial pour l'inauguration de Philippe-Auguste, son fils; il le régla par une charte, et décida que le sacre aurait toujours lieu à Reims [2]. Le sacre eut dès lors toute sa solennité. Néanmoins, Philippe, à son avénement, fut de nouveau couronné à Saint-Denis, avec son épouse; mais c'est la dernière fois que le couronnement se répète pour le même prince. On cite, à l'occasion de ce renouvellement, un fait qui, tout frivole qu'il est, mé-

---

[1] Il y avait treize archevêques, deux cent soixante-trois évêques, un nombre plus considérable d'abbés, de prêtres, de moines, tous les pairs du royaume et la plus grande noblesse de France.

[2] Cette charte fut enregistrée à la Chambre des Comptes de Paris. De ce moment, la métropole de Reims est légalement investie de sa prérogative; elle l'était déjà moralement par le respect qui s'attache à tout ce qui est ancien; elle l'était religieusement par la possession de la sainte ampoule et comme berceau de la foi chrétienne.

rite d'être remarqué, parce qu'il caractérise le siècle. Un officier du roi, chargé de commander le silence, et armé d'une longue baguette pour l'exercice de ses fonctions, heurta trois lampes avec cette baguette, et les brisa ; l'huile s'en répandit sur la tête du roi et sur celle de la reine. L'assemblée interpréta favorablement cette onction accidentelle, et l'éclat aventureux du règne de Philippe-Auguste sembla vérifier le présage.

A partir de cette époque, le sacre est tout à fait semblable à la confirmation et à l'ordination ; c'est, en quelque sorte, un sacrement qui imprime caractère. Par une vertu pareille à celle des deux autres, source et symbole comme eux de grâces surnaturelles, ce sacrement communique au souverain le surcroît de force morale si nécessaire au maniement d'un grand état [1]. Le lieu où la religion confère ce signe à la fois sensible et mystérieux, est regardé comme un lieu auguste ; si le

---

[1] Voici comment Charles x s'exprimait, le lendemain de son sacre, dans sa lettre à Mgr. l'archevêque de Paris : « Depuis qu'il a plu à la divine providence de m'appeler au trône de mes pères, j'ai senti que c'était du ciel surtout que devait me venir le secours dont j'ai besoin pour porter dignement le poids de la royauté. Aussi, connaissant toute l'importance de l'auguste cérémonie de mon sacre, j'ai souhaité vivement qu'il me fût possible de recevoir bientôt, avec l'onction sainte, les abondantes bénédictions qui y sont attachées. Ce vœu de mon cœur est enfin rempli. »

pape visite le roi de France, c'est à Reims que le pontife est reçu par le monarque; la ville de Reims obtient la vénération de tout un peuple, et la prérogative d'une cité devient un intérêt national.

Bien plus, une sorte de superstition publique n'attache l'idée de durée qu'au règne dont la sainte ampoule de Reims a consacré les prémices. Un roi d'Angleterre se fait sacrer et couronner roi de France à Paris [1], tristes représailles du couronnement d'un roi de France à Londres comme roi d'Angleterre [2]. Des évêques, des gentilshommes ne rougissent pas d'assister à cette cérémonie; la fidélité souffre, mais elle ne désespère pas; à ses yeux, l'onction de Paris ne peut remplacer celle de Reims. De nos jours, le successeur de saint Pierre traverse en vain les Alpes, et se rend à Paris pour imprimer le sceau de la religion à l'usurpation la mieux consommée; la confiance n'est pas détruite chez les vrais amis de la légitimité; il suffit à quelques Français que l'intronisation solennelle de Napoléon n'ait pas eu lieu à Reims, pour qu'à leurs yeux son trône menace ruine. Tant est grand le respect attaché à la cérémonie du sacre, et à l'onction par l'huile céleste [3] !

---

[1] Henri VI.
[2] Louis VIII.
[3] Louis XVIII, que l'histoire a déjà mis au nombre des sages

Une telle manière de voir ainsi conservée, ainsi propagée, n'est plus seulement une opinion de l'esprit ; elle passe dans l'âme ; elle devient un sentiment qui se grave au fond des cœurs et y exalte l'héroïsme ; deux fois elle fut le salut de la monarchie française.

Lorsque Édouard, roi d'Angleterre, eut débarqué à Calais avec une puissante armée pour se faire proclamer roi de France, au mépris de la loi salique [1], il se porta devant Reims, dans l'espérance de s'y faire couronner, et de donner un appui religieux à ses prétentions politiques. Cent mille hommes investissent la place ; l'attaque est furieuse, mais elle est inutile. Édouard, après une perte considérable, est contraint de lever le siége. Tel est l'effet de la religion monarchique. Reims est la ville du sacre ; l'étranger veut s'en rendre maître dans la vue d'y légitimer, par une onction usurpée, un titre illégitime : c'en est assez ; la ville du sacre est imprenable ; la sainte ampoule est, si je puis employer ici cette ex-

---

couronnés, répondait, dit-on, en ce sens aux personnes admises dans son intimité, qui le pressaient de se faire sacrer à Paris. Quand certains préjugés ont pris racine dans l'opinion des peuples, ils ressemblent aux croyances religieuses : une philosophie superficielle peut les tourner en raillerie ; une philosophie profonde les respecte et même les entretient.

[1] Il se moquait de cette loi. L'impôt sur le sel s'étant établi sous Philippe de Valois, Édouard appelait ce monarque, par dérision, *l'auteur de la loi salique*.

pression, le palladium de la France. De nos jours, les vastes espérances du conquérant le plus heureux furent ainsi déconcertées par une simple croyance populaire, et la vierge du Kremlin protégea la Russie contre toutes les forces de l'Europe.

Un enthousiasme pareil animait la sainte amazone de Donremy. Elle part au milieu des hivers; des bords de la Meuse, elle vole aux rives de la Loire; elle s'annonce *de part du Roi du ciel*. On la croit en démence; on *n'a cure d'elle, ni de ses paroles;* on la rebute même; elle persiste. Pendant trois jours, on délibère si elle sera reçue. *Qu'on ne tienne pas tant et de si longs conseils; je ne durerai qu'un an*, dit-elle; *employons bien le temps*. Admise enfin, elle se présente *avec humilité, comme une pauvre petite bergerette*, et parle ainsi: *Gentil Dauphin, j'ai nom Jeanne la Pucelle; le Roi du ciel m'a envoyée pour vous secourir; s'il vous plaist me donner gents de guerre, par grâce divine et force d'armes, je ferai lever le siége d'Orléans, et vous menerai sacrer à Reims, malgré vos ennemis*. Ce qu'elle a dit, elle le fait. Déjà Orléans est délivrée; mais comment gagner Reims? Quatre-vingts lieues, mille périls, mille obstacles séparent les deux villes; les troupes sont peu nombreuses, elles sont découragées; les vivres et l'argent manquent. Que ne peut la foi exaltée par l'amour de la patrie? Née sur les terres de saint Remi [1], Jeanne a sucé avec le lait la croyance à la sainte ampoule. Charles n'a pas reçu l'onction divine; pour Jeanne, point de roi sans l'onction divine; de là, les succès de l'étranger; de là, nos désastres; il faut que Charles soit sacré à Reims. Voilà tout le raisonnement de l'héroïne, car *elle ne sait ni A ni B ;* mais ici l'instinct est plus puissant que la science. Persuadée, elle persuade; que dis-je? elle enflamme de son ardeur toute une armée. Les soldats abattus se relèvent triomphans. Ce n'est plus qu'un cri: *Reims! Reims! Que Charles soit sacré à Reims!* On part; Jeanne s'avance à la tête; une jeune paysanne sans expérience commande à de vieux capitaines; un pouvoir irrésistible semble tout entraîner; et tandis que l'Anglais reste immobile d'étonnement, muet de terreur, la marche des Français n'est qu'une suite de triomphes. Aussi simple, aussi touchante, elle est peut-être encore plus sublime que la vierge de Nanterre, cette seconde Geneviève, cette autre libératrice de la France, lorsque, baisant les pieds du monarque, elle lui dit, les larmes aux yeux : *Gentil roy* [2]*, or est exécuté le plaisir de*

---

[1] La preuve en est dans le nom même du village.

[2] Jeanne a salué Charles à Chinon par le titre de Dauphin; à Reims, elle le salue par celui de roi. Ce prince, avant son sacre, était appelé par ses ennemis, *roi de Bourges.*

Dieu qui vouloit que vinssiez à Reims recevoir votre digne sacre, pour montrer que vous êtes vrai roy et celui auquel le royaume doit appartenir[1].

La prérogative de Reims est bien acquise à cette métropole, puisque deux fois elle a sauvé la France. La ville sainte devait être aussi la cité fidèle. On a vu ses plus notables habitans, se montrant religieux dans le paroxysme du délire sacrilége, exposer leur vie pour recueillir quelques parcelles, pour sauver quelques débris d'une relique précieuse, qu'ils ne pouvaient soustraire à sa double proscription[2]. On a vu tous ses ha-

---

[1] Jeanne d'Arc fut choisie pour présenter à Charles VII les clefs de la ville de Reims. Pendant le sacre, elle se tint debout près de l'autel, son étendard à la main. On la voit représentée ainsi sur une tapisserie qui figure l'entrée royale ; monument curieux, dont il n'existe plus que quelques débris dans l'église métropolitaine. Dans son procès, interrogée pourquoi elle avait assisté au couronnement avec sa bannière, elle fit cette belle réponse : « *Il est juste que qui a eu part au travail en ait à l'honneur.* » On montre encore aujourd'hui à Reims la maison qu'elle habitait avec son père pendant les fêtes du sacre. Je connais beaucoup de tableaux dont Jeanne d'Arc est le sujet : dans aucun elle ne m'a paru plus noble, plus expressive et plus vraie, que dans celui où elle a été peinte pleurant sur son drapeau dans sa prison. Cette composition de chevalet, qui faisait partie du dernier salon, mais qui n'y a été vue que peu de jours avant la clôture et défavorablement exposée, est l'ouvrage de M. Crignier, disciple de M. David et de M. Gros, jeune artiste de talent, fidèle aux doctrines classiques.

[2] *Voir* plus loin les détails sur la sainte ampoule.

bitans jurer à un roi malheureux de s'ensevelir sous les ruines de leur ville, plutôt que de trahir la cause du fils de saint Louis¹, les hommes courir aux armes pour sa défense, les femmes sacrifier leurs bijoux pour sa rançon². N'accusons point les Rémois de s'être déclarés pour la Ligue. Louis, duc de Guise, était alors leur archevêque, et ce prélat, abusant d'un pouvoir presque sans bornes, fit, malgré eux, entrer dans leurs murs les troupes du duc de Mayenne. Les Rémois ne furent pas témoins du sacre de Henri IV, et par là ils furent trop punis d'une faute qui n'était pas la leur, d'une faute contre laquelle un Antoine Fremyn, un Eustache de la Salle, avaient héroïquement protesté au nom de leurs concitoyens. Mais à peine Guise a-t-il fait sa soumission, à peine les Rémois sont-ils libres, qu'ils demandent et obtiennent la faveur de démolir le château qui fut occupé par les troupes rebelles. Aussitôt la population tout entière, hommes, femmes, enfans,

[1] Le roi Jean. Ce fait n'est pourtant pas historiquement établi; mais le dévouement des Rémois rend le serment très-probable. Aussi un peintre de Reims, M. Liénard-Naveau, en a fait le sujet d'un tableau qu'on voit à l'hôtel-de-ville.

[2] Lorsque ce roi sortit de sa prison de Londres, une députation de Reims lui présenta dans quatre coupes d'argent dix-huit cents royaux d'or (194275 francs de notre monnoie). Déjà cette ville avait envoyé vingt mille écus pour la délivrance du monarque captif.

vieillards, vole à la forteresse; les citoyens de toutes les classes mettent la main à l'œuvre; la citadelle de la Ligue a disparu¹. A la restauration, Reims fut heureuse d'être une des premières, entre les cités françaises, à rouvrir ses portes aux Bourbons, ses bienfaiteurs; elle les avait toujours rappelés par sa reconnaissance.

A tant de titres se joignent les convenances de localité. Spacieuse, régulière, bien percée, ornée de plusieurs places, dont la principale offre un grand monument de statuaire², possédant un magnifique hôtel-de-ville récemment achevé et qui renferme une grande bibliothèque, décorée de somptueux édifices publics et de belles habitations privées, vivifiée et assainie par de nombreuses fontaines qu'elle doit à la libéralité patriotique d'un de ses citoyens³, industrieuse, commerçante et riche, Reims offre au voyageur un séjour agréable:

---

¹ L'élan spontané de la population rémoise eut lieu le jour de l'Assomption 1595. Ajoutons que cette forteresse était odieuse au peuple, parce que le despotisme archiépiscopal y avait renfermé à différentes époques plusieurs citoyens.

² La statue en bronze de Louis XV debout est de M. Cartelier, qui a restauré le monument; les deux figures allégoriques du piédestal sont de Pigale. Deux côtés de la place Royale restent encore à bâtir.

³ Le chanoine Godinot.

si ce n'est plus le luxe un peu sévère de la magnificence romaine, c'est tout le charme de l'élégance française. L'étranger y trouve un accueil obligeant et cordial. A l'époque du sacre, les Rémois reçoivent toute la France, et ces traditions d'hospitalité sont un patrimoine qui leur est cher. Je les ai vus parer leurs maisons avec une recherche empressée, et quitter leurs appartemens pour en faire honneur à leurs hôtes. Ainsi, Rome moderne accueille les pélerins de toute la chrétienté, quand un jubilé s'ouvre dans ses murs.

Il n'est pas jusqu'à la distance de Paris qui n'ait sa convenance; pas assez grande pour que l'élite de la capitale ne puisse se rendre aisément à Reims, trop grande pour que la foule des prolétaires s'y porte. Une route superbe y conduit, plantée d'arbres, pavée dans toute sa longueur, riche en points de vue, et qui traverse une contrée remplie de souvenirs historiques.

J'ai visité Reims dans mon enfance; il me semble voir encore ses flèches et ses tours, de toutes parts élancées dans les airs, lui donner l'aspect d'une ville orientale. Aujourd'hui, le majestueux couronnement de la cathédrale, la campanille de l'hôtel-de-ville, le clocher de Saint-Jacques, surmonté de sa coupole octogone, les deux pointes du portail de Saint-Remi, sont à peu près les seules sommités qu'elle présente [1]; mais sa physionomie plus grave a quelque chose de plus analogue à nos mœurs actuelles. Néanmoins, elle rit de loin au voyageur. De grands arbres dessinent dans la plaine les méandres de la Vesle. La basilique de Notre-Dame se profile sur le ciel; elle se montre et disparaît à plusieurs reprises, par l'effet des plis nombreux qu'affecte le terrain d'alentour, jusqu'à ce qu'elle s'élève enfin sur la forêt de la *Promenade,* comme un temple égyptien dans une oasis de verdure.

Le 29 mai, entre le printemps et l'été, la végétation est dans toute sa force, sans avoir encore rien perdu de sa fraîcheur; l'orme tardif, ornement du sol rémois, a développé toute sa parure; le tilleul odorant exhale déjà le doux parfum de ses fleurs, et, si vous exceptez les branches que l'enthousiasme d'un peuple a détachées de leur tige pour joncher le chemin de son roi, ou pour improviser des arcs de triomphe sur son passage, pas une feuille ne manque aux arbres. C'est la plus brillante époque de l'année. La pompe de la nature fait valoir celle des arts, et leur splendeur emprunte d'un jour serein un nouvel éclat, qui dispose

---

[1] L'église de Saint-Nicaise, avec ses deux tours égales et terminées en pyramides, a été démolie; le vandalisme a transformé en une carrière de pierres un chef-d'œuvre d'architecture.

les âmes à l'allégresse. Pour qu'une fête si sainte, si imposante, si nationale, eût tout son appareil, le ciel devait un beau jour à la terre.

CHAPITRE III.

Voyage du roi. Préparatifs faits sur la route. Fismes, Tinqueux. Description de la voiture du sacre.

Toutes les dispositions avaient été faites pour recevoir dignement Sa Majesté. La première ville du département de la Marne, sur la route de Paris, est Fismes, située sur la frontière même de cette préfecture, à six lieues de Reims. Un arc de triomphe est construit en avant de cette ville. Deux figures allégoriques, représentant l'*Agriculture* et le *Commerce*, surmontées chacune d'un trophée, ornent les pieds droits de cet arc; l'archivolte est couronnée par les armes de France, que soutiennent deux renommées. La frise de l'entablement porte cette inscription :

A CHARLES X, LE DÉPARTEMENT DE LA MARNE.

Le 27 mai, avant l'arrivée du roi, les autorités s'étaient rendues à l'arc de triomphe, ayant à leur tête M. de Jessaint, préfet de la Marne[1]. Seul entre les

[1] Dans la matinée du 27 mai, M. le baron de Jessaint, préfet de la Marne; Mgr. l'archevêque de Reims; M. le comte Lion, lieu-

préfets de France, M. de Jessaint a conservé le même département depuis l'origine des préfectures. Au milieu de tous les mouvemens qui ont tant de fois renouvelé l'administration publique, seul il est resté au même poste. Chéri de ses administrés, dont il a constamment surveillé ou défendu les intérêts avec un zèle courageux, il tient à eux comme ils tiennent à lui, et, par une exception bien honorable pour le magistrat qui en est l'objet, tous les gouvernemens qui se sont succédé ont respecté ces liens d'affection et de confiance. La droiture des sentimens, une conduite toujours loyale, toujours généreuse, expliquent ce phénomène. Dans les crises les plus difficiles, empressé pour les mesures de clémence, circonspect pour celles de rigueur, M. de Jessaint a été assez heureux pour faire beaucoup de bien et pour empêcher beaucoup de mal. Sous un chef qui s'inquiétait de toute illustration dont il n'était pas la source et à qui une fidélité héréditaire faisait ombrage, il eut l'honneur de protéger plus d'un grand

---

tenant-général commandant la 2ᵉ division militaire; M. Ruinart de Brimont, maire de Reims; M. le comte de Gestas, sous-préfet de cette ville; M. Leclerq, secrétaire général de la préfecture; divers autres fonctionnaires et officiers-généraux, se sont rendus à Fismes pour recevoir le roi sur la limite du département. M. le vicomte de La Rochefoucault, aide-de-camp de Sa Majesté, était allé au devant d'elle pour prendre ses ordres.

nom, et plusieurs de ces familles historiques qui sont l'orgueil de la France lui ont dû leur sécurité.

A quatre heures, le canon annonça l'arrivée de Charles x, parti le matin de Compiègne. Quand la voiture du roi, où M. le Dauphin se trouvait aussi, eut atteint l'arc de triomphe, M. de Jessaint s'avança vers Sa Majesté, et d'une voix ferme, accentuée par la douce et respectueuse émotion que son âme éprouvait, le vétéran de l'administration prononça le discours suivant :

Sire,

« L'antique cité où Clovis fut consacré au christia-
« nisme et à la royauté vous attend. Depuis cette épo-
« que si féconde, treize siècles ont passé sur la monar-
« chie, et à votre avénement au trône, vous la trouvez
« jeune encore de gloire et d'espérance. La religion,
« en embrassant dans sa faveur le royaume très-chré-
« tien, semble le faire participer de sa perpétuité.
« L'amour des peuples, qui se reproduit d'âge en âge,
« ajoute ses trésors à tant de souvenirs imposans et à
« ce merveilleux triomphe sur le temps.

« Oui, Sire, vous allez entendre les acclamations
« des fils de ceux que commandait Clovis et qu'instrui-
« sait saint Remi. Ils accourent, avides de contempler

« sur votre visage l'empreinte de vos royales vertus. Ils
« élèvent leurs voix jusqu'au ciel, à la vue du monar-
« que qu'ils attendaient si ardemment. Je ne peux être
« ici que l'organe de leur impatience, car ces cris,
« cette ivresse d'un grand peuple, sont le seul langage
« qui ne soit point au dessous du roi de la vieille
« France et de l'auguste cérémonie qui l'attire au mi-
« lieu de nous. »

La population entière de la ville de Fismes et des communes environnantes, à une assez grande distance, s'était portée sur le passage du roi, en poussant des cris de joie. La réponse de SA MAJESTÉ au discours de M. de Jessaint s'est perdue dans ces acclamations; il a été impossible de la recueillir : mais le roi a plus d'une manière d'exprimer les sentimens qu'il porte à son peuple, et il a été facile de lire dans ses regards attendris combien il était touché.

Parvenu à la porte de Fismes, le cortége s'y est arrêté sous des berceaux de verdure et des guirlandes de fleurs. M. Barbey de Chambray, maire de Fismes, à la tête du conseil municipal et de la garde nationale, a présenté les clefs et complimenté le roi, dont la voiture a traversé la ville au pas, au milieu des acclamations toujours renaissantes. Ces transports l'ont accompagné jusqu'à l'hôtel préparé pour sa réception, et choisi exprès à proximité de l'église, où le lendemain SA MAJESTÉ devait assister à la messe; car les rois de France sont dans la pieuse habitude de l'entendre tous les jours. La maison qui a reçu Charles x, et que le séjour de ce monarque a momentanément transformée en un palais, appartient à un meunier de la ville.

Le soir, les autorités retournèrent à Reims. Fismes fut illuminée. SA MAJESTÉ se montra plusieurs fois au balcon de son appartement. Le lendemain matin, la pluie commençant à tomber, le roi devait se rendre à l'église en voiture. Mais le maire ayant pris la respectueuse liberté de lui exprimer combien les habitans auraient de regret s'il ne leur était pas permis de contempler ses traits augustes d'aussi près qu'ils l'avaient espéré : *Eh bien, monsieur le maire*, dit le roi, *j'irai à pied*. En effet, le roi fit à pied le trajet pour aller et pour revenir, ayant à ses côtés le maire, qu'il daigna inviter à déjeuner à sa table, avec le commandant de la garde nationale. La messe avait été célébrée par M. le curé de Fismes, SA MAJESTÉ n'ayant pas voulu d'autre aumônier que le pasteur du lieu.

Après le déjeuner, le roi, accompagné de M. le Dauphin et de sa suite, partit pour Tinqueux, petit village situé sur la Vesle, à une lieue environ de

4

Reims, à gauche de la grande route. Le matin, Mgr. le duc d'Orléans et Mgr. le duc de Bourbon s'y étaient rendus de Reims. Ils devaient recevoir SA MAJESTÉ dans une petite maison qui appartient à Mgr. l'archevêque de Reims, et qui sert de maison de campagne au séminaire. C'est en ce lieu que la voiture du sacre attendait le roi.

Noble, élégante et riche, cette voiture est, sous le rapport de l'art, une très-belle chose. Elle consiste en une berline dont les panneaux de bronze doré sont ornés de peintures; sur chaque côté, des glaces d'une parfaite transparence laissent la facilité de voir dans l'intérieur les augustes personnages qu'elle doit contenir. Aux quatre coins, des demi-figures de femmes, disposées en caryatides, sont couronnées de chapiteaux qui se lient à une corniche finement profilée; une frise, composée de faisceaux de lauriers unis entre eux par des rosettes, règne sous la corniche, et celle-ci supporte une galerie où des palmettes alternent avec des fleurs de lis. Tous ces ornemens du bord supérieur sont d'un excellent goût. Ils forment avec le galbe de la voiture une ligne harmonieuse, qui se termine inférieurement par une guirlande où la feuille du lierre s'entremêle agréablement avec son fruit. Cette guirlande, épaisse sans être pésante, supporte ou paraît supporter la caisse. Une baguette artistement ciselée encadre les glaces, au dessous desquelles se prolonge la ceinture; cette ceinture est aussi ornée de guirlandes; mais celles-ci sont d'olivier, largement traitées, et surmontées d'un riche enroulement.

L'impériale est recouverte en velours cramoisi. Aux quatre angles, sur des fleurs de lis à quatre faces, flottent des touffes de plumes blanches; le couronnement est un groupe de quatre renommées assises, embouchant la trompette, et soutenant deux à deux, sur un médaillon, le chiffre royal; vis-à-vis chaque face, des guirlandes de fleurs et de fruits s'attachent à la base du couronnement, et en descendent par une courbe gracieuse. Au centre du groupe, sur une tige ornée de feuilles, s'élève la couronne de France, qui en termine la sommité. Ce pavillon du char de triomphe est, comme il devait être, d'un caractère triomphal.

Les peintures des panneaux figurent toutes des génies; elles occupent les champs d'or réservés pour elles; un ornement léger de perles et de pierres précieuses leur sert d'encadrement. Sur les portières, deux génies spirituellement ajustés avec la cotte d'armes, développent la bannière de France et l'oriflamme; ils soutiennent l'écu royal, au dessus duquel on lit les mots: *Montjoye, Saint-Denis.* Un soleil rayonnant domine ces

4.

armes; au dessus voltige une banderolle déployée, portant la devise : *Lilia non laborant neque nent*. Les quatre panneaux adjacens aux portières présentent le Commerce, avec une bourse et un caducée; l'Abondance, fille du Commerce, couronnée de fleurs, et épanchant les trésors de sa corne inépuisable; l'Agriculture, portant sur l'épaule une gerbe de blé, la tête également ceinte de fleurs; enfin, le génie des arts, pinçant les cordes de la lyre. Les panneaux d'avant et d'arrière sont ornés des vertus royales; on découvre antérieurement la Prudence tenant son miroir, et la Sagesse sous la figure de Minerve, avec l'égide, sans casque, une branche d'olivier à la main; postérieurement, la Justice, armée de son glaive, et la Force, de sa massue. . .

Le choix de ces sujets est bien adapté à l'esprit du siècle, et l'idée m'en paraît neuve. Dans tous les temps, autour de la voiture d'honneur, on a vu les allégories de la Force et de la Justice, sans lesquelles on ne peut régner; on a vu souvent les symboles des arts et des lettres, qui répandent de l'éclat sur le trône; mais c'est peut-être la première fois qu'on y voit les emblèmes de l'agriculture et du commerce. Cette innovation est heureuse pour Charles x; elle devient pour lui le gage d'une prospérité paisible et d'un avenir glorieux. Quand la philosophie monte sur le char du prince, la confiance du peuple élève l'autorité au plus haut degré de puissance.

J'ai dit que la guirlande inférieure était censée supporter la caisse; dans la réalité, elle masque le marchepied, dont le mécanisme s'enfonce sous la voiture, comme un tiroir; le devant est une section mobile de la guirlande. Cela est ingénieux et bien entendu. Jamais l'art n'imite mieux la nature qu'en donnant aux ornemens un motif d'utilité. Les ferremens ne paraissent nulle part; on ne voit ni gonds ni charnières; une combinaison habile a déguisé toutes les articulations; on a voulu que la forme ou la symétrie des ornemens ne fût point altérée, et ici encore on a imité la nature, qui, dans les êtres animés, montre les mouvemens en recouvrant avec soin les charnières vivantes qui les exécutent.

Les roues sont richement décorées. Les jantes figurent une couronne d'un dessin arabesque. Les rayons sont façonnés en balustres. L'extrémité de l'essieu représente une tête de lion entourée de rinceaux et de feuilles. La plupart de ces motifs sont puisés dans l'antique.

Les tentures et coussins de l'intérieur sont en velours cramoisi, brodés en or, avec des franges et des crépines d'or. Toute cette garniture est de bon goût. La housse du siége est d'une étoffe pareille, ornée de même. Un maroquin rouge du plus beau ton forme les soupentes. L'acier des ressorts est dissimulé par la dorure. Le seul fer qui soit visible est le cercle des roues.

L'encastrure porte des figures de femmes, qui se terminent par des spirales et des enroulemens de fantaisie; des chimères soutiennent l'avant-train. Ces accessoires ont été combinés de manière à faciliter le service de la voiture.

Tout ce qui tient à la caisse est doré en or mat; tout ce qui constitue le train l'est en or moulu; toutes les figures sculptées sont en bois doré. Peut-être y a-t-il trop d'or. L'ensemble avait par lui-même assez de beauté pour n'avoir pas besoin de tant de richesse.

Une voiture d'apparat est un composé de la plus étrange complication. Beaucoup d'industries diverses devant y concourir manuellement, une forme partout harmonieuse, une forme qui soit d'accord avec elle-même dans sa masse comme dans ses détails, est un problème difficile à résoudre. A des ouvriers la plupart sans lumières, à des hommes de métier qui pratiquent fort bien leur routine, mais qui ne voient rien au delà, faire adopter des élémens nouveaux et inusités, c'est presque tenter l'impossible, même avec le secours du temps; lorsque le temps refuse son secours, c'est l'impossible, et le seul parti à prendre est de décorer la forme vulgaire; il n'y a pas moyen de la modifier.

La voiture du sacre a été composée par M. Percier, le père de l'architecture en France; ce grand artiste a aussi donné tous les dessins d'ornemens. La composition générale est bien entendue; toutes les intentions sont heureuses; l'ouvrage est digne de son auteur, et l'on reconnaît, dans la décoration d'une voiture, l'architecte qui a décoré tant de palais. Quelques personnes ont trouvé que les rayons des roues étaient trop rapprochés. Si cette disposition existe, je crois que la critique ne s'en est pas bien rendu compte. Dans une voiture ordinaire, la célérité du mouvement donne à la roue l'aspect d'un disque plein; mais cette illusion ne pouvant plus naître dans une cérémonie où la marche du char est grave et lente, il fallait néanmoins offrir à l'œil l'effet dont il a l'habitude et le besoin; alors, on a dû regagner par des rais plus serrés ce que faisait perdre une rotation moins rapide. Le parti pris à cet égard décèle la réflexion, qui entre pour beaucoup dans ce que nous appelons le génie.

Les peintures des panneaux sont exécutées de la manière la plus satisfaisante par M. Delorme, élève de feu Girodet. Depuis long-temps, M. Delorme a prouvé son talent pour les sujets gracieux[1]. Il a bien conçu le système d'une peinture destinée à être vue en plein air, et que le soleil dévore en l'éclairant.

Les modèles de toute la sculpture sont dus à M. Roguier, statuaire connu par plusieurs figures monumentales[2]. M. Dennière, ciseleur habile, a fondu et ciselé les bronzes avec un art qui ne laisse rien à désirer. M. Gauthier, peintre ordinaire des équipages du roi, et M. Daldringen, sellier de sa maison, méritent des éloges, le premier, pour la dorure du train, le second, pour tout ce qui tient à la sellerie.

Le matin, on avait vu partir de Reims cette belle voiture, tristement enveloppée d'une toile, pour la garantir d'un déluge de pluie. Tout à coup, par un de ces changemens qui semblent surnaturels, tant ils sont subits, un souffle de beau temps éclaircit les nuages; le ciel recommence à sourire; l'espérance renaît dans les âmes; l'arrivée de SA MAJESTÉ sera saluée par un rayon de soleil[3].

En face de Tinqueux, et vis-à-vis l'embranchement

---

[1] Entre autres dans la charmante composition de *Héro et Léandre*, gravée par M. Laugier, et qui a obtenu un succès populaire.

[2] Notamment par la statue de *Duquesne*, destinée pour le pont Louis XVI.

[3] Au moment où j'écris (6 juin), une métamorphose sem-

de la grande route avec le chemin qui conduit à ce village, s'élève un arc d'architecture gothique, d'un bon style. Le caractère en est tout religieux. Au haut de l'arcade ogive, dans un bas-relief peint, Clovis reçoit l'onction des mains de saint Remi entouré de ses prêtres; les anges sont prosternés dans une attitude d'adoration, et les bienheureux prennent part à la conversion royale. Une inscription porte :

A CHARLES X, L'ARRONDISSEMENT DE REIMS.

En effet, l'arc est censé l'hommage de cet arrondissement. De ce point à la porte de la ville, on rencontre à distances égales, quatre arcs de triomphe en feuillages, variés de forme, hommage des quatre autres arrondissemens. On y lit pour inscriptions :

ARRONDISSEMENT D'ÉPERNAY, — DE CHALONS, — DE VITRY-LE-FRANÇAIS, — DE SAINTE-MENEHOULD.

Tous ces arcs sont ornés des armes de France et du chiffre du roi. Sous chacun d'eux, le sous-préfet, le

blable, et peut être encore plus inattendue, s'opère à la rentrée de Charles x dans sa capitale. Hier, le froid, la pluie, la tempête; aujourd'hui, un ciel calme, doux et serein. Chacun fait l'application de ce distique si connu :

Nocte pluit totâ, redeunt spectacula mane;
Divisum imperium cum Jove Cæsar habet.

maire du chef-lieu et un détachement de la garde nationale attendent Sa Majesté.

Entre ces arcs de triomphe, à droite et à gauche de la route, des poteaux plantés à distances égales, portent des écussons qui indiquent les noms des communes; entre ces poteaux, des colonnes équidistantes sont couronnées de branches de pin. Ces arbres artificiels se lient deux à deux par des pièces d'étoffe de laine diversement colorées, déployées dans toute leur longueur, et dont les extrémités flottent librement, agitées par un vent léger, ou s'enroulent en spirales autour des poteaux, retenues par des nœuds. Sous les écussons, les autorités municipales de chaque commune sont réunies; le maire est à leur tête [1]; il est accompagné de jeunes filles qui soutiennent les extrémités des écharpes flottantes, présentant au souverain, à son passage, ces produits de l'industrie locale.

En parcourant l'histoire des sacres, on trouve que la beauté joue presque toujours le premier rôle dans les fêtes célébrées à l'occasion de cette solennité; mais la manière dont on l'y met en scène est quelquefois bien

---

[1] L'idée de rassembler les maires de campagne, la plupart cultivateurs, sur le chemin du roi, appartient, dit-on, au roi lui-même; elle est digne d'un petit-fils de Henri IV, de ce monarque qui ôtait son chapeau à un laboureur.

bizarre. Tantôt une jeune fille, vêtue à l'antique, descend du ciel en plein théâtre, et glissant le long d'une gaze azurée, vient complimenter le prince [1]; tantôt un soleil, mis en mouvement par un rouage secret, s'ouvre pour donner passage à un cœur, d'où sort une vierge élégamment vêtue et tenant à la main les clefs de la ville. Ailleurs, des demoiselles représentent par des emblèmes les qualités nécessaires à un roi; le nom de chaque vertu est ostensiblement porté par une des demoiselles; il commence par une lettre de celui du monarque, et devient le mot initial d'un vers à sa louange [2]. Une autre fois, c'est une jeune femme belle

---

[1] « Elle représentait la ville de Reims, dit un auteur, comme nous voyons, dans les médailles anciennes, Rome et Athènes exprimées par une fille portant un laurier. »

[2] Voici un exemple de ce singulier acrostiche :

HONNEUR est en ton cœur compris,
ESPÉRANCE ton croissant mrine,
NOBLESSE est dans ton pourpris
RENOMMÉE si le pourmeine,
JVSTICE règne en ton domaine,
DILIGENCE ton fait conduit,
ÉQVITÉ bon renom demaine,
VÉRITÉ ton fleuron produit,
AMOVR et charité t'induit,
LIBÉRALITÉ en toy florit,
OBÉDIENCE te poursuit,
INTELLIGENCE de près te suit,
SAPIENCE en toy reluit.

En rapprochant les lettres initiales, on forme le nom de *Henri de*

et parée, qui, d'une cabane de chaume, s'élance sur un char brillant, et court au devant du roi, pour lui présenter les clefs. Aujourd'hui, ces clefs sont offertes par le magistrat qui en est dépositaire, et les beautés de nos villes et de nos campagnes se contentent de présenter les fruits du travail paternel. Cet hommage simple et naturel ne vaut-il pas bien l'apprêt compliqué de ces échafauds et de ces ressorts qui faisaient l'admiration de nos ancêtres?

Telles sont les dispositions dans la campagne. J'en félicite M. Isabey, que les autorités rémoises avaient chargé de décorer l'intérieur de Reims, ainsi que la grande route depuis la limite du département, et particulièrement depuis Tinqueux. Il faut pourtant dire que ces houppes de mélèze sur des pieux desséchés offrent à l'œil quelque chose de mesquin; mais le parti pris est simple et noble. Nous allons voir que cette ordonnance a été heureusement conçue dans l'intérêt d'une fête où le peuple est acteur en même temps que témoin.

Dès le matin, une partie des troupes qui devaient former le cortége, traverse la ville, venant du camp de

---

Valois. Le second vers fait allusion à la devise du prince, qui consistait, comme on sait, en un croissant avec cet hémistiche : *Donec totum impleat orbem.*

Saint-Léonard [1], et défile sur la grande route; l'autre partie s'y rend par des chemins de traverse. Les troupes forment la haie ; à droite du chemin est la garde royale; à gauche, l'infanterie de ligne.

A midi le roi était arrivé à Tinqueux, avec le soleil. Il y a pris un peu de repos. Au bout d'une demi-heure SA MAJESTÉ est montée dans la voiture du sacre, avec M. le Dauphin, M. le duc d'Orléans et M. le duc de Bourbon; elle porte l'uniforme de colonel-général. Immédiatement après, le cortége s'est mis en marche. Voici comme il est disposé.

La marche est ouverte par les états-majors suivis de la cavalerie de ligne et de la garde nationale à cheval de Paris. On voit ensuite le carrosse de M. le duc de Bourbon, attelé de huit chevaux bais avec des harnais noirs, et celui de M. le duc d'Orléans traîné par huit chevaux blancs avec des harnais de maroquin rouge; l'or brille sur ces harnais, et les chevaux sont ornés de plumes blanches. Suivent deux carrosses de service de SA MAJESTÉ, où se trouve M. le prince de Talleyrand, grand chambellan. Ces voitures sont séparées ou escortées par les lanciers et les hussards de la garde. Un escadron des gardes-du-corps, les pages du roi, le grand-maître, les maîtres et aides de cérémonies à cheval,

---

[1] On donnera une idée de ce camp, en parlant de la revue du roi.

précèdent le carrosse de Sa Majesté; les écuyers accompagnent les chevaux, dont la tête empanachée s'agite fièrement sous les aigrettes qui l'ombragent. Enfin s'avance la voiture du sacre qui laisse voir jusqu'à mi-corps le roi et les princes de sa famille. Derrière le char, quatre escadrons de gardes-du-corps, un détachement de gendarmerie d'élite, quatre escadrons de cavalerie de la garde royale, les grenadiers, les cuirassiers, les dragons et les chasseurs. Les gendarmes à cheval de la ville de Paris et la grosse cavalerie de la ligne, ferment cet imposant cortége.

On arrive au premier arc. Là, M. de Gestas, à la tête des maires des communes de l'arrondissement de Reims, adresse au roi le discours suivant :

Sire,

« C'est dans les contrées où la France devint chré-
« tienne, c'est au pied de l'autel où fut sacré Clovis,
« où les aïeux de Votre Majesté ont reçu l'onction
« royale, que le Dieu de saint Louis semble se plaire
« à verser ses plus abondantes bénédictions sur les rois
« que sa bonté nous donne.

« Du même autel aussi partent plus puissantes les
« inspirations d'amour, dont sont animés tous les Fran-
« çais pour Votre Majesté et pour son auguste dynas-

« tie, et ce sont surtout les habitans de l'arrondisse-
« ment de Reims, qui, placés à la source même de ces
« inspirations sacrées, y puisent les sentimens de fidé-
« lité, de dévouement sans bornes et de profond res-
« pect qu'ils déposent, par mon organe, aux pieds de
« Votre Majesté.

« Sire, le ciel entendra leur cri de *Vive le roi! Vive
« Charles* x! »

Ce cri a été répété avec enthousiasme.

Sa Majesté a répondu « qu'elle était sensible aux
« marques d'affection que lui exprimait M. le sous-pré-
« fet. »

Le cortége poursuit sa marche. Quelle scène pendant une lieue! On ne saurait rien concevoir de plus pompeux ni de plus animé. Sur une route couverte de sable et pavoisée par les manufactures de la contrée, les maires à leur poste en écharpe, l'élite des jeunes filles vêtues de blanc et tenant des lis, la plupart belles, toutes brillantes de jeunesse, toutes parées de santé et de pudeur; les paysans d'alentour accourant de tous côtés à travers les moissons; une population répandue avec affluence, mais sans foule, formant ici des groupes immobiles, là, s'agitant par masses ondoyantes, et après avoir vu passer le roi, se précipitant pour le voir passer encore, offrant tumultuairement, mais sans désordre, mille épisodes divers dans une joie commune, épisodes d'autant plus vifs que les mouvemens n'en sont ni commandés ni prévus; les habitans des campagnes, avides de contempler leur prince, heureux de s'entredire: *j'ai vu le roi; il m'a salué; j'ai vu le Dauphin, le brave de l'Espagne; il m'a souri;* commentant leurs sensations avec franchise et liberté, chacun exprimant à sa manière son admiration et son amour, tous manifestant naïvement, mais énergiquement, ce qu'ils éprouvent; quelques spectateurs plus calmes, plus paisiblement curieux, montés sur les arbres de la route ou assis sur le chaume des toits rustiques; le dôme de la voiture royale dominant tout et servant de point de mire ou de ralliement à cette multitude éparse; les troupes défilant avec l'appareil militaire; les éclairs innocens qui jaillissent des armes; les battemens du tambour, l'éclat des fanfares, le bourdon de la cathédrale mugissant dans le lointain, et mêlant à tous ces bruits ses sons uniformément continus, comme pour servir de basse à cette sublime harmonie. Figurez-vous un tel tableau se développant sur une vaste plaine et s'encadrant dans la bordure des montagnes qui terminent l'horizon; ajoutez-y tout ce qu'il y a de vif et de fortuit dans l'enthousiasme d'un peuple, et vous aurez une idée du spectacle que la route présentait. Par cette effusion de sentimens si spontanés et si vrais, Charles x a pu voir combien il est aimé.

Quel est l'objet de cette pompe? Un souverain légitime va humilier sa puissance devant Dieu. Il sent qu'il faut à sa couronne un reflet de la majesté divine, et il place sa couronne sur l'autel; il reconnaît qu'il faut à son sceptre l'appui du Très-Haut, et il dépose son sceptre au pied de la croix. Religion, voilà tes secrets, et tel est le premier anneau de la chaîne mystérieuse qui unit la terre avec le ciel.

A un quart de lieue de la ville, il existait autrefois un édifice consacré à la bergère de Nanterre. Nos rois s'y arrêtaient avant d'entrer à Reims. Ce n'est pas la révolution qui l'a fait disparaître : il était abattu avant le sacre de Louis xvi. La chapelle de Sainte-Geneviève n'en est pas moins regrettable. Cette pieuse station convenait à la dévotion de nos princes, qui fut toujours tendre pour la patronne de la France, et les nombreux habitans de Paris, compagnons du monarque, retrouvaient encore à Reims leur culte de prédilection.

CHAPITRE IV.

Entrée du roi à Reims; son arrivée à la cathédrale. Premières vêpres. Présens faits par SA MAJESTÉ à l'église métropolitaine. Arrivée du roi au palais de l'archevêché. Prisonniers mis en liberté.

Les princesses étaient arrivées à Reims dans la soirée du 27, venant de deux points différens : Mme. la Dauphine, de Rœux, où elle avait dîné chez Mme. la duchesse de Charost, et MADAME, duchesse de Berry, de Bar-le-Duc, où Mme. la duchesse de Reggio avait eu l'honneur de la recevoir dans son château de Jean-d'Heure.

Mme. la Dauphine avait passé par Fismes; le maire était allé la recevoir hors des murs, et il avait fait les dispositions nécessaires pour que la voiture ne traversât point la ville, afin d'éviter une descente rapide et dangereuse. La princesse le remarqua; et, comme elle en demanda la raison, sur la réponse du magistrat, que c'était pour épargner un mauvais pas à S. A. R. : *M. le maire*, répondit-elle en souriant, *je ne les ai jamais craints.* La princesse salua le roi, qui était arrivé à Fismes avant elle, puis elle en repartit immédiatement.

Quant à Mme. la duchesse de Berry, elle avait comblé les vœux de la ville de Bar-le-Duc, en acceptant une fête qui lui avait été préparée. Des députations des villes voisines y avaient été admises. Sept demoiselles de Verdun avaient été choisies pour offrir à l'aimable mère des enfans de France une corbeille de dragées et de fleurs.

Le 28, dès la pointe du jour et quoique le temps fût pluvieux, les rues de Reims étaient remplies d'une foule immense. La ville présentait, comme la campagne, un air de fête; mais les préparatifs y étaient différens.

La grille en fer de la porte de Vesle, par où le roi devait faire son entrée, avait été peinte et dorée[1]. Les pieds droits en pierre sont ornés de trophées, avec les attributs de l'industrie agricole et manufacturière; deux écussons, attachés à ces pieds droits, portent cette inscription :

A CHARLES X, LA VILLE DE REIMS.

A partir de la grille, s'élèvent à droite et à gauche de grands ceps de douze pieds de hauteur, entourés de

---

[1] Cette grille fut placée à l'époque du sacre de Louis XVI, et à l'occasion de cette solennité.

feuillages, surmontés alternativement de drapeaux blancs fleurdelisés et de touffes de lis en fleur. Ces mâts de verdure sont réunis par des guirlandes; décoration simple, qui marque aussi l'alignement de l'espace réservé au cortége. A Reims, il n'est plus permis de tapisser les rues pour le sacre, depuis cette parole touchante de Louis XVI : *Point de tapisserie; je ne veux rien qui empêche le peuple et moi de nous voir.* La garde nationale forme la haie, conjointement avec la garde royale et l'infanterie de ligne, le long de la rue de Vesle et de celle de la Poissonnerie, jusqu'au parvis de la cathédrale. Des drapeaux blancs ornés de fleurs de lis se déploient aux fenêtres des maisons; les inscriptions, *vive le roi! vive Charles X! vivent les Bourbons!* flottent dans les airs. Des échafauds sont dressés devant les portes : c'est là qu'une grande partie de la population urbaine attend le cortége; pour le voir défiler, les princesses ont elles-mêmes pris place aux fenêtres d'une habitation privée. Les autorités publiques sont en station à la grille. Lorsque SA MAJESTÉ y est arrivée, M. le maire de Reims, à la tête du corps de ville, a présenté les clefs au roi, qui les a prises et remises à son capitaine des gardes; après quoi, le magistrat municipal a adressé à SA MAJESTÉ le discours suivant :

Sire,

« Heureux de pouvoir être auprès de Votre Majesté
« l'organe des sentimens qui animent les habitans de
« la ville de Reims, mon cœur sent, mieux qu'il ne
« peut l'exprimer, l'élan que votre auguste présence
« excite en ce moment dans cette grande cité.

« Daignez, Sire, recevoir les clefs de votre bonne
« ville de Reims; c'est l'amour, c'est la fidélité qui s'em-
« pressent aujourd'hui, comme dans tous les temps,
« de vous en faire hommage.

« Tous nos cœurs sont à vous, Sire, ils le sont à
« jamais; et dans ce moment, où nous avons le bon-
« heur de contempler les traits de notre roi bien-aimé,
« il ne nous reste plus qu'à adresser des vœux au Tout-
« Puissant pour qu'il répande toutes ses bénédictions
« sur Votre Majesté, et qu'il lui accorde de longs
« jours pour le bonheur de la France. Vive le roi! »

Sa Majesté a répondu :

« Monsieur le maire, je suis touché des sentimens
« que vous m'exprimez; je désirerais avoir la voix assez
« forte pour être entendu de tous les bons Rémois et
« de tous les Français, et pour leur faire connaître la
« vive émotion que j'éprouve en ce moment.

« Je prierai le Tout-Puissant, dans la cérémonie de
« mon sacre, de doubler mes forces pour assurer le
« bonheur de mon peuple. »

Le cortége est entré dans la ville au son de toutes les cloches et aux salves de l'artillerie. Les croisées des maisons étaient garnies de spectateurs jusqu'aux toits. Sur le passage de Sa Majesté, on a vu voler des fleurs, répandues par l'allégresse et par un enthousiasme qu'il est impossible de décrire [1]. La voiture s'est avancée au milieu d'un concert d'acclamations, jusqu'à la cathédrale, décorée par MM. Lecointe et Hittorf, architectes du roi pour les fêtes et cérémonies [2].

En avant du portail, est construit un porche, le *Pronaos* du temple chrétien, commandé ici par deux nécessités : pour le roi, celle de pouvoir descendre à couvert en cas de pluie; pour le clergé, celle de recevoir Sa Majesté en dehors de l'église, afin de l'y introduire processionnellement. Ce porche est composé d'une entrée principale au milieu, de figure octogone, for-

---

[1] Autrefois l'accueil fait au monarque était bien différent. On honorait son entrée par une représentation des *Mystères*, pièces non dialoguées, mais exécutées en pantomime. Ce genre d'hommage était réservé aux plus grandes puissances et pour les occasions les plus solennelles.

[2] J'expliquerai toute cette décoration et je rendrai compte de son effet dans plusieurs chapitres.

mant avant-corps, et de chaque côté accompagné de trois arcades. Celles-ci, supportées par des colonnes isolées, se lient aux deux grands arcs des extrémités, lesquels débordent la façade de la basilique, et correspondent, l'un à la galerie couverte qui conduit à l'archevêché, l'autre à une rue de la ville qui longe l'église. Cette disposition extérieure se rattache par le style à l'architecture du temple, et de loin, elle se confond avec elle par ses frontons et ses ornemens gothiques; de plus, elle annonce la disposition intérieure, en faisant voir de prime-abord un préparatif propre au sacre de Charles x, qui s'ajuste à une cathédrale destinée à tous les sacres.

Une voûte formée par des pénétrations ogives, et semée d'étoiles d'or sur un fond bleu-de-ciel, couvre l'entrée principale qui conduit directement dans la basilique; elle communique aussi, de part et d'autre, avec les entrées latérales. Les statues de saint Nicaise, de saint Symphorien, de saint Marcoul, et de saint Remi, protecteurs spéciaux de la ville de Reims, entourent le vestibule sacré; l'aspect religieux et l'harmonie de rapports qu'offre cet ensemble, portent à l'âme une impression douce, qui a quelque chose de céleste.

C'est là que Sa Majesté est descendue de la voiture du sacre. Elle a été reçue à la porte de l'église par l'archevêque de Reims, vêtu pontificalement, et par les évêques de Soissons, de Châlons, de Beauvais et d'Amiens, ses suffragans, sous le dais qu'elle-même avait donné.

Six colonnes de bronze doré soutiennent ce dais; six panaches blancs surmontent ces colonnes. Un ornement composé alternativement de fleurs de lis et de palmettes découpées, entoure le périmètre supérieur; un couronnement d'un caractère religieux en termine la plate-forme. Les pentes sont de riches étoffes d'or tissées et brochées au métier. Quatre sujets symboliques et sacrés [1] ornent leur champ; la saillie en est telle, qu'on les supposerait exécutés en cartisane, tandis que c'est le travail même du tissu, qui, simulant avec une adresse admirable le jeu de l'ombre et de la lumière, imite le relief. Cette fabrication est digne des plus grands éloges [2]. Mais le dessin des ornemens et la forme du dais manquent d'élégance et de grâce.

« Je viens de recueillir les bénédictions de mon peuple, dit Sa Majesté en entrant dans l'église; je sens le besoin de recevoir les bénédictions du ciel. » L'archevêque lui présenta l'eau bénite et l'encens, puis le roi s'age-

[1] Antérieurement, deux anges adorateurs; postérieurement, le Jéhovah mystérieux; à droite, l'agneau sans tache reposant sur le livre de vie; à gauche, le pélican qui se saigne pour ses petits.

[2] Ce beau produit sort de la manufacture de MM. Mathevon et Bouvard frères, fabricans, à Lyon.

nouilla sur un carreau. Le prélat lui donna ensuite à baiser le livre des évangiles ouvert. Après une courte prière, SA MAJESTÉ s'est relevée, et le pontife s'est trouvé face à face avec le monarque, dont il avait partagé l'infortune, et dont il partage le triomphe.

Le pontife de Reims est digne d'un tel honneur. A un zèle pieux, à une charité douce, qualités essentielles à tout ministre de la religion, M. de Latil réunit un talent distingué pour la chaire, utile complément des vertus ecclésiastiques. Pendant l'émigration, son éloquence amenait à ses instructions évangéliques un auditoire nombreux et illustre. A Dusseldorf, M. le comte d'Artois l'entendit, le goûta, et le fit son aumônier. Depuis cette époque, il n'a jamais quitté la personne du prince. Le temps, l'habitude, d'heureux rapports de caractère et de sentimens, fortifièrent ces nobles relations, et le prince a rencontré un ami. Honoré d'une confiance auguste, en position par là de rendre beaucoup de services, il ne s'est jamais préparé le regret d'en avoir volontairement perdu l'occasion, et chose aussi rare, tous ceux qu'il a obligés l'aiment. A la restauration, M. de Latil eut une grande part dans les délibérations relatives aux affaires ecclésiastiques, au concordat et à l'organisation de l'église de France. Il montra, dans cette occasion délicate, un savoir profond, des connaissances variées, un esprit fin et conciliant, beaucoup de modération jointe à beaucoup de fermeté. Trente-sept ans plus tôt, et bien jeune encore, il avait développé les mêmes qualités aux assemblées bailliagères qui précédèrent la convocation des états-généraux; grand-vicaire du diocèse de Vienne, il y représenta son évêque, avec une maturité précoce et un aplomb au dessus de son âge.

Quel sentiment, quelle douce onction et quel accent affectueux M. l'archevêque de Reims ne dût-il pas mettre dans ses paroles, lorsque immédiatement après la prière de Sa Majesté, il lui adressa le discours suivant :

Sire,

« Aux vives acclamations de bonheur et d'amour
« qu'excite dans mon diocèse la présence d'un roi,
« digne fils de saint Louis, et aux sincères expressions
« de la reconnaissance et de la fidélité de cette bonne
« ville, si heureuse de se voir encore la ville du sacre,
« qu'il me soit permis d'ajouter les hommages et les
« vœux d'un chapitre aussi recommandable par la
« pureté de ses principes que par la solidité de ses ver-
« tus, et de tout un clergé qui connaît, qui aime et
« remplit ses devoirs.

« Quant à moi, Sire, j'ose me croire dispensé de ma-
« nifester des sentimens qui, invariables comme mes
« principes, sont, depuis long-temps, connus de Votre
« Majesté.

« Mais après avoir, comme un serviteur fidèle, pris
« part pendant une aussi longue suite d'années à tous
« les événemens de la vie de Votre Majesté, je dois au-
« jourd'hui bénir hautement la divine providence qui,
« dans une cérémonie si remarquable dans toutes ses
« circonstances, m'a destiné à remplir auprès de votre
« auguste personne, la plus belle, la plus consolante
« des fonctions de mon saint ministère; et je rends
« grâce à Dieu, la sagesse éternelle, de vous avoir in-
« spiré, Sire, la grande et religieuse pensée de venir
« sanctionner la dignité de roi, par un acte solennel
« de religion, au pied du même autel où Clovis reçut
« l'onction sainte; car, dans tous les lieux soumis à
« votre puissance, Sire, tout vous fera assez entendre
« que vous êtes roi, tandis qu'ici, dans ce temple, dans
« cette cité, berceau de la foi de vos pères, tout vous
« rappellera que vous êtes chrétien; tout vous dira que,
« pour votre bonheur, comme pour le bonheur de vos
« peuples, et afin d'accomplir les desseins de Dieu en
« marchant sur les traces de tant de grands rois, dont, par
« le droit de votre naissance, vous portez la couronne,

« oui, Sire, tout vous dira que toujours vous êtes le fils
« aîné de l'Église et le roi très-chrétien.

« Daigne le roi agréer l'expression de nos sentimens;
« daigne le ciel exaucer tous nos vœux ! »

Ces vœux et ces sentimens ayant été ainsi exprimés, le répons, *Ecce ego mitto angelum meum*, entonné par le grand chantre, donne le signal de la marche religieuse, et le roi, s'est avancé processionnellement dans la basilique, précédé du clergé, suivi des officiers de sa maison, et accompagné des princes. Pendant ce temps, les musiciens du roi exécutaient une espèce de marche à trois temps, composée sur les paroles mêmes du répons, par M. Le Sueur [1]. Le mouvement du morceau est large, et son caractère grave convient à l'entrée d'un cortége imposant.

Dès que SA MAJESTÉ se fut placée à son prie-dieu, les premières vêpres commencèrent. C'est l'archevêque qui les entonna. Ici, les voix de l'orchestre, en réponse aux chants de l'église, ont exécuté, seules et sans accompagnement instrumental, différens versets de psaumes arrangés en contre-point sur le plain-chant, par M. Chérubini [2]. Était-il donc nécessaire d'opposer à cette

---

[1] Un des surintendans de la Musique de la Chapelle du roi.
[2] L'autre surintendant.

savante et noble psalmodie, un *Magnificat* écrit du temps de Louis xv, morceau d'un goût trivial, comme tout ce qui, dans les arts, se rattache à cette triste époque[1]? Sans doute les musiciens de Reims n'ont réservé ce morceau pour le sacre de Charles x, que parce qu'il avait autrefois servi pour celui de Louis xvi. Mais tout en rendant justice à leur zèle, on peut blâmer leur imprudence; il ne faut qu'une telle disparate pour compromettre la harpe religieuse et désenchanter les saints cantiques; la musique n'est l'art le plus sublime que parce qu'elle est le plus délicat.

Les vêpres finies, M. le cardinal de la Fare, un des assistans de Sa Majesté, a prononcé un sermon divisé en trois points, sur ce texte bien convenable à la circonstance, *Spiritus domini super me, eo quod dominus unxerit me.* L'orateur sacré a passé en revue les devoirs réciproques des rois et des peuples. Il s'est attaché à montrer combien la religion, toujours occupée de la félicité commune, favorise l'accomplissement de ces devoirs. Au dessus des monarques, il est un dominateur suprême, de qui toute puissance émane, et les princes ne sont que les instrumens de ses desseins. Ce roi des rois a voulu qu'un caractère sensible distinguât ici bas

[1] L'auteur est Hardouin, compositeur qui a eu en France quelque célébrité.

les dépositaires de l'autorité qui lui appartient. De là, le sacre, présent céleste fait à la terre par Dieu lui-même, institution qui commença dans Israel en la personne de Saül et de David, qui fut continuée par les prophètes, et qui, passant de l'ancien Testament dans le nouveau, est aujourd'hui rehaussée par tout l'appareil du culte chrétien ; spectacle tout divin et tout monarchique, où la piété contemple avec édification, l'attitude à la fois religieuse et royale du souverain. Ce discours, écouté avec un profond recueillement, s'est terminé par cette noble et touchante péroraison où l'orateur se met en scène à la manière de Bossuet, dont il a occupé le siége :

« Protecteur de cette race chérie à qui, depuis plus de huit siècles, vous avez confié l'apanage de ce beau royaume, Dieu tout-puissant, continuez de manifester sur elle votre faveur et vos merveilles! Que toujours étendu sur l'homme de votre droite, votre bras couvre sa personne sacrée de votre égide impénétrable! Que tous les vrais Français, aussi fiers de lui obéir que lui-même s'est dit fier de les gouverner, l'entourent à l'envi de confiance et d'amour! Que calmes comme son âme et purs comme ses désirs, ses jours égalent, par leur durée, la mesure et l'étendue de nos soins! Que constamment heureux comme roi, Charles x le soit constamment comme père! Que ses regards paternels voient toujours auprès de lui briller d'un éclat que rien n'altère, cette famille si précieuse, l'ornement de sa cour, le charme de sa vie, l'avenir de la France! Cet illustre Dauphin, terreur du génie du mal, vengeur rapide de la majesté des rois, héros conquérant et pacificateur! Cette princesse magnanime, image vivante de la charité céleste, providence visible de l'infortune, modèle d'héroïsme comme de vertu! Cette mère admirable de l'enfant du miracle, qui rendit l'espoir à la nation consternée, l'étonna par son courage, la captive par sa bonté! Ce tendre rejeton de la première tige des lis, qui fut avant de naître l'objet de tant de vœux, et qui l'est aujourd'hui de tant d'espérances!

« Dieu de Clovis, s'il est ici bas un spectacle capable d'intéresser votre majesté infinie, ne serait-ce pas celui qui, dans cette solennité, fixe l'attention universelle, appelle et réunit tous les vœux? Pourraient-ils, confondus avec la multitude des événemens humains, s'ensevelir et se perdre dans les annales éternelles, ces jours saintement privilégiés, où le héros de Tolbiac, et treize siècles après lui, le 65e des rois ses successeurs, sont venus, dans le même temple, recevoir la même consécration? A quoi donc, grand Dieu! si ce n'est à la persévérance de vos immuables décrets, attribuer sur cette terre, toujours si mobile et toujours si changeante, le don surnaturel d'une durée qui tient du prodige! Même royaume, mêmes rois, même basilique, même autel, même culte, mêmes pontifes! Même double chaîne, qui, à force d'être antique, semble suspendue à l'Éternité, lie d'un côté Clovis à l'auguste héritier de son trône, et de l'autre, le grand saint Remi au digne successeur qui le remplace dans son siége! Intervalle immense dans les fastes de notre éphémère et périssable humanité! Celui qui se complaît à protéger et à maintenir, et notre culte qu'il a soutenu toujours pur, et la Maison de France qu'il a toujours aimée, et ce royaume qu'il a élevé si haut, leur aurait-il transmis quelque chose de son ineffable immutabilité?

« Seigneur, il vous a plu, sans avoir égard à la faiblesse de notre ministère, de nous rendre, dans deux circonstances d'un souvenir ineffaçable, l'organe de votre parole sainte! A cette époque à jamais déplorable, que déjà le laps de trente-six années et le torrent des âges ont emportée loin de nous, vous avez voulu que du haut de la chaire de vérité, en présence de cette assemblé fatale qui fut le premier instrument de la démolition du trône et de la monarchie, notre voix annonçât les orages destructeurs amoncelés sur nos têtes et prêts à fondre sur la France[1]! Aujourd'hui,

---

[1] S. Ém. le cardinal de la Fare, alors évêque de Meaux, dans

quelles actions de grâces ne devons-nous pas à votre bonté, de nous avoir, à la fin de notre carrière, réservé la plus douce des jouissances, celle de présager à notre patrie et au monde, qu'autant de la coupe de votre colère enfin épuisée il était sorti de châtimens et de fléaux, autant des trésors intarissables de vos miséricordes il sortira de félicité et de bienfaits! Fasse, Seigneur, votre volonté protectrice, que si l'excès des maux a surpassé nos pressentimens et nos craintes, la réalité des biens surpasse, à son tour, nos souhaits et nos espérances! Daigne le secours permanent de votre grâce conduire par un chemin non interrompu de prospérités, et amener au bonheur qui n'aura plus ni vicissitude ni fin, notre roi, votre adorateur sincère, et son peuple, qui, sous ses lois et avec ses exemples, sera plus que jamais religieux et fidèle! »

Après le sermon, l'archevêque de Reims entonne le *Te Deum*, que le roi entend debout, et qui est chanté par la musique de SA MAJESTÉ. Il est de la composition de M. Plantade. Il se termine par un morceau vif, éclatant, et d'une belle facture; les instrumens à vent s'y font entendre, et leur retentissement dans la vaste enceinte de l'église produit beaucoup d'effet.

le sermon qu'il prononça le 4 mai 1789, devant les états-généraux, annonça les malheurs que la France a éprouvés.

Pendant le *Te Deum*, un des aumôniers du roi apporte les présens de SA MAJESTÉ pour la cathédrale; ils consistent en garnitures d'autel, vases d'offrande, vases et ustensiles d'église et reliquaires.

Dans le grand crucifix destiné au maître-autel, si le modelé du christ n'est pas irréprochable, la tête est belle et expressive. Tous les détails de la croix sont d'un excellent goût; seulement le pied de cette croix est un peu trop allongé, ce qui lui fait perdre quelque chose de sa solidité apparente.

Les six chandeliers en bronze doré, tout en conservant les formes adoptées par l'Église, rappellent, dans une combinaison bien entendue, le galbe des candelabres antiques. Les feuilles d'acanthe renversées et les volutes qui ornent le pied, présentent à l'œil un dessin aussi pur qu'élégant, et rien n'est plus charmant que les têtes d'ange qui en portent la coupe[1].

L'orfévrerie, toute en vermeil, est d'une exquise beauté. La ciselure de ronde-bosse et de bas-relief, les feuilles d'ornemens, les cordons variés, les filets délicats, en enrichissent les contours et reçoivent un nouvel intérêt par le contraste entre l'or mat et l'or bruni. La buire dans laquelle doit être offert le vin,

---

[1] L'exécution de ces beaux ouvrages est due à M. Choiselat, fabricant de bronzes du roi et des princes.

retrace la forme étrusque; le bas-relief qui lui sert de bandeau se fait remarquer par un travail admirable; l'ange assis au dessus de l'anse est d'une forme élégante et d'une heureuse proportion. Le bénitier est un vase *Médicis*, d'un beau profil. Le calice, les burettes, l'aiguière du *Lavabo* avec son bassin, l'encensoir, peuvent être cités comme des modèles; l'encensoir surtout, pour l'originalité de sa forme et l'élégance de son couvercle à jour, dont le réseau fleurdelisé offre une agréable opposition aux formes pleines qui l'entourent[1]. Le seul objet à critiquer est le reliquaire de la sainte ampoule, espèce de coffret d'une forme recherchée et gauche. Un bas-relief sur un cavet est toujours une chose de mauvais goût. Les anges placés en haut dans les quatre angles, sont gros et lourds. Ces têtes d'enfans manquent de grâce enfantine et elles n'ont pas la délicatesse du premier âge; elles ne sont que joufflues. La seule partie qui soit bien dans ce morceau, c'est la frise du pied, composée de médaillons de rois, et discrètement enrichie de rubis et d'émeraudes. Là seulement il y a de la sévérité.

Ces magnifiques présens sont déposés sur l'autel par l'aumônier, hormis un reliquaire, celui de la vraie

[1] Toute l'orfévrerie sort des ateliers de M. Cahier, orfèvre du roi, des princes et du Garde-Meuble.

croix. Les évêques de Soissons et de Beauvais conduisent le roi à l'autel, que Sa Majesté baise. Le premier gentilhomme de service reçoit des mains de l'aumônier la précieuse relique; il la remet à M. le Dauphin, qui la présente au roi. Charles x l'offre lui-même à Dieu, et en la posant sur l'autel, il baise le bois qui a sauvé le monde.

Peu de public assistait à cet office; les princesses étaient dans leur tribune; la tribune diplomatique était aussi garnie de spectateurs; toutes les autres étaient vides, et l'amphithéâtre du fond n'était occupé qu'en partie; mais le chœur était plein. Le peuple avait suivi le roi; Sa Majesté n'avait mis aucun empêchement à ce qu'il entrât, et elle parut satisfaite de s'en voir entourée pendant toute la cérémonie.

Après l'office, qui a duré jusqu'à quatre heures, le roi s'est retiré dans ses appartemens, préparés à l'archevêché. En sortant de l'église, Sa Majesté, dont le cœur n'est indifférent à aucun signe de l'allégresse publique, a pu remarquer, dans la décoration de la ville, un changement occasioné par son arrivée. Pendant les vêpres, des soleils en fleur avaient été attachés aux guirlandes, et chaque feston indiquait, par cet emblème, l'heureuse métamorphose qui s'était soudainement opérée dans le ciel.

Une galerie couverte, attenant au porche, conduit par une pente douce à l'archevêché. Elle se prolonge en ligne droite sur une longueur de près de trois cents pieds, s'élevant progressivement à la hauteur de quinze pieds au dessus du niveau du point de départ. Cette inclinaison du terrain s'opposait à toute disposition architecturale; l'art ne pouvait donc que couper cette longueur par des faisceaux équidistans. Vingt-quatre trophées chevaleresques composés de lances où s'attache, avec des branches de laurier, l'écu de Charles x surmonté du heaume à la royale, forment autant de divisions régulières dans cette longueur. Au dehors, de riches frises, des tores de laurier, de chêne et d'olivier, des lambrequins, des chutes d'étoffes de soie blanche brodée d'or; dans l'intérieur, des étoffes bleues largement drapées, ornées de riches bordures, de galons, de franges, de cables en argent, un plafond semé d'étoiles, forment un ensemble aussi riche qu'élégant, et l'effet de perspective produit par cette longue ligne, sous cette espèce de tente royale, est d'une grandeur imposante. Sur le sol est étendu un tapis de même couleur que la tenture et parsemé de fleurs de lis d'or [1]. C'est par cette galerie

---

[1] Ce tapis bleu fleurdelisé tient au cérémonial; tous les sacres, il couvre le chemin du roi, lors même qu'il n'y a pas de galerie construite exprès.

que le roi s'est rendu à l'archevêché, au milieu des acclamations et des applaudissemens du peuple, qui remplissait le parvis de la cathédrale et les cours du palais. La foule s'est même précipitée sur son passage. Déjà la force armée se mettait en devoir de l'écarter; mais Sa Majesté ordonna aux gendarmes de s'arrêter. *Votre service a cessé,* leur dit-elle; *je veux que mon peuple puisse s'approcher.* Les gendarmes obéirent. Tout le monde s'approcha du roi, et quelques personnes baisèrent ses vêtemens.

L'heureuse journée du 28 avait été marquée par une scène touchante. Charles x, à l'occasion de son sacre, avait exercé le plus beau droit de la couronne, en faisant remise de leur peine à cinquante prisonniers. Les fêtes s'étaient ouvertes par cet acte d'indulgence[1]. C'est surtout par la clémence que les princes ressemblent à l'Être infini; leur puissance, quoi qu'ils fassent, a toujours des bornes; mais dès qu'ils le veulent, leur miséricorde peut n'en point avoir, et alors ils entrent en partage de la prérogative divine, autant qu'il appartient à l'humanité; car le pardon de l'homme peut aller aussi loin que celui de Dieu.

Je ne veux pas dire par là que le privilége de faire grâce doive être exercé sans discernement; l'intérêt

---

[1] Autrefois, c'est par là qu'elles se terminaient.

social y pose des bornes ; la raison se révolte à l'idée de ces cachots revomissant à la fois tous les crimes dans la société, et l'on s'étonne qu'un tel abus ait pu avoir lieu. Néanmoins, il a existé long-temps. On a vu les prisons de Reims regorger de coupables qui venaient s'y réfugier comme dans un asile, avec l'espoir de l'impunité. Nos rois mirent un terme à cet excès ; des réglemens furent faits, des distinctions, des exceptions établies [1], et les sentences de grâce furent prononcées en connaissance de cause par un tribunal particulier, où la religion fut associée à la justice [2].

Suivant cet usage respectable, une commission composée de MM. Bellart et Delamalle, conseillers d'état, de M. le baron de Crouzheilles et de M. le vicomte de Peyronnet, maître des requêtes, s'était réunie le matin dans une des salles de l'hôtel-de-ville. M. le prince de Croï, grand-aumônier de France, s'y rendit en rochet et en camail, accompagné de deux aumôniers. La liste des cinquante prisonniers, que SA MAJESTÉ avait jugés

---

[1] On rencontre avec quelque surprise au nombre des crimes autrefois jugés irrémissibles le duel, la contrebande, et au nombre des prisonniers regardés comme non graciables, les détenus pour amende au profit du roi.

[2] Les membres de ce tribunal étaient choisis dans le conseil du roi et assistés du grand-aumônier de France. Ce mode remonte à François 1er. Il n'a pas été changé depuis.

dignes de sa clémence, fut présentée au cardinal, avec des notes sur chacun d'eux. Ils avaient été réunis dans une cour. S. Ém. y descendit avec la commission et fut saluée par les cris, *Grâce! grâce!*

« Oui, mes enfans, leur dit le cardinal ému, je vous l'apporte au nom du roi, cette grâce que vous demandez. Ce roi, que la divine providence a, dans sa miséricorde, donné à la France, aime à signaler toutes ses actions, et particulièrement ses grands actes religieux, par des bienfaits. L'esprit de charité est l'âme de notre sainte religion : consoler ceux qui sont dans l'affliction, secourir ceux qui sont dans le besoin, voilà ce que la religion de Jésus-Christ commande à ses enfans; voilà ce que notre monarque bien-aimé aime à pratiquer.

« Eh bien, mes enfans, témoignez votre reconnaissance à Dieu par un véritable changement : la religion et vos cœurs vous le commandent également. Si vous avez jusqu'à présent mérité les châtimens de Dieu et des punitions de la part de la justice, prenez tous la plus ferme résolution de vivre désormais en honnêtes gens et en vrais catholiques; instruisez-vous de vos devoirs de chrétiens, et pratiquez-les exactement : sans cela, point de salut pour l'Éternité, point de bonheur sur la terre.

« De la part du roi, je vous annonce votre grâce;

on va en son nom vous distribuer des secours[1]. Vivez en bon chrétiens, en bons Français. Le roi, auteur du bienfait dont vous allez jouir, le roi qui vous rend votre liberté, va nous rendre tous heureux par son arrivée; portez-vous sur son passage; on va vous y conduire : exprimez-lui, par vos acclamations, ce que vos cœurs éprouvent. Vive le roi ! »

Tous ces amnistiés, vivement émus, versaient des larmes de repentir et de joie. Ils ont fait retentir l'hôtel-de-ville des cris de *Vive le roi!* puis ils se sont rendus sur le passage de SA MAJESTÉ, et ils y ont fait éclater de nouveau l'expression de leur reconnaissance.

[1] En vertu des ordres du roi, une somme de 2,400 francs leur a été distribuée par MM. les aumôniers.

CHAPITRE V.

Description du palais de l'archevêché. Réception des autorités ecclésiastiques, civiles et militaires.

L'ARCHEVÊCHÉ de Reims n'avait jamais été remarquable par sa décoration intérieure. Quoique de riches prélats y eussent fait leur résidence, l'architecture n'avait jamais embelli cet édifice. Des pièces irrégulièrement distribuées, ou plutôt sans distribution systématique; nul ornement, nul caractère; point d'eau. Le seul vestige de magnificence consistait dans les portraits de quelques archevêques, peintures faibles d'exécution et dépourvues de tout intérêt, hors celui peut-être d'une ressemblance inanimée.

Pendant nos troubles civils, on y avait établi des tribunaux et des prisons; la vaste enceinte du palais archiépiscopal était occupée par des salles d'audience, des greffes, des geoles et une caserne de gendarmerie; la grande salle gothique, construite en avant sur toute la longueur, servait de salle des pas-perdus. Les pièces avaient vue sur des cours étroites, où les prisonniers venaient respirer, à certaines heures, le peu d'air que la justice leur accorde. C'est ce bâtiment ainsi dénaturé qu'on a résolu de rendre, en quelques mois, à sa destination primitive; on s'est proposé de transformer ce triste manoir en un palais digne de recevoir le roi de France à son sacre, digne d'être la résidence habituelle du premier prélat français.

Tout était dans un état de dégradation facile à imaginer. Pour en donner une idée, je dirai seulement que la charpente de la salle gothique manquait par ses points d'appui; que sa voûte en bois était pourrie, ses entraits vermoulus, et que déjà les murs parallèles, privés de leurs liens et hors d'aplomb, fléchissaient sous le poids d'une charpente pourrie elle-même en plusieurs de ses parties; qu'il fallait refaire cette charpente sans la démonter, lui donner de nouvelles bases en conservant les anciens appuis, récéper sur place les poutres transversales, se livrer à des travaux de consolidation de toute espèce, en un mot, par une reprise en sous-œuvre improvisée, rebâtir tout, pour ainsi dire, sans déranger rien[1]. Cette étonnante restauration a été confiée à M. Mazois, architecte, inspecteur-général des bâtimens civils au ministère de l'Intérieur.

[1] A l'occasion du banquet royal, je ferai connaître cette salle telle qu'elle est aujourd'hui.

Depuis long-temps cet artiste avait prouvé sa science pour les restaurations. Une ville antique avait été en partie remise à neuf par ses soins ingénieusement réparateurs[1]; il avait aussi rétabli sur ses fondemens le vaste palais de Scaurus[2]; mais ces restitutions heureuses, faites avec des lignes ou des textes, n'étaient pourtant que des travaux sur le papier; point de difficultés physiques, point d'obstacles matériels, le temps à discrétion, le temps, ce premier élément de tout grand résultat. Ici, au contraire, on avait tout à vaincre, la résistance inerte des choses comme la résistance animée des hommes, et pour obtenir le dessus dans cette double lutte, le temps manquait. C'est le 1er décembre que retentit le premier coup de marteau, c'est-à-dire que les travaux commençaient dans la saison pluvieuse, quand le soleil n'accorde guère que cinq heures pour le travail, quand le froid engourdit la main de l'ouvrier, quand l'humidité ne permet pas aux constructions de sécher, quand le débordement des rivières ralentit l'approvisionnement des matériaux, en contrariant les arrivages, quand toute la nature enfin

---

[1] *Pompéi.* Voir l'ouvrage intitulé *Les Ruines de Pompéi*, dont il est l'auteur. Deux volumes de cet ouvrage ont paru ; le troisième va paraître, chez Firmin Didot, imprimeur-libraire.

[2] *Le Palais de Scaurus;* un volume in-8º, avec des gravures.

semble conspirer contre l'art. L'architecte a triomphé de tous ces obstacles; il s'est montré aussi fort sur le terrain que dans le cabinet, comme un habile général est aussi sûr de ses combinaisons en pleine campagne que sur la carte.

Choisir d'excellens ouvriers, capables de s'entr'aider au besoin, incapables de s'entre-nuire; rassembler à l'avance tous les matériaux nécessaires, en sorte que les premiers rendus sur les lieux donnassent le temps d'attendre les autres; juger d'un coup d'œil ce qui pouvait resservir dans les anciens; distribuer en un jour le travail d'un mois; faire confectionner simultanément la menuiserie, la serrurerie, la marbrerie, la vitrerie [1], les ornemens, les bronzes, et faire tout arriver successivement, à mesure que le moment de s'en servir était venu, voilà l'œuvre de l'architecte. Pour sécher la maçonnerie et les plâtres, M. Mazois a su encore feindre la belle saison. Pendant cinq mois, quatorze calorifères, chauffant nuit et jour tout l'atelier et dosant la chaleur, entretenaient partout une température élevée et toujours égale, je dirais presque, un été artificiel.

Un palais sans eau est comme une campagne sans

[1] La grandeur des carreaux a obligé de faire exécuter les vitres à Lyon, les verreries des environs de Paris ne pouvant cuire d'aussi grandes pièces.

rivière. Pour qu'une grande habitation nous plaise, il faut que l'urne des naïades y épanche ses trésors. L'architecte a donc voulu qu'il y eût de l'eau dans l'archevêché. Mais ici l'art serait resté impuissant, si rien n'avait été disposé d'avance. Heureusement, la source n'était pas loin, et les naïades de M. Mazois ont pu enter leur bienfait nouveau sur une vieille urne. Déjà le généreux Jean Godinot avait fait arriver les flots de la Vesle dans toutes les parties d'une ville où les eaux salubres sont rares [1]; il avait élevé partout des fontaines, et c'est une de ces fontaines qui vient de prêter son onde. Économe, avare même, dit-on, pour lui-même, l'abbé Godinot a dépensé 500,000 francs pour ses concitoyens [2]. Cette somme aurait trois fois cette valeur aujourd'hui que l'or, à force d'avilir les cœurs mortels, a fini par s'avilir lui-même. Honneur à Jean Godinot, à cet homme d'un autre siècle!

[1] A cause du sol, qui est de craie.
[2] Il a doté les hospices; il a fondé des écoles gratuites; il a embelli la cathédrale, et après avoir distribué à ses parens son patrimoine, en y ajoutant une somme de 20,000 francs, il a légué le reste de ses biens à la ville pour continuer ce qu'il avait commencé. Voilà un de ces hommes comme il en faut pour les arts. Les arts ont encore moins besoin d'argent que de désintéressement, d'abnégation personnelle, de chaleur d'âme, de religieux amour, disons le mot, de charité. Les arts ne sont-ils pas un culte?

Si l'on songe en général à tous les besoins, à toutes les exigeances d'une cour nombreuse et brillante, aux innombrables détails de la bouche et des équipages, aux demandes multipliées et divergentes de tous les officiers, à l'obligation de contenter tout le monde, parce que chacun, plus par zèle que par égoïsme, se fait le centre de tout; si l'on observe que ce qui serait partout le superflu n'est pas même ici le nécessaire; si l'on se figure qu'il a fallu creuser le sol de sept pieds pour donner de la hauteur aux cuisines et aux offices, pour y établir des courans d'air et des courans d'eau; si l'on fait attention que, par de nombreux escaliers intérieurs, on est parvenu à ménager des communications entre les divers étages, de manière que, pour le service, il devînt possible de monter par un escalier et de descendre par l'autre; si l'on considère qu'avec beaucoup moins de local qu'aux Tuileries, on a obtenu beaucoup plus de dégagemens et des distributions plus commodes; qu'une salle de 150 couverts, galerie vitrée d'un goût simple et noble, a été faite à Paris en cinq semaines et transportée à Reims, comme par enchantement; que dans l'enceinte du palais, il a été préparé des corps-de-garde de cavalerie pour cent chevaux, des corps-de-garde d'infanterie pour les grenadiers de la garde, pour les Suisses, pour la garde nationale et les pompiers; que, hors du palais, il a été pourvu au casernement de sept cents gardes-du-corps, et, dans un local construit exprès, au logement de deux cents chevaux; que toutes les voitures du roi ont eu leur remise; on sera convaincu que, dans ces travaux, ce qui est de pure décoration n'est pas la portion la plus considérable. Si l'on ajoute que tout s'est exécuté dans l'espace de cinq mois, et non provisoirement, mais à demeure, on conviendra que M. Mazois a opéré une véritable création [1].

De notre temps, on n'aime pas à croire aux miracles, encore bien que ceux de l'industrie soient journaliers. Le nouveau miracle architectural a donc trouvé des incrédules. Le bruit s'était répandu que les appartemens ne seraient pas prêts, ni les cuisines achevées à temps. Ces *on dit* avaient été reportés par des gens officieux aux oreilles du roi. *Eh bien*, dit le roi, *si les appartemens ne sont pas prêts, je camperai; si les cuisines ne sont pas prêtes, je jeûnerai; mais le jour est irrévocable.*

---

[1] Mme. la Dauphine, à son arrivée, après avoir parcouru les appartemens, voulut voir l'architecte, qui, en ce moment, tout couvert de poussière, était occupé à installer divers services dans leurs localités. Il n'osait paraître dans un tel désordre de toilette. M. le vicomte de La Rochefoucault le conduisit presque de force, et la princesse daigna témoigner à l'artiste toute sa satisfaction, avec cette bienveillance si naturelle à S. A. R.

Tout était prêt, et Sa Majesté a trouvé à Reims un appartement d'une magnificence royale, composé de six vastes pièces; une salle des gardes, une salle des huissiers, un premier salon, un salon de réception, un cabinet et une chambre à coucher, toutes dorées sur fond blanc, toutes décorées de tentures somptueuses, jaunes, vertes, bleues, amaranthe, en velours ou en soie, avec des ornemens en or. La disposition des poutres dans les anciens planchers a conduit l'architecte à des combinaisons de plafonds riches, diverses, de bon goût, qui contribuent à donner de la noblesse et à introduire de la variété. Le vert antique, le jaune de Sienne, le blanc statuaire, la griotte, le portor, embellissent les cheminées, et à côté de ces brèches précieuses, plusieurs marbres de France ne paraissent pas déplacés [1].

[1] La marbrerie a été faite par M. Hersent; la menuiserie, supérieurement traitée, est sortie des ateliers de M. Picard; la serrurerie, très-remarquable par l'exécution soignée et les ingénieuses combinaisons qu'elle présente, a été confectionnée par M. Toufner; les sculptures en carton-pierre ont été fabriquées chez MM. Romagnesi et Thiéry; les bronzes chez MM. Lafontaine et Feuchère; les peintures et dorures de décoration sont l'ouvrage de MM. Ciceri, Giguin et Redouté. M. Giroust, collaborateur et ami de M. Mazois, a pris part à tous les travaux de cabinet. M. Robelin, inspecteur particulier des travaux, a montré une activité et une persévérance au-dessus de tout éloge.

Ce magnifique plain-pied a vue sur un jardin ; le triste préau d'une prison a été remplacé par un riant parterre, tapissé de gazon et émaillé de fleurs. *Je suis ici comme aux Tuileries*, a dit SA MAJESTÉ agréablement surprise, en entrant dans ce palais improvisé. L'archevêché ayant été ouvert au public par ordre du roi, les habitans de Reims ne pouvaient concevoir une telle métamorphose.

Les appartemens de M. le Dauphin, de Mme. la Dauphine et de Mme. la duchesse de Berry, sans être aussi magnifiques, sont d'une noble simplicité, d'une distribution commode et d'une étendue suffisante[1].

Une prévention s'était aussi accréditée ; on disait que les appartemens avaient de l'odeur, ce qui n'aurait rien eu de bien extraordinaire, à la suite de tant de travaux si rapidement exécutés[2]. Une heure après l'arrivée de

---

[1] Ils sont l'ouvrage de M. Leclerc père ; ils avaient été destinés à Mgr. de Coucy, qui n'a pu en jouir, la mort l'ayant enlevé à son diocèse avant la fin des travaux qu'on avait commencés pour lui.

[2] Le ministre, alarmé, avait envoyé l'ordre d'employer divers procédés pour ôter l'odeur, et d'expédier sur-le-champ un courrier pour lui annoncer ce que l'on aurait fait. L'artiste expédia en effet le courrier, mais pour annoncer au ministre qu'il n'emploierait aucun procédé quelconque contre l'odeur de la peinture, parce qu'en usant de ces moyens il témoignerait du doute, et pour déclarer qu'il répondait sur sa tête qu'il n'y avait rien d'in-

Mme. la duchesse de Berry, M. de Geslin, maréchal-des-logis du roi, descendit dans le bureau de l'architecte, où je me trouvais par hasard. Voici ce qu'il nous raconta. La princesse s'était plainte de l'odeur des peintures; elle disait reconnaître la vérité des rapports qui lui avaient été faits à cet égard, et elle paraissait s'inquiéter, parce qu'on lui avait aussi assuré que son lit était adossé à un mur fraîchement construit et enduit de plâtre. Pendant que M. de Geslin faisait observer à S. A. R. que le mur dont il était question appartenait aux constructions anciennes, M. le duc de Levis, qui avait parcouru de sang-froid toutes les pièces de l'appartement, présente, sans rien dire, à la princesse une fleur de julienne. « Ah! voilà, dit-elle, l'odeur dont je me plains; qu'on ôte ces fleurs de mon appartement, et qu'on ne parle pas de mes inquiétudes à l'architecte; cela le chagrinerait. » Cette anecdote, que je puis garantir, comme témoin du fait, en prouvant que les bons amis de cour sont partout fidèles à leur poste, montre aussi toute la bonté de Mme. la duchesse de Berry. Empressée de reconnaître qu'elle s'était trompée, S. A. R. ne voulut pas que son erreur pût af-

---

salubre à craindre dans les appartemens. Le ministre fut plus rassuré par la désobéissance de l'architecte qu'il ne l'eût été par sa condescendance; il en a même su bon gré, dit-on, à M. Mazois.

fliger un homme qui lui était tout à fait inconnu, mais qui venait de donner des preuves de zèle[1].

Cependant il n'était pas convenable que le monarque entrât immédiatement dans son palais par la salle du banquet; la majesté royale exigeait qu'il y eût en avant une espèce de salle des gardes. D'un autre côté, les ouvertures de la face antérieure de la grande salle n'étant ni égales ni symétriques, il fallait sauver l'irrégularité des trumeaux en appelant l'œil sur un édifice régulier. Un portique a donc été placé en avant, et comme il communique en retour d'équerre, avec la galerie couverte, ou plutôt, comme il la continue réellement et qu'il la termine, la construction en a été confiée à MM. Lecointe et Hittorf.

Sur un soubassement général à la hauteur de la galerie s'étend et se développe ce portique, composé de neuf arcades à jour. Un perron conduit à l'arcade du milieu, plus grande que les autres. Des colonnes iso-

---

[1] L'architecte en a été bien récompensé. Lors du départ du roi, M. de Cossé lui ayant présenté cet artiste : « Ah! M. Mazois, lui dit SA MAJESTÉ, je suis très-content de tout ce que vous avez fait. Tout est d'un goût délicieux et arrangé à merveille. Je sais, de plus, que vous avez contenté tout le monde; ce qui n'était pas facile. C'est très-bien ; très-bien! » Ces paroles, dites avec cet accent de bonté qui donne tant de prix à l'éloge, ont dû combler de bonheur et pénétrer de reconnaissance celui qui en était l'objet.

lées, surmontées d'un fronton, flanquent cette arcade. Le reste est décoré par des pilastres.

Le soubassement est divisé, au droit de chaque arcade, par des niches demi-circulaires qui contiennent des statues de saints. La partie supérieure, supposée en marbre blanc, est ornée de riches moulures, d'arabesques et d'ornemens, tous composés de feuilles de vigne, de grappes de raisin, d'épis de blé, et de croix. Des têtes d'anges ornent les chapiteaux; des tuiles en bronze doré forment une riche dentelle au dessus de la corniche, entrecoupée au droit de chaque pilastre par des globes d'azur surmontés de croix. Un enroulement plus riche décore les rampans du fronton; le tympan offre en trophée les insignes de la prélature, et le milieu est terminé par la croix archiépiscopale.

Autant pour laisser le jour nécessaire à la salle attenante du banquet royal, que pour déterminer sur la façade une distribution régulière, le portique ne communique avec cette salle que par le milieu. Il offre de chaque côté deux petites cours ouvertes, deux espèces d'*Atrium*, où la nature végétale a rassemblé ses trésors et qui contiennent les plus précieux arbustes de nos serres. Ce qu'il y a de riant dans cette disposition ne fait point disparate avec le caractère religieux de l'édifice; c'est la grâce, c'est la pureté, c'est la convenance italienne, à la belle époque de l'art. Si ce charmant portique était exécuté en marbre, il ne manquerait plus rien à l'archevêché, et comme l'élégante architecture du palais formerait un contraste heureux avec l'architecture imposante de la basilique, il résulterait du tout le plus bel ensemble monumental. Ce résultat n'honorerait pas seulement la ville de Reims; il ferait honneur à la France.

Retiré dans ses appartemens, Charles x a reçu les autorités ecclésiastiques, civiles et militaires [1]. Les discours d'usage lui ont été adressés par les chefs des différens services publics. On a recueilli les réponses suivantes de la bouche de SA MAJESTÉ :

Au préfet.

« M. le préfet, je reçois avec beaucoup de satisfaction
« l'expression des vœux et des sentimens des habitans
« de mon département de la Marne. Leur dévouement
« à ma personne ne date pas de ces jours de prospérité.
« Je n'oublie point celui qu'ils m'ont témoigné à mon

---

[1] Le chapitre de Reims, ayant à sa tête l'archevêque; le commandant de la 2ᵉ division militaire; le préfet de la Marne; le commandant du département, le sous-préfet de Reims, le tribunal civil, le tribunal de commerce, le maire de Reims et le corps municipal, toutes ces autorités du département et de la ville ayant à leur tête M. de Jessaint.

« arrivée au milieu d'eux en 1814, et dans des temps si
« voisins du danger. Je suis assuré qu'ils persévèrent
« dans leurs bons sentimens, sous une administration
« sage et vigilante telle que la vôtre, monsieur, et
« que tout va concourir sous vos yeux à justifier ma
« confiance, et à mériter de plus en plus mon affec-
« tion. »

Au président du Tribunal civil.

« Monsieur le président, c'est par la justice que rè-
« gnent les rois; la partie la plus importante de mon
« autorité vous est déléguée : usez-en, monsieur, avec
« la religieuse fidélité qui caractérise les vrais magis-
« trats, et soyez persuadé que vous vous concilierez
« des droits à ma bienveillance et à ma protection, à
« mesure que vous apporterez dans vos jugemens de
« l'exactitude et de l'impartialité. »

Au président du Tribunal de commerce.

« Monsieur le président, vous avez raison de dire
« que je place parmi les premiers sujets de ma solli-
« tude le progrès du commerce et de l'industrie; j'ap-
« précie combien ils influent aujourd'hui sur la puis-
« sance et la prospérité des états. Comme négocians,
« vous pouvez compter sur ma protection; comme juges,
« j'attends de votre zèle que vous vous efforcerez de

« maintenir dans le commerce la bonne foi, qui en est
« l'âme. »

Il n'est pas un magistrat, pas un juge, pas un négociant qui ne puisse s'adresser à lui-même et prendre pour lui les paroles de Charles x; ces nobles assurances données dans cette occasion solennelle par un roi, le plus honnête homme de son royaume, ont retenti dans tous les cœurs français.

En offrant à Sa Majesté les présens de la ville, qui consistent en vins de Champagne et en poires de rousselet, M. le maire de Reims a dit :

Sire,

« Comme un de mes aïeux le disait à Henri iv, je
« dirai à un de ses petits-fils : nous offrons ce que nous
« avons de meilleur, nos vins, nos poires et nos cœurs.
« Veuillez les agréer ».

Le roi a reçu cet hommage avec la plus aimable bonté. Avec une cordialité pareille, Henri iv avait accepté autrefois un pareil hommage, que les magistrats de la ville de Paris lui avaient offert. *Messieurs,* leur avait-il dit, *hier, je reçus vos cœurs; aujourd'hui, je reçois vos confitures.*

Les autorités du département de la Marne ont été admises ensuite aux audiences accordées par les princes et princesses du sang et de la famille royale. Voici les discours prononcés par M. de Jessaint :

A M. le Dauphin.

Monseigneur,

« Daignez recevoir nos hommages respectueux et nos vœux. Permettez-nous d'admirer, dans votre personne, l'alliance si touchante du courage et de la vertu. Tandis que les acclamations publiques entourent votre auguste père et réfléchissent sur vous comme sa plus noble image, votre nom, Monseigneur, est béni dans les chaumières et célébré par nos braves. Le ciel a voulu venger la France de ses longues souffrances, puisqu'au sacre de Charles x, nous trouvons réuni tout ce qui peut assurer le bonheur d'un grand peuple et perpétuer ses espérances. »

*A M*me*. la Dauphine.*

Madame,

« Vous allez assister à l'antique cérémonie du sacre, et vous y serez entourée des ombres de cent rois vos aïeux. Quelque grande que soit cette illustration, la première du monde, vos vertus, Madame, y ont encore ajouté. Tous les malheureux vous connaissent. A votre voix, les larmes tarissent et la douleur se tait. La princesse qui fut un si beau modèle de courage en est encore un de cette inépuisable charité qui semble descendre du ciel. C'est ici, Madame, c'est à Reims, en contemplant son auguste race replacée sur le pavois et consacrée par la religion, que la fille des rois devait recevoir le prix de ses héroïques vertus. »

A Madame, duchesse de Berry.

Madame,

« Votre présence à l'auguste cérémonie qui rassemble ici la famille royale, émeut tous les cœurs. Et qui peut voir sans attendrissement la princesse qui, éprouvée au printemps de sa vie, porta l'espérance au milieu du malheur; celle à qui nous devons l'enfant du miracle qui fera le bonheur de nos neveux!

« La France a contracté avec Votre Altesse Royale une dette immense d'amour et de reconnaissance, dont vous trouvez partout le tribut. Vous exciteriez ces sentimens par vos seules vertus; et à la grâce dont vous savez les recouvrir, on s'aperçoit, Madame, qu'en arrivant en France, vous avez retrouvé votre patrie ».

A M. le duc d'Orléans.

Monseigneur,

« La solennité du sacre est un jour de triomphe pour les fils de Henri-le-Grand. Tous sont couronnés dans le chef de cette auguste race, qui a tour à tour montré à nos pères ce que le courage a d'héroïque, la grandeur d'imposant, et la bonté d'enivrant pour les peuples.

« Monseigneur, vous prenez votre part des sentimens que les Français conservent aux descendans du bon roi, et nous contemplons avec confiance, dans Votre Altesse Royale et sa nombreuse famille, l'appui et l'ornement du trône. »

A Mme. la duchesse d'Orléans.

Madame,

« Fille et épouse d'un Bourbon, Votre Altesse Royale retrouve, dans la solennité du sacre de nos rois, le plus grand titre de son illustre famille. Dans chaque siècle, la maison de France a fourni des héros modèles de courage, ou des princesses modèles de vertus. Elle n'en a pas perdu le privilége. Si on en voulait signaler, il suffirait de nommer Votre Altesse Royale, et de la montrer au sein de son heureuse famille. C'est là, Madame, qu'adonnée tout entière aux devoirs sacrés et touchans de mère et d'épouse, vous avez trouvé le trône que votre cœur eût choisi. »

A Mlle. d'Orléans.

Madame,

« Vous paraissez à la solennité du sacre à un titre bien cher aux Français, celui de petite fille de Henri IV. Vous reproduisez, Madame, les grâces de l'esprit et la sincérité de ce grand roi. C'est par là surtout que Votre Altesse Royale règne sur les cœurs, et qu'elle complète l'éclat et le bonheur de la famille des princes qui croissent sous ses yeux. »

A M. le duc de Bourbon.

Monseigneur,

« La valeur qui caractérise si éminemment les Français n'eût été qu'imparfaitement représentée au sacre, s'il ne s'y fût pas trouvé un Condé. Partout Votre Altesse Royale a acquitté cette dette de famille ; et après qu'a cessé l'heure des combats, elle a remporté, au sein de la paix, une grandeur modeste et la bienfaisance qui se cache.

« Monseigneur, la France vous découvre, plaint votre solitude, et vous admire ! Il n'est pas donné à un prince de votre nom d'échapper aux regards de son siècle et à l'immortalité. »

Ces harangues vives et courtes sont moins encore l'expression d'une pensée juste, que l'explosion d'un sentiment qui a besoin de se faire jour. J'ai dû les recueillir avec soin. Elles sont pour l'histoire ce que sont pour les arts ces charmantes vérités de nature que le peintre est heureux de saisir dans son modèle, et qui, en exprimant la physionomie avec force et naïveté, donnent à un portrait l'âme et la vie.

CHAPITRE VI.

De l'architecture d'église en général. Description de la cathédrale de Reims; peinture de la voûte[1].

C'est dans les monumens consacrés à la religion que le génie des arts a déployé toute sa puissance; il fallait que le temple, dans ses dimensions limitées, répondît néanmoins à l'idée de l'être infini qu'on devait y adorer. L'étendue de l'édifice, l'harmonie des proportions, la richesse des ornemens, tels furent les moyens dont l'artiste se servit pour atteindre à la plus haute conception de l'esprit, pour satisfaire le plus noble besoin de l'âme. Les cathédrales à voûtes ogives construites en Europe du xiie au xvie siècle, sont le produit de cette combinaison. L'impression en est merveilleusement appropriée aux solennités du christianisme. Grande, élevée, mystérieuse, on peut dire de cette architecture, qu'elle était, en quelque sorte, réservée au culte chrétien.

[1] Pour les détails spéciaux sur cette église, j'ai principalement consulté un ouvrage riche en recherches et en documens positifs, intitulé : *Description historique de l'église métropolitaine de Reims.* L'auteur est M. Povillon-Piérard, citoyen de cette ville.

On comprend difficilement l'abandon presque dédaigneux où nos savans et nos artistes avaient laissé pendant si long-temps l'architecture du moyen âge; mais cette indifférence ou ce dédain fut moins l'effet de l'oubli que de la prévention. A l'aurore de la renaissance, on se passionna pour les ouvrages grecs et romains. Les barbares qui les avaient outragés ayant été, sous le nom général de *Goths*, enveloppés dans une proscription commune, la qualification générale de *gothique*, donnée aux anciennes églises, dut jeter sur elles une sorte de défaveur : mais cette qualification était très-impropre. Les barbares, comme un torrent dévastateur, détruisaient tout et ne construisaient rien. On est revenu à des idées plus saines; la génération actuelle s'est justifiée du reproche d'apathie; elle a tourné son attention vers ces vénérables édifices ; elle les a étudiés soit en eux-mêmes et pour l'art seul, soit pour l'histoire de la civilisation européenne, et l'esprit, en tout temps frappé de ce qu'ils ont de grand, commence à reconnaître ce qu'ils ont de beau [1].

[1] Entre autres ouvrages sur cette architecture, il convient de citer, en première ligne, celui de M. Sulpice Boisserée, de Stuttgard, correspondant de l'Institut de France. Sous le titre spécial de *Cathédrale de Cologne*, il embrasse généralement l'architecture des anciennes cathédrales. Il est écrit en français et en allemand; de magnifiques gravures l'enrichissent. Il s'imprime à Paris, chez

Nous sommes étonnés aujourd'hui de ces constructions gigantesques; nous avons peine à concevoir comment nos ancêtres parvinrent à élever ces masses imposantes et à en couvrir la surface de la France. Les moyens nous échappent et le résultat nous confond; il fallait des fonds immenses; il fallait une prodigieuse puissance d'exécution; mais le zèle de la religion ne laisse rien d'inexplicable.

Sous le rapport financier, la charité des fidèles était

Firmin Didot, format grand-monde, aux frais de l'auteur, et de M. J. J. Cotta, libraire, de Stuttgard. On n'est point étonné de voir le nom de M. Cotta associé à cette spéculation désintéressée; on sait que ce capitaliste savant et généreux se plaît à consacrer une partie de sa grande fortune à des entreprises honorables, mais peu lucratives, et telles que des particuliers, même riches, sont rarement disposés à en faire les fonds.

On doit citer aussi avec éloge deux traités écrits en anglais; l'un est intitulé, *Specimens of gothic architecture, selected from various ancient edifices in England* : l'auteur est M. Pujin, savant architecte français, depuis long-temps établi à Londres, et qui coopère à presque tous les grands ouvrages qui se publient sur son art. L'autre a pour titre, *The history and antiquities of the cathedral churches in England*, par John Britton : il se compose des monumens gothiques les plus remarquables de l'Angleterre, et se recommande surtout par ses superbes gravures.

Il est encore convenable de mentionner l'ouvrage de MM. Nodier, Taylor et de Cailleux, qui se publie par livraisons, sous le titre de *Voyage pittoresque et romantique dans l'ancienne France*, et qui renferme de belles estampes lithographiées, d'après les principaux monumens gothiques de la France septentrionale.

sollicitée par des quêtes; on la provoquait en portant processionnellement les reliques des saints dans toute une province; des indulgences étaient attachées aux pieuses largesses; on allait jusqu'à vendre les ossemens sacrés; mais le but louable de ce trafic semblait le disculper de simonie. Par les tributs ainsi levés sur la dévotion des peuples, on se procurait des sommes considérables. Ce mode est trop loin de nos mœurs pour ne pas nous paraître inconvenant; mais peut-être y aurait-il une sorte d'ingratitude à en faire l'objet de nos railleries, puisque nous lui devons ces édifices qui sont l'ornement et la gloire de nos villes. L'antiquité nous a transmis elle-même plus d'un exemple de ce genre. Parmi les temples qui paraient l'ancienne Grèce, et dont nous admirons les imposans débris, plusieurs des plus célèbres dûrent leur érection à ces sortes de voies et moyens [1].

Quant à la main-d'œuvre, elle nous étonnerait encore plus, si nous en jugions d'après nos idées et nos habitudes actuelles. Mais il existait alors des confréries connues sous le nom de *Loges des tailleurs de pierre*. Régulièrement organisées et spécialement vouées aux grandes basiliques qui s'élevaient dans l'Europe septentrionale, ces associations garantissaient l'achèvement de

[1] Entre autres, le temple d'Éphèse.

ces travaux séculaires. Le premier de leurs statuts était de terminer le bâtiment tel qu'il avait été commencé. Ainsi, en général, et sauf l'influence de circonstance imprévues et malheureuses, ce qu'un principe unique avait disposé, une action unique l'exécutait.

C'était une opinion presque universelle que les anciennes églises en arc pointu avaient leur type primitif dans les forêts. On conjecturait que cette architecture, née dans le nord, y avait été originairement une imitation des bois sacrés où les druides célébraient leurs mystères. A certains égards, cette dérivation n'était pas dépourvue de vraisemblance historique. Le christianisme, en s'établissant sur les ruines de l'idolâtrie, s'était approprié ce que l'ancien culte avait d'auguste et de pittoresque; il avait cru pouvoir adopter ce qui parlait aux yeux et à l'âme sans altérer les doctrines, et plusieurs de nos cérémonies sont extérieurement une image des pompes religieuses de l'antiquité. Il était encore généralement admis que les monumens contruits en Europe par les Maures avaient eu leur part d'influence sur le système primordial, et que la vue des villes d'Asie, à l'époque des Croisades, n'y était pas non plus étrangère; on croyait reconnaître dans cette multiplicité de découpures et d'aiguilles, les traditions de l'Orient. Il n'y avait pas jusqu'aux vitraux peints qu'on ne supposât originaires des mêmes lieux. Seulement, on pensait qu'en Europe, où les inventions se perfectionnent, cette décoration avait été employée avec plus d'art, à peu près comme les bordures des tissus indiens, en conservant dans nos fabriques la richesse de la broderie asiatique et la vivacité des teintes orientales, ont reçu de notre industrie des formes moins capricieuses et des dessins de meilleur goût. Ces illusions avaient leur charme, et on y tenait. Le dirai-je? tout cet échafaudage idéal est à peu près renversé. A la suite de longues et profondes recherches, d'une exactitude désespérante, M. Boisserée a détruit un système qui ne laissait pas de plaire. L'érudition désenchante la philosophie, quand l'imagination y a plus de part que la science, à peu près comme la physique fait évanouir les merveilles dans l'univers.

M. Boisserée prouve que les premiers temples chrétiens érigés dans la France septentrionale, en Allemagne, en Angleterre, sont conformes aux lois de l'architecture bysantine-romaine; il retrouve l'application de ces lois dans la distribution du plan, dans l'usage de l'arc à plein cintre, dans celui des coupoles et des demi-coupoles, dans tous les ornemens architectoniques qui donnent à l'édifice sa physionomie. Le temple de Sainte-Sophie, à Constantinople, les basiliques de Saint-Pierre, à Rome, de Saint-Marc, à Venise, la cathédrale de Messine, l'église de Monte-Reale, près de Palerme, la chapelle du palais du roi dans cette capitale, plusieurs restes de monumens de la même époque et du même caractère en Sicile, voilà les exemplaires originaux et les véritables modèles. Plusieurs de ces types, apportés par les premiers missionnaires apostoliques avec les dogmes de l'Évangile, parurent d'abord aussi sacrés que la doctrine même. C'est le style architectural du Bas-Empire qui dirigea l'ordonnance des églises construites dans la Germanie encore généralement idolâtre; quelques-unes remontent au VIIe siècle, et sont appelées dans les monumens contemporains, *Opus romanum.*

Mais la forme byzantine-romaine dut naturellement se modifier chez des peuples portés à l'exaltation religieuse et dominés par le besoin de rendre sensible aux yeux la sublimité de leurs croyances, à l'aide de temples élancés vers le ciel. Cette disposition était favorisée par un climat où l'abondance des neiges forçait d'élever les combles sous un angle très-aigu, dans une contrée où le bois, principalement employé pour la construction, déterminait les longues lignes effilées et les amortissemens en pointe : dans un siècle où l'Europe se hérissant de donjons féodaux, la maison de Dieu ne devait pas rester inférieure à la demeure des hommes.

D'un autre côté, l'invention des cloches avait produit, dès le ixe siècle, un changement notable dans les proportions et dans la distribution de l'édifice sacré. Il ne faut pas croire que ces machines sonores aient eu seulement pour objet d'avertir les fidèles du moment où l'Église recommence ses saints cantiques ; l'accent mélancolique du timbre et l'uniformité des tons produisaient aussi sur les sens une impression profonde ; des sons pleins et majestueux, remplissant l'air d'une harmonie religieuse et frappant l'oreille à mesures égales par des ébranlemens semblables, préparaient l'esprit à la méditation et au recueillement, l'âme à la modération et à la piété.

Pour recevoir les cloches, on construisit des tours ; il fallut mettre le corps du bâtiment principal en rapport avec ces masses, afin que celles-ci ne parussent pas des hors-d'œuvre, et de telle manière que la forme verticale du clocher pût être en harmonie avec la forme oblongue du bâtiment. On chercha des moyens de construction adaptés à cette fin, et dans la série des combinaisons par où l'esprit dut passer, l'ogive se rencontra, ou plutôt, on remarqua la possibilité de faire un emploi systématique de cette courbe déjà connue[1]. L'ogive

---

[1] Il est certain que l'arc pointu fut employé dans l'antiquité. On voit à Tusculum une voûte de cette forme, mais à joints hori-

fut d'un merveilleux secours pour l'objet qu'on se proposait ; elle permit d'exhausser les voûtes, de resserrer les espacemens des arcades, de faire varier de plus en plus le rapport entre la largeur et la hauteur. La révolution fut complète, et dès le xiie siècle, cette tendance vers le haut, qui avait toujours été en croissant, parvint au dernier degré.

C'est alors qu'un homme de génie s'empara de ces élémens et qu'il en vivifia l'application par une pensée originale et féconde. Architecte-poète, il imagina de décorer par les beautés de la nature le temple érigé à son auteur, et il fut certainement inventeur à cet égard, n'ayant pas connu ni pu connaître l'antiquité. C'était saisir dans la religion une de ses plus nobles données, et peut-être la plus gracieuse de toutes. Chez les nations d'origine germanique, très-sensibles aux images champêtres, c'était présenter aux fidèles le spectacle le plus propre à les attacher et à les émouvoir. Tout ce que le sentiment a de plus délicat, l'inspiration de plus sublime, concourant à cette innovation, elle réussit ; les rians tableaux du printemps s'associèrent aux céré-

---

zontaux. On trouve à Catane une porte de tombeau qui a la forme ogive et dont les claveaux sont de véritables voussoirs à joints convergens. Le premier de ces monumens se rapporte au temps de Cicéron ; le second appartient à une bonne époque des arts chez les Romains.

monies saintes, et la faveur du genre nouveau devint universelle. De là ces fûts de colonnes multipliés dans un même faisceau et qui rappellent par leur assemblage les troncs serrés de la forêt; de là ces filets innombrables, pareils à des tiges d'arbrisseaux, ces arcs et ces arêtes de voûtes s'entrecroisant comme les branches dans un bosquet de verdure; de là ce luxe de fleurs et de feuillages indigènes, cette pompe de la végétation reproduite dans toute son élégance et dans toute sa grandeur; conception d'un artiste unique, qui anima par un simulacre d'organisation l'architecture chrétienne. De ce moment le système végétal devint, avec l'ogive, un des caractères fondamentaux de cette architecture, et ce style, si favorable à la religion, fut en même temps une riche conquête pour l'art.

Telle est l'opinion de M. Boisserée; j'ai cru devoir en offrir ici l'analyse, parce que c'est le dernier état de la science sur l'art en ce point, et que la cathédrale de Reims est un des plus sublimes produits de l'art. Quoique l'auteur ait beaucoup resserré l'espace où l'imagination s'égarait, on voit qu'il laisse encore à l'idéal un champ assez vaste. Cependant il ne marche jamais qu'appuyé sur des autorités; tout ce qu'il avance, il le prouve historiquement ou philosophiquement. Si donc il restait encore quelque chose d'incertain dans cette question, il faudrait sans doute n'en accuser que l'excessive complication du problème, et la mutilation ou l'imperfection des monumens. Il est quelquefois aussi difficile de découvrir dans ce qui en reste les types originaires de l'art, que de discerner dans la civilisation perfectionnée le caractère primitif des races humaines. Mais ce qui demeure bien établi, c'est que le triangle équilatéral et l'ordonnance pyramidale sont, dans les élévations de cette architecture, les formes élémentaires et dominantes; c'est que la tendance vers le haut en est l'essence; c'est que ces formes et cette tendance influèrent sur le plan; c'est enfin que ce système ne fut complet que lorsque l'ogive eut acquis tout le développement dont elle était susceptible.

Les choses en étaient à ce point, quand la cathédrale de Reims fut entreprise. Deux autres églises avaient successivement précédé celle-ci, toutes deux élevées, comme elle, sous l'invocation de la Vierge. Trente ans avant que le concile d'Éphèse eût consacré plus spécialement le culte de Marie, saint Nicaise, évêque de Reims, prévenant la décision du synode, avait dédié à la mère de Dieu la première de ces basiliques. Il avait édifié le temple sur l'emplacement de la citadelle, comme si la protection de Marie devait tenir lieu de tours. L'édifice tombant en ruines sous Ébon, cet archevêque obtint de Louis-le-Débonnaire la permission de le rebâtir avec une partie des murs qui formaient l'enceinte de la ville. Cette nouvelle détermination était une suite de l'exemple donné par saint Nicaise, et la pieuse confiance du prélat fut partagée par les habitans, qui consentirent avec joie à ce que leur cité fût démantelée, comptant plus sur la sauve-garde de la Vierge que sur le secours de leurs remparts [1]. Mais cette cathédrale, richement ornée depuis par l'archevêque Hincmar, fut entièrement dévorée par les flammes, en 1210.

En 1211, une nouvelle basilique fut commencée par les soins de l'archevêque Albéric de Humbert. C'est l'église actuelle [2]. L'art était alors à son plus haut point de prospérité. Aussi la métropole de Reims passe-t-elle à juste titre pour un chef-d'œuvre du genre et pour un des temples les plus augustes que l'homme ait élevés à Dieu [3].

---

[1] De là ces deux mots placés de temps immémorial au dessus de l'écu des armes rémoises : *Custodia cœlo*.

[2] En 1481, un autre incendie exerça ses ravages sur le nouvel édifice. Plusieurs parties considérables, entre autres le clocher du milieu de la croisée et la charpente des deux tours, devinrent la proie des flammes. Telle fut la violence du feu, qu'il fondit les cloches et toute la couverture de l'église, qui était en plomb. La ville de Reims fut menacée d'un embrasement général.

[3] L'auteur du plan et le directeur des travaux est Robert de Coucy, fameux architecte de Reims; il fut aidé par Jean Leloup,

Elle a la forme d'une croix latine; elle consiste en une nef principale, très-allongée et très-haute [1], qu'accompagnent deux bas-côtés étroits et peu élevés; elle est, pour ainsi dire, toute en nef; peut-être même y aurait-il à reprendre là un défaut de proportion, s'il n'était évident, par toute l'économie du plan, que la disposition des lieux a été originairement adaptée à la destination de l'édifice et à la solennité du sacre; car la prérogative de Reims était aussi bien établie de ce temps qu'elle l'est de nos jours. Dans le spacieux vaisseau du milieu, la pompe de la cérémonie pouvait se développer majestueusement sur une longue ligne et sans s'éparpiller, tandis que les bas-côtés étaient suffisans pour recevoir au besoin des constructions provisoires, et pour admettre un grand nombre de spectateurs.

Gaucher de Reims, Bernard de Soissons, et Jean d'Orbais, *maîtres des ouvrages*. On voyait autrefois leurs portraits avec des inscriptions au centre et aux quatre angles d'un *labyrinthe* tracé en marbre noir sur le pavé de la nef. Les églises de Notre-Dame, de Saint-Nicaise et de Saint-Remi, prouvent que l'école des beaux-arts, à Reims, ne fut pas inférieure à celle des sciences et des lettres, sur laquelle nous avons précédemment jeté un coup d'œil. En 1793, on était sur le point de soumissionner la cathédrale pour la démolir; un Rémois proposa d'y établir la société populaire : cette motion adoptée sauva l'édifice.

[1] Du grand portail à l'extrémité du rond-point, la longueur est de 448 pieds (42 pieds de plus qu'à Notre-Dame de Paris); la hauteur de la grande voûte est de 118 pieds sous clef.

Extérieurement, depuis le portail jusqu'à la croisée, l'édifice est soutenu par une suite de piliers-boutans, percés à jour dans la partie supérieure, surmontés de niches à colonnes avec des statues d'anges, et terminés en obélisques auxquels une croix sert d'amortissement. Les autres piliers et arcs-boutans qui environnent le chevet de l'église sont conçus dans un autre système, mais toujours en rapport avec l'ordonnance générale; plus simples de forme, ils sont encore très-ornés. Une belle galerie, du travail le plus délicat, entoure le toit de l'église, comme une bordure de dentelle.

Le portail présente une masse qui s'élève par étages en retraite, et sensiblement plus large en bas que vers le haut, flanquée de deux tours égales et parallèles. L'entrée de la nef est une grande arcade ogive, qu'orne, sous l'intrados, une rose en vitraux peints, et dont le fronton s'élance jusqu'au centre de la rose supérieure. De chaque côté sont deux autres arcades de grandeur moindre, mais de même forme; deux frontons pleins, moins hauts et plus étroits, forment les ailes et terminent, à droite et à gauche, cette ordonnance. Parmi ces divers étages, tous occupés par des sculptures, il faut distinguer la belle galerie du *Gloria,* ainsi nommée parce que le dimanche des Rameaux, le *Gloria laus* est chanté en ce lieu par des musiciens, et répété par le clergé sur le parvis. C'est là qu'on voit le *Baptême de Clovis*, en sept figures de haut-relief, debout et droites, dans un style architectonique, d'un caractère mâle et d'un effet sévère.

Les tours ont de la solidité et de la grâce. Carrées en bas, elles sont à pans coupés dans le haut, c'est-à-dire que la partie supérieure est octogone. La beauté des matériaux n'est surpassée que par l'art avec lequel ils sont mis en œuvre. Chaque face est percée d'une longue fenêtre, partagée en deux par un meneau délié. Il en résulte quatre surfaces à jour, qui permettent au spectateur placé en avant de voir, entre les longs appuis de cette maçonnerie transparente, les compartimens postérieurs de la tour elle-même, les pyramides des contreforts, les arceaux des arcs-boutans, les trèfles et les rosaces dont leurs rampans sont ornés, la ciselure de pierre artistement évidée, mais dont la délicatesse présente toujours des masses et n'a rien de mesquin : enfin, l'azur du ciel, qui paraît entre les intervalles et qui semble se jouer à travers cette sublime découpure. Si quelque nuage voltige dans l'atmosphère, ce spectacle acquiert un nouveau degré d'intérêt par mille accidens lumineux et par le contraste de ces vapeurs mobiles avec l'immobilité de l'architecture.

Il est exact de dire qu'on ne saurait ici épuiser

l'éloge[1]. On ne peut trop admirer une construction si noblement élégante, ce grand parti de contreforts, ces deux galeries à jour qui règnent au dessous de chacun des pignons extrêmes de la croisée, et qui couronnent l'ogive des roses latérales; ces figures variées de pose et de mouvement, qui forment des portiques du meilleur goût. Dans un si vaste ensemble, les lignes sont quelquefois compliquées, mais elles ne sont jamais confuses; l'œil se perd dans leur dédale, sans que l'esprit s'y égare; mille effets de perspective piquans, inattendus, saisissent le spectateur surpris et charmé; rien de bizarre ou d'incohérent ne le blesse, et partout la loi d'unité se montre à découvert[2]. Un célèbre écrivain allemand, Schlegel, comparant une cathédrale gothique à une cristallisation,

---

[1] Ce monument, par sa beauté seule et indépendamment de sa destination, devait intéresser la sollicitude royale : aussi plusieurs de nos monarques en firent l'objet de leur munificence. Philippe-Auguste, Louis XI, Charles VIII et Louis XIII, furent particulièrement ses bienfaiteurs.

[2] L'observation de cette loi ne se prononce nulle part avec plus d'évidence que dans la charpente de l'édifice, aussi remarquable par son extrême propreté que par sa régularité et son étendue. C'est une forêt de châtaignier. On dit que ce bois a la propriété d'éloigner les araignées par l'odeur qu'il exhale et qui est assez forte pour être perceptible à l'homme. D'autres prétendent que les araignées ne tendent pas leurs toiles dans ces lieux élevés, parce que les mouches, qui leur servent de pâture, ne volent pas à une si grande hauteur.

en donnait la plus juste idée; c'est un tout à la fois divers et un; les accessoires n'y prennent point la place du principal; ils y sont toujours ce qu'ils doivent être, subordonnés; l'unité dans la variété, tel est son caractère, qui est au surplus celui de toute œuvre du génie.

L'intérieur est, comme le dehors, décoré de statues; beaucoup se font remarquer par la beauté des groupes, la naïveté des expressions, la justesse des mouvemens, le jet large des draperies heureusement combiné avec la finesse des plis. Une foule de motifs nobles et simples distinguent la plupart de ces compositions. Rien de plus grand et de plus original que ces nombreux étages de sculptures pratiquées dans le massif du mur de front de la nef, et logées dans des niches que de simples festons séparent. C'est une muraille sculptée en ronde-bosse du haut en bas. On dirait l'ouvrage d'un Pharaon.

La décoration végétale, essentielle à l'architecture gothique, devait se développer dans la cathédrale de Reims; elle en est aussi la parure. Nous devons donc doublement applaudir au zèle de ce jardinier qui, dans les premiers jours du printemps, imagina d'offrir à Charles x une miniature de l'église du sacre, imitée en fleurs et en feuillages[1]. Un ais de bois léger sert de

---

[1] M. Tamponnet, jardinier-fleuriste, à Paris. *Voir* le *Moniteur* du 14 mars 1825.

fondement à l'édifice, une feuille de carton en fait les parois, un fil de fer la charpente; un peu de mousse, des feuilles d'arbres verts, quelques pétales roses ou blancs de camélia, quelques fleurs indigènes, prémices de la saison nouvelle, sont les moyens d'ornement; quelques fragmens de verre coloré figurent les vitraux; une estampe de quelques pouces est l'épure. Avec ces élémens, le fleuriste-architecte, guidé par un heureux instinct, poursuit sa riante entreprise; il l'achève; il est admis à présenter au monarque ce chef-d'œuvre d'industrie printannière; il a le bonheur de le voir agréé comme un présent de bon augure. Ainsi, l'inspiration du sentiment lui a préparé un double succès : en faisant éclater son amour pour le roi, elle l'associe, à son insu, à l'inventeur d'un art sublime.

Nul doute qu'en somme, cet inventeur ne se soit proposé de donner une existence matérielle à un grand nombre d'idées mystiques et de réaliser les illusions d'une piété exaltée; qu'il n'ait voulu inspirer, tantôt le recueillement, tantôt l'enthousiasme, ravir l'âme en extase par l'impression communiquée aux sens, et la transporter dans les régions de l'infini. Si le mystérieux semble être l'essence de l'architecture chrétienne, cet effet doit être attribué en partie au demi-jour des vitraux peints, qui dessine les masses sans les éclairer, accuse les détails sans les faire saillir, et laisse chaque chose dans une sorte de vague : c'est comme une gaze favorable qui amortit une trop vive lumière et met tout à son véritable ton. On peut dire que les vitraux peints sont le complément de cette architecture.

M. Boisserée retrouve l'idée première de ces vitraux dans la *Jérusalem céleste*, dont chaque fête de dédicace remettait l'emblème sous les yeux des fidèles. Pour rendre ce symbole sensible et palpable, on imagina de couvrir avec la mosaïque en verre les murailles et les voûtes des temples chrétiens. Bethléem, Byzance et Rome en ont conservé des vestiges ; les restes les plus imposans sont dans l'église de Monte-Reale et dans la chapelle royale de Palerme[1]. De ce revêtement coloré, la

---

[1] Cette remarque et toutes les observations de ce chapitre sur l'application des monumens de la Sicile à la théorie de M. Boisserée, appartiennent à M. Hittorf. Les amis des arts doivent désirer vivement que cet architecte publie son Voyage dans cette île. A en juger par un mémoire qu'il a lu à l'Institut, ses découvertes doivent être du plus haut intérêt pour la connaissance de l'antiquité *artielle*.

Je souligne ce dernier mot, parce qu'il n'est pas encore admis dans la langue ; mais le besoin s'en fait sentir si fréquemment, que son admission est indispensable. Nous avons l'adjectif *scientifique*, l'adjectif *littéraire* ; il nous faut bien l'adjectif *artielle*. Qu'il me soit donc permis de le souligner ici pour la dernière fois. M. Quatremère de Quincy l'a employé, et c'est lui qui l'aura introduit dans le dictionnaire. Ce savant écrivain, le Quintilien des arts, a bien acquis le droit de faire un mot.

transition aux vitraux peints était toute naturelle; mais long-temps l'emploi en fut limité aux ouvertures étroites qui entrent dans l'ordonnance bysantine. Selon le savant archéologue du moyen âge, c'est là que les Arabes, copistes des Bysantins, ont emprunté l'usage de ces vitraux pour leurs petites fenêtres. Il n'y avait que le développement de l'arc pointu qui pût étendre cet usage et rendre praticable en grand l'application des vitraux peints. On vit alors s'élever de toutes parts, non plus ces montagnes artificielles qui, semblables au Chéops égyptien, fatiguent le sol de leur masse; mais ces édifices aériens et diaphanes qui figurent admirablement la cité spirituelle bâtie de pierres précieuses et resplendissante de clarté; ces nefs à la fois légères et gigantesques, hardies et majestueuses, solides et fantastiques, qui semblent réunir tous les contrastes; ces constructions qui n'admettent la pierre qu'en filets déliés; ces murailles, en quelque sorte, perméables à la lumière, et qui laissent voir à travers leurs réseaux la couleur du ciel, modifiée par mille teintes éblouissantes; miracle d'industrie, s'il en fut jamais, où, sans le caractère grand et religieux du tout ensemble, la baguette des fées semblerait avoir plus de part que la main des hommes. Disons-le avec confiance et avec un juste orgueil, les monumens de nos ancêtres égalent

9

par l'étendue ceux des bords du Nil ; par l'élégance du travail, par les prestiges de la lumière, par la magie des couleurs, ils les surpassent ; ils ont une sorte de vie, qui tient à une religion essentiellement vivifiante.

Que ne m'est-il permis de m'étendre sur ce sujet autant qu'il le mérite ? de décrire, entre autres merveilles, ces deux admirables roses, dont l'une resplendit au dessus de la porte d'entrée comme un astre étincelant, et dont l'autre, placée dans la croisée méridionale, se distingue par les plus hautes qualités artielles[1] ? de détailler ces sculptures architecturales et ces peintures qui sont les ouvertures mêmes par où le jour passe ? Je dirais comment la doctrine du christianisme se déploie tout entière dans ces images. Je montrerais le Créateur tirant l'univers du néant par sa parole ; Adam et Ève

---

[1] On y lit cette inscription :

NICOLAS DERODÉ 1581.

Le bel art de la peinture sur verre paraît avoir fini avec cet artiste, qui a fait dans cet ouvrage un véritable chef-d'œuvre. On admire surtout le médaillon représentant les douze apôtres, où l'auteur s'est peint lui-même sous la figure d'un d'entre eux : c'est au bas de ce portrait qu'il a écrit son nom. Peu d'années après, un accident funeste l'enleva à sa famille, et comme il n'avait alors que des enfans en bas âge, il ne put transmettre son talent à aucun d'eux. Ce peintre habile est un des ancêtres de l'auteur du projet de jonction de la Vesle avec l'Aisne.

heureux dans le paradis terrestre; leur désobéissance et leur chute; les deux coupables bannis d'Eden par un ange armé d'un glaive de feu; Adam condamné au travail, Ève à la souffrance, et tous deux trouvant déjà des consolations dans les plus doux sentimens de la nature; le sacrifice de Caïn, celui d'Abel; le premier meurtre; Dieu apparaissant à Caïn et lui demandant ce qu'il a fait de son frère. Je dirais comment l'Éternel prépare au monde un libérateur; ce grand mystère annoncé à Marie; toute la vie de Jésus, la sainte Cène, le Sauveur expirant sur la croix, la nouvelle Ève soutenant le corps inanimé de son fils, le Christ s'élançant du tombeau, sa divine mère enlevée au ciel au milieu des chœurs d'anges. Je peindrais la résurrection générale, emblématiquement figurée par un tronc de chêne vieux et pourri, d'où repoussent des feuilles vivaces et des fruits fertiles; les morts quittant leurs monumens au son de la trompette fatale; le jugement dernier; les bons récompensés et les méchans punis. Je ne puis qu'effleurer ce texte; mais il me semble que cette iconographie de toute la foi chrétienne a quelque chose de grand et de poétique à la manière d'Homère. En parcourant ces tableaux et ces bas-reliefs, on se rappelle involontairement ces chantres de l'Iliade ou de l'Odyssée, qui, inspirés par les muses, chantaient sur la lyre l'origine des choses, le pouvoir des Dieux, les devoirs de l'homme, les délices de la vertu.

Excepté peut-être la cathédrale de Cologne, je ne sache pas qu'aucune église gothique l'emporte sur celle de Reims pour l'intérêt de sa décoration. C'est ce luxe tout religieux qui a suggéré à MM. Lecointe et Hittorf l'heureuse idée d'en continuer le système, en y adaptant, par un retour aux anciens principes, la mosaïque à fond d'or, et en peignant la voûte. C'était là, en effet, le mode décoratif employé primitivement dans les édifices chrétiens : l'architecture était peinte, la sculpture l'était aussi, et sans sortir de Reims on en a la preuve. A la cathédrale, dans plusieurs statues du grand portail, dans plusieurs de celles qui ornent les entrées latérales, dans les niches de ces statues, à Saint-Remi, sur les piliers mêmes de la nef, on trouve des vestiges de cette décoration. Il est certain que dans les anciennes basiliques, comme dans les temples de l'antiquité, toutes les parties achevées furent peintes ; mais ces peintures ont été recouvertes par des couches de chaux colorée, à l'aide desquelles on a prétendu rafraîchir l'architecture. De tout temps, il s'est trouvé des artistes barbares qui ont gâté sous prétexte de réparer, et ce n'est pas d'aujourd'hui que nos églises ont eu des badigeonneurs.

Pour le sacre, la voûte de celle de Reims a été peinte en bleu avec des fleurs de lis d'or. Ces fleurs de lis [1], ce *Baptême de Clovis* sculpté sur le portail, ce même sujet répété sur les vitraux, indiquent suffisamment la noble destination de cette cathédrale [2]. Cependant, j'ai entendu plusieurs habitans de Reims exprimer le vœu que le trône de l'inauguration restât dans la nef à demeure fixe, comme un indice encore plus apparent et plus caractérisé. Je ne partage pas leur sentiment. Partout aujourd'hui, toutes les fois qu'on le peut, on transporte

[1] Suivant une ancienne tradition, Clovis, après son baptême, reçut du ciel les fleurs de lis, par l'entremise des anges. La chose se passait à Montjoye, et c'est en mémoire de ce fait que le monastère de Joyenval (Joye en val) a, dit-on, été bâti. Étienne Pasquier, dans ses *Recherches*, suppose que *Clovis, pour rendre son royaume plus miraculeux, se fit apporter par un ermite, comme par avertissement du ciel, les fleurs de lis.* Sans doute ce prince était homme à ne pas se faire scrupule d'une pieuse fraude, s'il la jugeait utile à sa politique; mais ces origines sont repoussées par la critique, et il est aujourd'hui reconnu que les trois fleurs de lis ne sont autre chose que trois fers de lance.

[2] On a marqué une ville pour la sépulture des rois, comme une ville pour leur sacre. Serait-ce afin d'établir un contact entre ces deux extrêmes de la destinée royale? Il est rare que la religion laisse échapper ces rapprochemens. Je voudrais que le temple sépulcral de Saint-Denis eût sa voûte peinte comme le temple glorieux de Reims, et que la basilique du tombeau fût caractérisée par des emblèmes comme la basilique du trône. Le violet n'est-il pas déjà pour nos rois la couleur du deuil comme celle du triomphe?

dans les chapelles les monumens de sculpture ou d'architecture, dont un usage blâmable ou un zèle irréfléchi avait obstrué les nefs. Cette masse interposée dans la longueur de l'édifice affaiblirait à jamais l'impression de sa grandeur. Il ne faut pas que, pour une circonstance dont nos vœux éloignent toujours l'époque, la cathédrale de Reims perde de son immensité. Toute relation de mesure étant originairement prise en nous, pour qu'une chose soit grande à nos yeux, il faut que nous nous sentions petits en sa présence; mais comme cet aveu coûte à notre amour-propre, nous ne le prodiguons pas, et quand il nous échappe, l'étendue matérielle des dimensions y a ordinairement moins de part que la longue continuité des lignes. C'est par cette raison qu'à Paris, tout monument serait déplacé dans le vaisseau de Notre-Dame. Quoique cette église n'appartienne pas à la meilleure époque de l'architecture chrétienne, elle vous fait éprouver tout d'abord un saisissement involontaire; en y entrant, vous frissonnez d'un trouble solennel; cette immense unité vous fait paraître chétif à vous-même; il semble que votre orgueil rentre en terre, et le seul aspect du temple vous humilie devant l'Être infini qu'on y adore. Respectons bien cette vieille métropole; c'est ce qu'il y a de plus grand, de plus imposant, de plus religieux à Paris.

N'altérons point ce beau résultat du génie et de la piété de nos pères. Qu'aucune masse étrangère à l'ordonnance n'en vienne rompre les lignes ou troubler les proportions. Tout monument, quel qu'il pût être, ferait mal dans cette nef si complète, et ce hors-d'œuvre architectural ne serait disculpé ni par l'intention, ni par le but, ni même par le talent [1].

Quant à la cathédrale de Reims, on doit regretter que les fleurs de lis qui devaient être d'or et en relief, n'aient que la couleur de ce métal, et que les nervures de la voûte, qui, comme les autres lignes de construction, attendaient des ornemens dorés, soient seulement peintes en couleur jaune, zonée de rouge. Ce n'est plus la même chose pour l'œil ni pour l'esprit. Orner un temple avec les substances les plus précieuses, c'est faire profession d'un haut respect pour la divinité qui l'habite. Où je cherche l'outremer et l'or en bosse, je ne trouve pas sans quelque déplaisir des substances

---

[1] On a quelque temps eu la crainte de voir élever dans la nef de Notre-Dame le monument voté par la douleur publique à M. le duc de Berry. Étrange manière d'honorer la mémoire d'un prince ami des arts, que de les outrager! Mais M. le comte de Chabrol a rassuré les Français vraiment sensibles à tout ce qui fait la gloire de leur pays. Ce magistrat, pendant la dernière session, a dit à la tribune des députés, que le cénotaphe de Son Altesse Royale serait placé dans un édifice spécial.

communes. C'est le manque de temps seul qui doit être cause ici du mécompte; car il ne nous est pas permis de supposer que ce soit le manque d'argent. Il y a une mesure dans l'économie, et certains calculs de budget sont inadmissibles, quand il s'agit de construire ou de décorer un grand monument public. A des hommes aussi habiles, aussi expérimentés que MM. Lecointe et Hittorf, donnez de l'or, de l'outremer, et vous aurez une de ces voûtes italiennes, imposantes, mystérieuses, spécialement chrétiennes, que M. Granet nous a fait connaître dans ses beaux *Intérieurs*. Au reste, ces artistes n'ont point innové; ils ont seulement tenté de remettre en honneur un procédé tombé en désuétude; ils ont remonté aux exemples anciens, et en ont eux-mêmes donné un qui sera suivi [1]. On fera quelque jour à Reims ce qu'on n'a pas pu y faire d'abord; car la basi-

[1] On aura désormais une grande facilité à le suivre, par l'invention d'un échafaud mobile, qui s'adapte à toute espèce d'église, se transporte sans peine d'un point à un autre dans la même nef, et n'interrompt pas le service divin, parce que aucune charpente ne pose à terre et que l'appareil semble suspendu à la voûte. J'ai vu plusieurs fois manœuvrer cette machine dans l'église métropolitaine; j'en ai admiré le mécanisme simple, ingénieux et hardi. La peinture de la voûte est l'ouvrage de MM. Ciceri et Lebe Giguin, chargés de l'entreprise générale de tous les travaux de peinture. On doit des éloges à M. Contant, leur substitut permanent à Reims, qui a dirigé les travaux avec beaucoup de talent, de zèle et de courage.

lique est rendue pour toujours à son auguste destination. Cette métropole verra sans doute s'achever une belle chose bien commencée. La France y doit mettre sa gloire; pour elle, la ville du sacre est une seconde capitale.

CHAPITRE VII.

Disposition générale de l'église. Emplacement du trône, premier élément de la distribution. Tribunes, gradins, amphithéâtre.

En toutes choses, le talent doit prendre la raison pour guide; dans l'architecture, la raison se manifeste par la convenance de l'édifice ou de la décoration avec son objet, et le bon goût n'est que l'art de parer ce qui convient. Les architectes se sont profondément pénétrés de ce principe; c'est dans l'essence même de la cérémonie qu'ils ont cherché un système d'ornement approprié à cette haute destination.

Le sacre des rois est une fête nationale; suivant un usage ancien et digne de respect, le prince y jure sur l'Évangile et sur la vraie croix de maintenir la constitution et de faire exécuter les lois du royaume; par la solennité d'un engagement religieux, il semble resserrer les liens du contrat social.

La nation française accourt à ce serment. Quoique à ses yeux le cœur du monarque soit le sanctuaire de la bonne foi et que les droits du peuple n'aient pas de caution plus assurée que la parole royale, la nation est heureuse d'entendre prononcer en face du ciel, en face d'elle-même, une promesse qui est le résumé de toutes ses garanties, et qui renferme, en quelque sorte, ses destinées futures. Elle aime aussi, comme tous les peuples devenus puissans, à remonter vers son origine, et la plupart des cérémonies pratiquées au sacre révèlent, par de précieux vestiges, les coutumes antiques; ce sont des monumens qui retracent la naissance des libertés publiques, le premier patrimoine d'un peuple.

Dans les douze pairs[1] qui, jusqu'au sacre de Charles X, ont soutenu sur la tête du roi la couronne de Charlemagne, nous reconnaissons les douze témoins que les Francs-Germains appelaient à toutes leurs actions civiles[2]. Ces témoins ne pouvaient, sans les plus graves

---

[1] Le nom de *pairs* était connu dès les premiers temps de la monarchie, quoique la *pairie* ne soit devenue une dignité qu'au commencement de la troisième race, et que les pairs ne figurent pas au sacre des rois de France avant celui de Philippe-Auguste.

[2] Cette explication est plus historique, et si elle est elle-même conjecturale, elle est au moins plus raisonnable que celle qui rapporte le nombre des douze pairs à celui des douze apôtres. Il y en avait six laïcs et six ecclésiastiques, six ducs et six comtes. Les pairs laïcs étaient les ducs de Bourgogne, de Normandie, d'Aquitaine, les comtes de Toulouse, de Flandre et de Champagne; les pairs ecclésiastiques étaient l'archevêque duc de Reims, l'évêque duc de Laon, l'évêque duc de Langres, l'évêque comte de Beauvais, l'évêque comte de Châlons et l'évêque comte de Noyon.

motifs d'excuse, se dispenser d'assister au sacre. A mesure que les grandes pairies se réunirent à la couronne, les pairs laïcs furent remplacés à la cérémonie, soit par d'autres seigneurs, soit par les princes du sang royal; mais la représentation eut toujours lieu. On tenait même tellement à conserver ce simulacre de l'institution primitive, qu'on vit des femmes faire les fonctions de pairs quand par hasard le nombre ne se trouvait pas suffisant[1]. On les vit soutenir le diadème, quoiqu'un tel acte de la part d'une femme parût blesser indirectement les principes constitutifs de la monarchie, la pairie ne devant pas plus que la royauté *tomber en quenouille*. Ces pairs étaient qualifiés *frères du roi*. Une telle fiction de parenté rattachait le prince à ses premiers sujets, Francs comme lui, et, par eux, au reste de la nation. Par là, un signe sensible montrait la nation formant une seule famille avec son chef; ce qui est, au surplus, une vérité de sentiment et presque d'instinct chez les Français.

A tous les sacres, excepté celui de Charles x, nous voyons les évêques, avant le couronnement, demander aux assistans s'ils veulent pour roi le prince qu'on va couronner, comme si la volonté du peuple était la source de tous les gouvernemens, aussi bien que son

[1] Aux sacres de Philippe v et de Charles v.

bonheur en est la fin[1]. A peine la couronne est-elle posée sur la tête du monarque, qu'il monte sur un trône élevé. Les portes du temple s'ouvrent; le peuple s'y précipite; il contemple son souverain dans toute la majesté royale; l'allégresse publique est au comble; elle éclate de toutes parts, et dans ce concert unanime, les acclamations d'une multitude semblent n'être plus que la voix d'un seul homme.

Ce n'était pas sans dessein que sous les deux premières races et au commencement de la troisième, les

---

[1] Le sacre de Philippe Ier est le premier sur lequel nous ayons des détails; c'est par conséquent celui qui, se rapprochant le plus de l'origine, doit le mieux retracer les usages primitifs. Dans cette cérémonie, le clergé, les seigneurs et le peuple se tournèrent vers le roi à l'instant du couronnement, et s'écrièrent : « Il nous plaît, nous le voulons, qu'il soit roi. *Laudamus, volumus, fiat.* » Ce consentement était considéré comme nécessaire à la royauté. Les mêmes traditions se retrouvent partout. En Angleterre, le hérault d'armes, après avoir imposé silence au peuple, lui demande à quatre reprises, en se tournant vers les quatre points cardinaux, s'il élit pour roi tel prince, s'il le veut tel et couronné. Le peuple répond autant de fois par ses cris; après quoi, le couronnement a lieu. Ce n'est pas tout. Pendant le festin royal, un champion s'avance dans la salle du banquet, monté sur un cheval bardé de fer, armé lui-même de pied en cap, et jette son gantelet en portant défi à quiconque soutiendrait que le nouveau roi n'est pas le roi légitime. Cette coutume suppose que les droits du souverain couronné eurent primitivement à lutter contre des prétentions rivales, et qu'il fallait plus d'un consentement pour être bien assis sur le trône.

rois faisaient coïncider leur sacre avec une époque de plaids généraux; on sait que les parlemens étaient alors ambulatoires. Le besoin de la justice amenant une population nombreuse aux cours plénières, ce public intéressé assistait au couronnement avec la foule des curieux, et le serment monarchique était prêté devant plus de témoins. Il se formait donc une sorte de contact entre le souverain et le peuple, au profit de tous deux, et la journée la plus solennelle d'un règne devenait pour le prince celle de la plus grande popularité; popularité qui se manifestait par une distribution de monnaies frappées à cet effet, et par la distribution plus précieuse de la justice.

Placés malgré eux sous des maîtres, passant de la tutèle des grands officiers à celle des grands vassaux, les rois de France eurent bientôt compris que l'émancipation de la couronne dépendait de leur union avec le peuple, et le peuple, de son côté, n'eut pas de peine à voir tout ce qu'il gagnait à ce que son roi fût puissant. Ces rapports mutuels se multiplièrent; les communes s'établirent; elles se placèrent sous l'égide du trône, qui, à son tour, s'appuya sur elles. Chaque couronnement semblait renouveler cette alliance, et il n'est peut-être pas une franchise nécessaire ou utile à la prospérité nationale qui n'ait eu dans cette cérémonie son origine ou sa confirmation [1].

Un autre fait bien digne de remarque, c'est que l'église de France dut elle-même ses plus nobles prérogatives aux rapprochemens auxquels le sacre donnait lieu. C'est là qu'elle entrevit la nature de ses droits. Les pairs ecclésiastiques, réunis aux autres prélats assistans, s'entr'éclairaient sur le principe de la monarchie française, sur les limites de la puissance romaine, sur les relations de l'une à l'autre; ils reconnurent que les discussions d'intérêt terrestre ne pouvaient qu'affaiblir l'autorité du Saint Siége. De très-bonne heure, cette élite du clergé français, tout en manifestant sa déférence pour les dé-

---

[1] Ou dont cette cérémonie n'ait été la cause occasionelle, par suite de la prédilection que nos rois ont toujours portée à la ville de Reims. En voici un exemple singulier, par rapport à la liberté d'industrie. Le chœur de la cathédrale était entouré d'une grille en fer, qu'on regardait comme un chef-d'œuvre; Louis XV, passant par Reims, l'avait vue et admirée. L'ouvrier, nommé Ramel, habitait Montpellier; il eut envie de se fixer à Reims pour ne pas se séparer de son ouvrage : mais il éprouva de la part des maîtres serruriers l'opposition la plus opiniâtre. Le roi en fut informé, et, par lettres-patentes spéciales, il autorisa l'homme habile à exercer sa profession à Reims, malgré le corps, prenant le parti du talent contre le privilége. Ainsi, le grand bienfait de la liberté industrielle, qui a donné au commerce et aux arts un si puissant et si heureux essor, a pris naissance, en quelque sorte, dans la ville du sacre.

cisions de la cour de Rome en matière de foi ou de discipline, se prononça contre les empiétemens de la puissance spirituelle des pontifes sur le pouvoir temporel des souverains, et dès lors les libertés de l'église gallicane, si fortement définies par Bossuet, si énergiquement soutenues par nos rois et nos évêques, si chères à la nation, commencèrent à poindre[1]. Il était dans les destinées de la France que l'inauguration de ses rois fût le berceau de toutes ses libertés.

Ainsi, tandis que les annales des autres pays nous présentent les potentats recevant du pape l'investiture par la crosse et l'anneau, nous voyons, dès les premiers temps, le roi de France investi par son droit seul, *régner par la grâce de Dieu;* formule mal comprise ou mal interprétée, mais qui, loin d'indiquer la subordi-

---

[1] Philippe Ier avait été sacré une première fois, du vivant de son père. L'archevêque de Reims l'ayant proclamé roi, les légats du pape furent admis à le proclamer aussi, mais uniquement par honneur et par amour pour le Saint Siége, après qu'il eut été formellement déclaré que le consentement du pape n'était pas nécessaire. En 1095, quoique ce roi eût été excommunié par Urbain II, ou peut-être même à cause de cette excommunication qui menaçait de reproduire les scandales de celle du roi Robert, les pairs ecclésiastiques et les évêques de Senlis, de Soissons, d'Amiens, etc., renouvelèrent son sacre. Ces prélats, dans cette cérémonie, protestèrent publiquement contre les entreprises du pontife romain, et déclarèrent que les papes n'avaient pas le droit de mettre le royaume en interdit.

nation de la couronne, en déclare l'indépendance. Chez les Français, jamais de lacune dans la succession royale, jamais d'interrègne ni d'entre-roi. Le monarque nouveau est désigné, non par le suffrage des hommes, mais par l'ordonnance du ciel, et la loi du royaume n'est que celle de la nature. *Le roi est mort! Vive le roi!* tel est le cri monarchique, telle est l'expression de la légitimité. En France, le prince meurt, mais le roi ne meurt point : le sacre y sanctifie l'avénement; mais il n'en est pas plus la condition qu'il n'est la ratification du droit de succéder, et l'absence de ce complément religieux n'en laisse pas moins à la royauté toute sa plénitude politique. L'héritier de Clovis, comme Clovis lui-même, n'emprunte à l'onction sacrée qu'un caractère plus auguste. Saisi du diadème par sa naissance, s'il le dépose sur l'autel pour l'accepter des mains de la religion, c'est afin de l'entourer de plus de respect. La religion ajoute son appareil à l'appareil du pouvoir; mais elle donne au pouvoir la force et non l'existence; en montrant à la nation assemblée l'oint du Seigneur dans l'élu de la loi, elle rend plus sacrée, plus inviolable la personne du monarque légitime; et c'est pour lui rappeler au nom du ciel, d'une part, les devoirs de la puissance, de l'autre, les droits de l'humanité, qu'elle semble l'escorter sur le trône.

Ainsi la disposition du trône était le premier et le

principal élément du problème que les architectes avaient à résoudre. Il fallait faire dominer ce *théâtre d'honneur et de magnificence*[1], du haut duquel le roi de France paraît devant son peuple, comme élevé sur le pavois des Francs. Sans trop resserrer la partie du temple destinée à la solennité religieuse et aux spectateurs d'élite, il fallait cependant réserver au public, qui afflue du dehors à l'instant de l'intronisation, un espace de nef suffisant pour qu'il fût réellement admis dans l'intérieur. Du parti pris à cet égard devait dériver toute la distribution.

Au sacre de Louis XVI, l'enceinte n'avait pas tout le développement désirable. Au delà du trône, il y avait peu de places d'où l'on pût voir l'ensemble de la cérémonie; en deçà, elle n'était plus visible. Mais alors la monarchie, quoique tempérée, était absolue, et le couronnement était plus ou moins une fête de cour. Aujourd'hui que tous les Français exercent des droits politiques et participent à l'action du gouvernement, une fraction plus considérable du peuple ayant besoin de contempler l'inauguration de son chef, le champ du sacre, si je puis ainsi m'exprimer, devait s'agrandir, et il s'est agrandi.

[1] Tel est le titre de l'ouvrage de D. Marlot sur le sacre des rois.

Le trône a été placé au tiers environ de la longueur de l'église, vis-à-vis la cinquième arcade; il repose sur une plate-forme haute de seize pieds au dessus du sol, comme dans une région supérieure à la terre. Le caractère de cette masse devait rappeler celui des anciens jubés [1]; car lorsque les jubés existaient, c'était en ce lieu éminent que le monarque s'offrait aux acclamations publiques; c'était delà qu'il saluait ses sujets rassemblés. Un soubassement solide a donc dû séparer la nef et le sanctuaire, tandis qu'un portique à jour a pu recevoir le fauteuil du roi sous un arc de triomphe [2].

Cette première disposition arrêtée, il restait entre le trône et la porte d'entrée un espace suffisant pour l'introduction et la circulation du public, après le couronnement.

Quant aux spectateurs assistans, il n'y avait que deux moyens de les placer; il fallait ou établir des gradins sous les bas-côtés, ou construire des tribunes. Mais, pour peu qu'on y réfléchisse, l'alternative n'occasione pas une longue incertitude.

Supposer que les arcades, en demeurant ouvertes, peuvent donner plus de facilités pour bien voir, c'est

[1] Aussi appelés *ambons*.
[2] *Voir* la planche 4.

se faire illusion. La grosseur des piliers gothiques laisse peu de jeu aux rayons visuels, et pour peu qu'on s'enfonce sous les nefs latérales, on ne voit dans celle du milieu que devant soi; on cesse de voir par les travées qui ne sont pas en face. Dès que la vue se dirige obliquement, elle est tout à coup arrêtée par ces cylindres de pierre qui se masquent les uns les autres et opposent à l'œil une barrière opaque. Les premiers rangs de gradins jouiront donc seuls d'un horizon libre.

Si vous n'établissez qu'un petit nombre de ces gradins, les places manqueront; si vous en multipliez les étages, et que vous les fassiez partir de la grande nef pour les élever jusqu'au fond des bas-côtés, non seulement la perspective sera obstruée, mais les piliers seront coupés dans leur hauteur et inégalement, de la manière la plus choquante; vous détruirez donc les lignes de l'architecture en paraissant vouloir les respecter. Dans l'une et l'autre hypothèse, comment s'accoutumer à voir les supériorités sociales sur les degrés inférieurs? C'est de bas et de loin que les premiers sujets du prince regardent ce trône dont ils doivent réfléchir la splendeur sur les classes subordonnées. Le roi, de son côté, ne découvre que bien au dessous de lui, obliquement, et dans une sorte de lointain, ceux des assistans que leur position dans la hiérarchie de la société doit naturellement rapprocher de sa personne. Quelle disposition serait à l'épreuve d'une telle inconvenance?

D'ailleurs, comment éclairerez-vous ces amphithéâtres? Laisserez-vous arriver le jour par les croisées latérales? Toutes les personnes placées en avant sont dans l'ombre et font l'effet de silhouettes profilées en noir. Que devient alors tout ce qui fait le lustre d'une fête? Fermerez-vous les fenêtres pour substituer une lumière artificielle à la clarté du jour? Vous rentrez dans le système des tribunes, mais avec beaucoup de désavantage.

Les tribunes, dit-on, rappellent trop un lieu de spectacle. Mais qu'est-ce donc que la pompe du sacre, si ce n'est le plus auguste des spectacles, le spectacle que tout un peuple a le plus d'intérêt à contempler? Remarquez bien que le motif des tribunes est indiqué par les conceptions primitives les mieux entendues; à Reims, le vaisseau de Saint-Remi, à Paris, celui de Notre-Dame, ont des tribunes en haut de leurs travées. Dans ces sortes de problèmes, la première solution est presque toujours la meilleure, parce qu'elle satisfait naïvement à tous les besoins. Du moment où la religion vint s'associer aux grands actes de la politique, le temple n'avait plus seulement à suffire aux obligations ordinaires du culte, qui se succèdent et se partagent; il fallait que la même enceinte religieuse pût contenir dans le même temps une multitude immense, et pour parvenir à ce résultat, l'idée des tribunes était la plus naturelle et la plus simple. "

On retrouve le même principe dans les premières dispositions des sacres, et lors même que l'église de Reims n'était décorée que de tentures en tapisseries, le parti des tribunes fut adopté. MM. Lecointe et Hittorf ont dû se rattacher à la donnée élémentaire, d'autant plus qu'ils rencontraient d'autres avantages. Ils y ont trouvé les moyens d'opposer un fond sévère à l'éclat des parures, d'obtenir un effet d'illumination mystérieuse, de multiplier les abords et les issues, de pourvoir sans embarras à tous les services de détail, de maintenir libres les communications qu'une telle affluence rend si nécessaires au bon ordre et à la sécurité. Le système des gradins découverts n'offre pas, à beaucoup près, toutes ces ressources, ou il les fait payer par trop de sacrifices. Je vais plus loin, et je dis que les architectes n'étaient pas maîtres du choix. En effet, on accordera sans peine que deux tribunes distinctes étaient indispensables, l'une pour la famille royale de France, l'autre, pour les ambassadeurs qui représentent les souverains étrangers. Or, du moment où il y avait nécessité de construire deux tribunes, il fallait en construire dans toute l'église; la loi d'unité le commandait.

Cela posé et les tribunes admises, le sol de la plateforme du trône a déterminé le niveau des plus élevées, et leur hauteur a permis d'en établir un second étage au dessous. Ainsi deux étages de tribunes règnent dans tout le pourtour. Par là, les premiers rangs sont doublés, et une condescendance officieuse peut achever de remédier, par un échange momentané de places, aux imperfections inévitables du local, tandis qu'avec les gradins découverts, aucun mouvement ne saurait avoir lieu sans une apparence de désordre. Ajoutons qu'à l'exception des deux tribunes en tête, qui sont fermées latéralement, toutes les autres ne sont séparées par aucune cloison, c'est-à-dire qu'en définitive, elles ne sont réellement que des gradins, mais des gradins qui n'ont plus les inconvéniens d'un amphithéâtre.

Sur ces gradins, dans ces tribunes, doivent briller au niveau du trône, les supériorités sociales, la naissance, la fortune, le talent et surtout la beauté, la beauté riche de tous les trésors de l'art comme de tous les dons de la nature. Cette élite de la population placée sur la même ligne d'horizon que le monarque, et seulement à une légère distance, lui présente à lui-même le coup d'œil le plus imposant; le cadre est digne du tableau et du spectateur.

La tribune de la famille royale, à droite, et celle des ambassadeurs, à gauche (ce sont les deux qui sont en tête), ont un peu plus de saillie que les autres; mais cette différence, prescrite par l'étiquette, est presque insensible, et elle ne nuit pas à l'effet général. Chacune de ces tribunes est précédée d'un salon élégant, éclairé par un lustre; elle communique intérieurement avec une tribune contiguë, en retour sur la croisée du chœur; celle-ci est destinée à la suite de ces hauts personnages.

Le sacre de Charles x présentait une circonstance toute nouvelle; les deux chambres législatives y avaient été solennellement invitées par le roi lui-même. « Je « veux, leur dit ce prince, en ouvrant la session de « 1824, je veux que la cérémonie de mon sacre termine « la première session de mon règne. Là, prosterné au « pied du même autel où Clovis reçut l'onction sainte, « en présence de celui qui juge les peuples et les rois, je « renouvellerai le serment de faire observer les lois de « l'État, et les institutions octroyées par le roi mon « frère. Je remercierai la divine providence d'avoir dai- « gné se servir de moi pour réparer les derniers malheurs « de mon peuple, et je la conjurerai de continuer à pro-

« téger cette belle France que je suis fier de gouverner. »
Tel fut le discours de Charles X aux chambres assemblées. Il fallait placer en évidence ces deux grands corps, qui sont les appuis du gouvernement représentatif. Dans les deux branches de la croisée du chœur, deux immenses gradins ont été construits en regard l'un de l'autre, pour recevoir, d'un côté, la chambre des pairs, de l'autre, celle des députés.

L'autel s'élève au milieu du sanctuaire. En avant, à quinze pieds de l'autel, près des degrés qui séparent le sanctuaire du chœur, un fauteuil et un prie-dieu sont préparés pour le roi, sous un dais suspendu à la voûte.

Derrière l'autel, à six pieds au dessus du sol, un vaste parquet forme l'orchestre destiné à la musique du roi.

Le rond-point du fond est occupé par une tribune en pente douce d'où plus de six cents spectateurs, dominant toute la basilique, peuvent embrasser l'ensemble de la cérémonie, et qui termine elle-même le point de vue, de la manière la plus heureuse, par une perspective en amphithéâtre[1].

Telle est la disposition de l'église sous le rapport des divisions générales et des principaux espacemens ; le

[1] Toute la charpente des tribunes, gradins et amphithéâtre, a été confectionnée par M. Albouy.

parti pris est grand, mais bien adapté aux détails; il est hardi, mais réfléchi; les coupes sont nettes et bien tranchées; on sent que les architectes n'ont été embarrassés ni par la complication des données ni par les entraves du cérémonial. La décoration de l'église complète leur système. On va voir que les convenances locales et les indications mêmes de la fête en ont suggéré tous les motifs.

CHAPITRE VIII.

Décoration de l'église. Portraits des rois et des prélats. Statues des bonnes villes. Trophées militaires.

Sans doute, il ne suffisait pas de satisfaire aux conditions rigoureuses du programme, et d'élever des tribunes pour contenir les spectateurs ; il fallait encore que ces conditions, remplies avec art, contribuassent à la pompe de la cérémonie et devinssent pour le temple un véritable ornement.

L'obligation de décorer le temple pour l'inauguration du roi ne peut faire question. Le jour du couronnement est pour tout un peuple la journée par excellence. Dans une telle solennité, l'édifice sacré doit changer sa physionomie habituelle et prendre un air de fête ; car quand on y célèbre la première et la plus auguste des fêtes publiques, ce ne doit plus être l'église de tous les jours, et même il s'agit moins de la faire plus belle que de la faire autre. Les Italiens, si délicats sur ces sortes de convenances, savent très-bien cela. Leurs temples ont beau resplendir de marbre, de porphyre et d'or ; dans les cérémonies du genre de celle-ci, ils couvrent ces substances précieuses avec des draperies d'étoffe vulgaire, non pour rendre la basilique plus majestueuse (ils ne le pourraient pas), mais afin de la parer.

Au sacre de Louis XVI, on avait ajusté vers le chœur de la métropole une espèce de portique à colonnes accouplées, d'ordre corinthien, dans le style romain, saillantes en avant des piliers, sur un arrière-corps. Ce portique entourait le chœur, le sanctuaire et le jubé. L'espace des grands entre-colonnemens, déterminé par l'ouverture des arcades gothiques, déterminait à son tour l'emplacement des tribunes. Un entablement posé sur les colonnes, au niveau de la naissance des arcades, régnait dans le sens de la longueur de l'église; le trône était établi dans le sens de la largeur, et ne consistait guère qu'en trois travées du système général. Chaque tribune se trouvait ainsi surmontée d'une plate-bande, au lieu d'être, comme l'arcade, terminée par un cintre en ogive. Par là, toute proportion était détruite, et les tribunes paraissaient excessivement larges par rapport à leur hauteur. De plus, comme l'élévation du portique était à peine le tiers de celle de l'église, l'architecture de celle-ci, se développant de toutes parts, écrasait celle du portique et formait disparate avec lui[1].

[1] *Voir* la planche n°. 1.

Néanmoins, un luxe prodigieux se déployait dans la décoration ; les colonnes étaient de brèche violette, à cannelures dorées ; les bases et les chapiteaux étaient d'or ; les moulures, modillons et rinceaux de l'entablement étaient aussi taillés en or sur un marbre blanc veiné. Malgré cette richesse, l'effet général était mesquin, parce que la disposition était théâtrale. Mais cette disposition n'était pas telle à cause des tribunes, ni parce que les tribunes pouvaient rappeler les loges d'un spectacle. On a vu au précédent chapitre que ces élémens sont dans l'essence du problème et qu'il est impossible de les en écarter. Ce qui rendait théâtral cet appareil décoratif, c'est le caractère de la décoration, somptueuse sans gravité, et mieux appropriée à une salle d'opéra qu'à une enceinte consacrée au culte. En distrayant l'âme du recueillement religieux, en la reportant vers des objets profanes, en introduisant dans une pompe sainte des accessoires mondains, ces préparatifs allaient directement contre leur but. Le contact immédiat des galeries latérales avec le trône n'était pas un moindre oubli des convenances[1]. Quoique le sacre soit de fait une occasion de rapprochement entre le souverain et le peuple, disons même, une fête de famille, le respect dû à la majesté royale veut qu'il y ait toujours,

[1] *Voir* la planche n°. 3.

même pour l'œil, une distance entre le prince et ses sujets.

Cependant loin de moi l'idée de dénigrer ce qui eut lieu il y a cinquante ans. Plusieurs emprunts faits aux modèles de l'antiquité et plusieurs beaux motifs originaux prouvent que les architectes ne manquaient ni de science ni d'invention. Alors s'ouvrait la nouvelle ère des arts; elle devait être marquée par le retour au goût de l'architecture ancienne, et l'on commençait à y revenir; mais on avait encore peu réfléchi sur l'application de ses principes aux besoins actuels. Au lieu de chercher des inspirations, on copiait; on détériorait ainsi ce qu'on ne savait pas faire valoir, et cette imitation aveugle détruisait les beautés qu'elle croyait s'approprier. Depuis, la combinaison raisonnée des élémens transmis par l'antiquité est devenue l'objet d'un enseignement spécial, et la convenance dans l'emploi des données antiques est une des doctrines qui recommandent l'école moderne. A l'époque où Louis XVI fut sacré, le principe avait été entrevu, reconnu même; mais on ignorait l'art de l'appliquer; les fautes commises par les architectes d'alors appartenaient donc plus à leur temps qu'à eux-mêmes; elles ont éclairé leurs successeurs.

MM. Lecointe et Hittorf avaient trop de lumières

et d'expérience, trop de sagesse et de talent, pour inscrire, à l'exemple de leurs devanciers, un temple romain dans une cathédrale gothique, et pour faire jurer la colonne à côté du pilier. Ils se sont attachés au fond du problème; ils l'ont étudié de manière à en faire jaillir un résultat qui fût en harmonie avec le style de l'église et avec l'esprit de la fête; ils n'ont jamais perdu de vue cette double convenance.

Pour que leur décoration décorât réellement l'architecture du temple, elle devait avant tout en respecter le caractère, en laisser subsister les lignes et conserver à l'édifice sa grandiosité. Il fallait aussi qu'elle s'identifiât avec la cérémonie même, c'est-à-dire qu'elle fût religieuse et historique, monarchique et nationale, qu'elle eût un air de fête, sans cesser d'être grave, et qu'elle animât la pompe sans l'égayer. Les considérations déjà développées au chapitre précédent ont mis les architectes sur la voie. Religion, légitimité, union intime de la nation avec son chef, tel est le dogme politique qu'ils ont tâché de rendre sensible, et la longue suite des rois qui ont héréditairement occupé le trône des lis, les images des prélats qui ont honoré l'église gallicane par leur piété, leur science et leurs vertus, la représentation des principales villes du royaume, de celles surtout qui ont fleuri par le commerce, l'industrie et les arts; tels sont les moyens extérieurs dont ils ont fait usage pour réaliser cette abstraction. Ces types ne pouvaient être mieux choisis ; ce sont les élémens dont se compose pour un Français l'idée de patrie, idée rendue complète par le symbole de l'armée à qui est réservé l'honneur de défendre le territoire sacré. Appuyés sur ces bases fondamentales, MM. Lecointe et Hittorf ont pu donner l'essor à leur imagination, sans craindre d'égarer leur talent.

Au dessus des tribunes supérieures [1] et au milieu des arcs en ogives habilement conservés, les portraits des monarques apparaissent entourés d'ingénieux compartimens d'architecture qui rappellent la monarchie. Mais le pourtour de l'église ayant moins d'arcades qu'il n'y a de monarques, il a fallu faire un choix. Huit sont placés en deçà du trône, et tous, excepté Clovis, sont pris parmi ceux qui n'ont pas été sacrés à Reims ; trente-deux figurent au delà, tous sacrés dans cette métropole. C'est cette différence qui a décidé le partage. Les premiers appartiennent aux trois dynasties, les autres seulement à la troisième. Ainsi, pendant le sacre, Charles x a constamment autour de lui ses nobles aïeux, les princes de sa famille, tandis que le peuple, qui entre pour le couronnement, a sous les yeux, en abrégé, les trois races de ses rois.

[1] *Voir* la planche n°. 2.

Clovis est à l'entrée, ouvrant, en quelque sorte, à ses successeurs le temple du vrai Dieu. Vis-à-vis est son fils Childebert. Dagobert suit Clovis; Sigebert, roi d'Austrasie, fils de Dagobert, et mis au rang des saints, fait face à son père. Ces quatre souverains représentent la première race [1]. Leur longue chevelure est le signe d'un pouvoir qui tomba plusieurs fois avec elle sous le rasoir des maires du Palais, comme la vigueur de Samson s'évanouit sous les ciseaux de Dalila.

Dépendante de droit, dominante de fait, l'autorité de ces maires croissait et se fortifiait par la faiblesse de leurs maîtres. La loi salique, née parmi les Francs, et depuis *gravée dans le cœur des Français mieux qu'en du marbre ou du cuivre* [2], n'avait pas pu encore prendre consistance chez un peuple qui en manquait lui-même.

Une des plus étonnantes familles qui ait joué un rôle dans les annales du monde, la famille des Pépin, possédait, de père en fils, l'autorité rivale de la couronne [3]. Tous

---

[1] Il n'y a pas lieu de douter que tous les successeurs de Clovis n'aient reçu l'onction sainte. A la vérité, les historiens ne le disent pas en termes précis; ils disent seulement que Pépin reçut l'onction suivant la coutume ancienne (*secundum morem majorum*). Mais cela suffit pour établir que l'usage du sacre n'avait pas été interrompu.

[2] Jérôme Bignon.

[3] Sous le titre de *Maires du Palais*. On pense bien que cet

avaient bien mérité de la France, et l'un d'entre eux, de l'Europe entière, en assurant le triomphe de l'Évangile sur l'Alcoran [1]. La maison qui régnait en apparence étant tombée dans la dégradation, l'homme réellement digne d'occuper le trône s'y plaça et fit oublier qu'il n'était pas né pour s'y asseoir [2]. Dans la basilique de Reims, le portrait de Pépin-le-Bref et celui de son fils Charlemagne sont en regard l'un de l'autre, à la suite des Mérovingiens. En eux est toute la seconde race; il sem-

emploi ne survécut pas à l'usurpation qu'il avait si puissamment favorisée; Pépin l'abolit.

[1] Charles-Martel a préservé l'Europe du mahométisme, par la victoire qu'il remporta sur Abdérame, à la bataille de Poitiers.

[2] Pépin envoya au pape Zacharie deux ambassadeurs (l'évêque de Wurtzbourg et l'abbé de Saint-Denis) pour savoir ce qu'il pensait d'un roi qui était à la vérité appelé roi, étant de la race royale, mais qui n'exerçait aucune puissance dans le royaume, si ce n'est que les actes publics portaient son nom; qui venait une fois l'an au Champ-de-Mars, pour y recevoir les présens du peuple, assis sur un trône, tandis que le maire du palais, placé devant lui, faisait exécuter les décisions des Francs; qui, le lendemain de l'assemblée, rentrait dans son palais, pour y rester toute l'année. Le pape répondit *qu'il lui paraissait meilleur et plus utile d'appeler roi celui qui exerçait la puissance dans le royaume, que celui qui, contre la vérité, était appelé roi (qui rex falsè vocabatur).* En conséquence et en vertu de l'autorité apostolique, disent les chroniques du temps, le pontife ordonna que Pépin, qui exerçait la puissance royale, fût appelé roi et placé sur le trône; ce qui eut lieu, disent les mêmes chroniques, par l'onction de l'archevêque saint Boniface, dans la ville de Soissons.

ble que la nature se soit épuisée à préparer ces deux princes par six générations de grands hommes, et qu'anticipant sur l'avenir, elle ne les ait dotés de toutes les qualités royales qu'aux dépens de leur postérité.

Une autre famille, dont l'origine se perd dans la nuit des temps, plus illustre encore par les services rendus à son pays que par ses ancêtres, grandit et s'élève; elle va saisir le sceptre échappé à des mains débiles, et, pour la seconde fois, l'autorité passe où est la puissance; un roi remplace des fantômes de rois. Hugues Capet [1], fils de Hugues-le-Grand, petit-fils de Robert et petit-neveu d'Eudes, tous deux ducs de France, tous deux élus rois, arrière-petit-fils de Robert-le-Fort [2], est lui-même élu et proclamé roi de France en assemblée générale de la nation. Chef de la dynastie régnante, son portrait occupe le fond du sanctuaire; ce monarque paraît dominer sur toute sa descendance. A sa droite et à sa gauche se développe cette longue suite de rois, à qui la France doit le bienfait de la succession régulière et le repos de la légitimité.

[1] Ainsi surnommé, selon toute apparence, à cause de la grosseur, plutôt qu'à cause de la force de sa tête.

[2] Appelé par ses contemporains le *Machabée de la France*. Il se signala contre les Bretons et les Normands, qui, à l'aide de radeaux ou de petits bâtimens, entraient par l'embouchure des fleuves, les remontaient et ravageaient le pays sur les deux rives.

Tel est, au reste, l'arrangement des portraits, que tous les Bourbons qui ont régné se pressent vers le trône; ils se font face deux à deux, Henri IV et Louis XVIII en deçà, Louis XV et Louis XVI au delà, Louis XIII et Louis XIV après eux; ils semblent environner et protéger le siége royal; on dirait qu'ils veillent plus immédiatement et avec plus de sollicitude sur le monarque nouvellement inauguré. Un seul prince manque à ce groupe, roi sans avoir tenu le sceptre, mort adolescent dans un cachot, comme une tendre fleur périt étiolée loin des rayons bienfaisants du soleil.

Hélas! Louis XVII ne pouvait prendre place dans ces rangs, puisque la grandeur royale devait s'y déployer de toutes parts et qu'elle n'exista pas pour lui. Tous les prédécesseurs de Charles X devaient être et sont en effet représentés assis sur le trône, le sceptre à la main, revêtus de la pourpre, dans toute la pompe de la royauté. Chacun de ces augustes personnages est accompagné d'un ou de deux génies, qui portent des emblèmes appropriés aux princes et à l'époque[1]. L'art n'a pas été

---

[1] Charles IX et Henri III ne sont pas escortés de génies. Le premier de ces rois a pour attribut une lyre entourée d'un serpent; c'est bien : il aima les arts à la manière de Néron. Près de Henri III, je vois deux sceptres, celui de Pologne et celui de France; ce fut déjà trop d'un pour d'aussi faibles mains.

moins fidèle à la vérité du costume qu'à la ressemblance des traits.

Les nobles effigies sont peintes sur un fond d'or à couleurs vives et entières, sans tons rompus, sans clair-obscur ni ombres portées, dans le goût des mosaïques qui recouvrent les anciennes églises d'Italie, de Sicile et d'Orient; car ces peintures sont censées faire partie de l'édifice[1].

[1] Tous les portraits ont été composés par M. Gosse, qui, aidé de M. Cavelier, s'est livré à des recherches approfondies pour retrouver les traits, le costume, et pour caractériser chaque roi par des emblèmes analogues à son histoire. M. Gosse a peint vingt-un de ces rois, sans compter les quatorze qui décorent la salle du banquet. C'est un artiste qui manie la détrempe comme les maîtres de l'art ont manié la fresque; il semble se jouer avec le procédé. Dans plusieurs de ces peintures, et notamment dans les portraits des derniers Bourbons, il a porté l'effet du relief au plus haut degré possible. Mais ce qui, partout ailleurs, serait le sujet d'un éloge, doit devenir ici l'objet d'une critique, non pas sans doute sous le rapport de l'exécution, qui est admirable, mais eu égard à la convenance religieuse et à l'effet architectural qu'indique la conception de l'ensemble. Entraîné par la verve de son talent, le peintre a perdu de vue qu'il avait à imiter un type consacré, d'où l'effet est banni et doit l'être; car la mosaïque étant une peinture de pierre, l'excès du relief en ferait craindre, jusqu'à un certain point, la chute matérielle, et par là nuirait à l'illusion. Je crois donc M. Gosse plus fidèle au caractère typique dans ses portraits de la première race, réellement exécutés selon le goût de la mosaïque et où les anges sont vêtus. Du reste, je le répète, comme intention, comme effet, comme force, comme résolution, comme rapidité, cela est admirable. Rien de plus beau, de

Au dessus des ogives s'étend une riche frise divisée en compartimens égaux, ayant leur principal motif dans la forme de la croix, ce qui donne à toute la ligne un caractère plus spécialement religieux. Là, les bustes des évêques et archevêques les plus illustres de la France surmontent les portraits des rois leurs contemporains, et sont exécutés suivant le même système décoratif.

Tout en haut règne un rang de statues figurées en marbre blanc avec des attributs en or; elles occupent les entre-colonnemens de la partie supérieure, où elles sont placées comme dans des niches; elles indiquent ces *bonnes villes* du royaume, qui en font la force et la richesse. C'est tout le royaume représenté par ses cités principales; c'est la France entière assistant au sacre de son roi.

Cet ensemble est monumental. Une telle décoration, quoiqu'appliquée après coup, n'est plus un placage; elle n'a rien de postiche; l'esprit et l'œil la supposent projetée en même temps que l'édifice; on dirait qu'elle a commencé avec la destination primitive du temple, et qu'elle a été continuée de sacre en sacre par l'addition successive de nouveaux portraits de monarques et de prélats. Ainsi, à Rome, la basilique de Saint-Paul *hors*

plus grand que ce résultat. La peinture de décoration ne peut aller plus loin.

des murs, si malheureusement réduite en cendres, était décorée par les images des souverains pontifes, qu'on y plaçait successivement après leur mort, par une sorte d'apothéose[1]. Ce système historique, où les masses sont semblables et les détails différens, s'assortit bien au style de l'église; on sait que les chapiteaux gothiques, comme ceux des colonnes égyptiennes, conservent tous le même galbe en admettant des ornemens divers; il en résulte uniformité sans monotonie et variété sans disparate.

Une suite de rois, dont la plupart furent des braves, représente bien l'héroïsme militaire, indigène sur le sol français. Mais pour mieux exprimer ce trait caractéristique de la nation, on a placé sur la même ligne que les rois, au dessus du chapiteau de chaque pilier, un

---

[1] A Venise, les portraits des doges étaient ainsi placés dans le palais ducal. Ce sont là de grandes idées, qui rappellent l'antiquité. En retraçant la spoliation de la Sicile, Cicéron dit que parmi les objets d'art enlevés par l'infâme Verrès, se trouvaient les portraits des rois siciliens; peintures recommandables non-seulement par le talent qui les avait produites, mais encore par les entretiens dont elles étaient l'occasion et par la connaissance qu'elles donnaient des personnages. Ces collections, devenues des fastes publics, ne renferment pas uniquement des titres de gloire; quelquefois des leçons sévères y sont consignées. Dans la galerie de Venise, un cadre est sans portrait et voilé d'un crêpe noir; le nom du personnage est au dessous : c'est le doge Falieri. Il fut traître à sa patrie.

groupe de deux génies portant l'écusson de Charles x, surmonté du heaume à la royale et entouré d'étendards. Ce sont les étendards de l'ancienne et de la nouvelle armée, les bannières illustrées par la valeur française à tous les âges de la monarchie, les trophées de toutes les gloires. Les drapeaux modernes se croisent à droite et à gauche dans une position inclinée; le vieil oriflamme s'élève au milieu et surmonte ces faisceaux. Ainsi se trouve là réuni tout ce qui parle aux yeux et à l'âme, tout ce qui fait battre le cœur par la puissance des souvenirs, tout ce qui rend fier d'être Français.

La même décoration s'étend à la croisée de la nef. Mais comme c'est en ce lieu que la cérémonie est célébrée et l'acte consommé, quelques élémens plus religieux y devenaient nécessaires; il fallait que la décoration y prît un nouveau degré de grandeur et de sainteté. Au dessus des quatre tribunes qui s'y trouvent et aux angles des quatre gros piliers, sur la même ligne que les portraits des rois, huit autres figures remplissent cet objet; quatre représentent les Évangélistes, comme si le ciel devait recevoir les sermens de la terre sous les yeux de ces premiers héros du christianisme; les quatre autres sont la Foi, l'Espérance, la Charité et la Tempérance, vertus nécessaires à un chrétien, plus nécessaires à un roi. Ces figures sont exécutées suivant le même principe que les autres, c'est-à-dire qu'elles simulent la mosaïque¹.

Au dessous de la galerie d'en haut, sur la même ligne que les portraits des pontifes, sont fixés des porte-lumières dans le style gothique, parce qu'ils se rattachent à l'architecture même². Le reste du luminaire se compose de lustres suspendus à la voûte, apportés exprès pour la fête; ces lustres sont tout à fait modernes, en cristal et en bronze doré, d'un contour pur, d'une forme noble et riche. Un lustre moderne est aussi suspendu dans chaque tribune et l'éclaire³.

Il en est ainsi des tentures en velours cramoisi brodé d'or, qui forment draperie à l'ouverture des tribunes supérieures, ou qui en recouvrent les appuis, encore bien qu'on ait tâché de donner à leur courbure un tour mâle et sévère, assorti au style de l'église⁴. Bien plus, l'intérieur de ces tribunes est tapissé d'une étoffe toute

---

¹ Ces peintures et plusieurs portraits de rois sont l'ouvrage de MM. Adam, Wafflard, Vinchon, Lafond et Krevel.

² Chacun de ces porte-lumières est chargé de vingt cierges.

³ Exécutés par MM. Lessard et Ravrio. Soixante lustres de sept pieds de hauteur, portant chacun trente-six bougies, sont placés en avant des tribunes; le lustre intérieur de chaque tribune est garni de vingt bougies.

⁴ Elles sont garnies de galons, de glands et de cordons en or. Tous ces travaux de broderie ont été confiés à MM. Dallemagne, Guibout et compagnie, brodeurs et passementiers du roi.

nouvelle, aussi souple, aussi moelleuse, aussi brillante de reflets, aussi riche d'aspect que le cachemire d'Orient; ce beau tissu, ouvrage des fabriques françaises, se produit en public pour la première fois, sous les auspices fortunés du sacre[1].

Les chiffres, les trophées militaires, le trône, sont également en rapport avec l'état présent des arts, et tandis que toutes ces choses du moment, tous ces objets mobiles et portatifs, changeant de physionomie à tous les couronnemens, marquent à chaque époque les progrès de l'industrie, le reste, faisant corps avec l'édifice, caractérisant sa destination de tous les temps, demeure invariable. C'est par de tels principes, puisés dans la vraie théorie des arts, que la décoration est vraiment de l'architecture.

Tous les membres de cette architecture, les murs, les piliers, les chapiteaux, les archivoltes, sont ornés de compartimens en trèfles ou en rosaces. De toutes parts resplendit l'écu de France et de Navarre sur un champ de pourpre fleurdelisé. L'or, le marbre, les substances précieuses, les vives couleurs du rubis, de l'é-

---

[1] Étoffe en bourre de soie d'autant plus recommandable que le prix en est à peine supérieur d'un tiers à celui d'un tissu pareil en coton, et qu'il est de 40 p. $\frac{o}{o}$ meilleur marché que la soie. Cette magnifique nouveauté sort des filatures et fabriques de tissus de MM. Didelot et Depouilly, à Paris.

meraude et du saphir, rehaussent les royales armoiries. Toute cette magnificence était commandée par la solennité; elle s'assortissait, d'une part, à la richesse des ornemens gothiques; d'autre part, à la civilisation perfectionnée et au luxe du xixe siècle; elle était aussi en concordance avec ces vitraux peints, où la lumière du soleil se joue comme à travers un prisme, modifiée par mille accidens, mais toujours la même quoique toujours diverse, donnant à toute la scène, par son mouvement, par son éclat, une sorte de vie, et transportant l'âme du spectateur dans les régions de l'infini[1]. Cette illusion est favorisée par la décoration de la voûte; ce vaste champ d'azur, parsemé de fleurs-de-lis d'or, paraît d'en bas un pavillon étoilé qui laisse l'esprit dans le doute si c'est la voûte du temple ou la voûte du ciel; l'impression vague née de cet effet donne plus de grandeur à l'édifice, parce que l'imagination s'élance par delà.

En résumant cette décoration, on voit que le carac-

---

[1] Plusieurs verrières de la croisée du chœur étaient en verre blanc; leur éclat dévorait la demi-lumière des verres peints, en sorte que ceux-ci étant comme absorbés, paraissaient ternes et sans ressort. Le même motif qui avait fait prendre le parti de voiler les jours des bas-côtés, a déterminé les architectes à reproduire par une peinture imitée les vitraux colorés, et c'est à l'aide de l'obscurité environnante qu'ils ont fait valoir la mystérieuse transparence de ces vitraux.

tère de l'édifice n'a pas disparu sous les ornemens. La cathédrale se retrouve partout, dans toutes les lignes scrupuleusement conservées, dans les cintres ogivés qui ont seulement servi de cadre aux tableaux de rois, dans la galerie supérieure dont les niches ont seulement admis les statues de villes, dans les chapiteaux des piliers et les arêtes de la voûte où l'on n'a fait que substituer l'or à la pierre, enfin dans les vitraux complétés. Ce n'est pas la basilique rajeunie, c'est la basilique en habits de fête; et tel était le problème à résoudre pour la décorer.

Ainsi, en observant la seule loi des convenances, MM. Lecointe et Hittorf sont parvenus à faire de tant de parties séparées un tout homogène; aucun accessoire banal ou parasite; ce sont partout des emblèmes religieux, monarchiques et nationaux; mais rien n'est morcelé; tout se rappelle, se lie et se tient; centralisant sous un motif unique les détails infinis d'une décoration colossale, ces artistes ont réussi à mettre de l'unité dans la variété; ils ont rempli un vaste vaisseau avec une seule pensée; ils ont fait une grande chose.

M. Zanth, jeune architecte dont la modestie égale le mérite, les a bien secondés. Il est leur élève et leur ami. Heureux de le faire entrer en partage de leur gloire, je n'hésite pas à lui dire que le zèle désintéressé d'un disciple en faveur de ses maîtres tourne, sans qu'il le cherche, à son propre honneur[1]. .

Par cet heureux concours de talens et d'efforts, la basilique de Reims, consolée de son long veuvage, a retrouvé son lustre et sa magnificence; les deux banderoles blanches qui flottent sur ses tours annoncent au loin sa joie; elle semble célébrer une nouvelle dédicace; elle reprend possession de l'antique droit qui la rendit fameuse entre toutes les métropoles.

[1] MM. Zimmerman et Duprez, inspecteurs des travaux de construction, les ont conduits avec une activité et surveillés avec une persévérance qui méritent beaucoup d'éloges.
C'est ici le lieu de mentionner M. Roguier, pour la sculpture d'ornement; MM. Wallet et Hubert, pour la plastique en carton-pierre; M. Guedé, pour les travaux de menuiserie; M. Roussel, pour ceux de serrurerie; MM. Vaison et Sallaudrouze, pour tous les tapis qui n'ont pas été tirés du Garde-Meuble.

CHAPITRE IX.

Effet de la décoration. Revue des rois de France. Parallèle historique entre cette décoration et celle de la coupole de Sainte-Geneviève.

Il n'est personne qui, lisant dans l'histoire la prise de Rome par le second Brennus, ne se soit représenté ces sénateurs romains assis dans leurs chaises curules, revêtus de la toge consulaire, tenant à la main leur bâton d'ivoire et attendant les Gaulois. A la vue de ces nobles figures, les vainqueurs demeurèrent saisis d'un respect presque religieux, et l'appareil de la dignité patricienne suspendit en eux l'ardeur de la victoire. Ces magistrats sans armes, mais armés de leur majesté et semblables à des dieux, défendirent un instant la patrie par la seule impression que leur aspect produisit sur les barbares. On ne saurait guère concevoir un spectacle plus sublime, et comme c'est dans le premier âge qu'il s'est peint à notre imagination pour la première fois, nous nous le retraçons vivement et sans effort.

Tels paraissent les rois de France dans la métropole de Reims. La majesté royale est dans leur attitude; leur physionomie est empreinte de puissance; elle est calme sans froideur, sévère sans dureté. Leurs vêtemens, leurs insignes, leurs armes annoncent l'antiquité de leur origine et leur magistrature suprême; voilà ces monarques qui ont élevé leur nation au premier rang dans le monde civilisé. Quel vénérable congrès! quels augustes comices! De même que le sénat romain préparait lentement et en silence, de génération en génération, la grandeur de la ville éternelle, ainsi nos rois se sont héréditairement transmis et ont continué sans interruption la glorieuse tâche de constituer la monarchie française.

Combien n'a-t-il pas fallu de persévérance politique pour plier au frein ces fiers et fougueux vassaux, sujets malgré eux, *pairs* en puissance aussi bien qu'en titre, se croyant les égaux de leur roi et n'aspirant qu'à devenir ses maîtres, rivalisant avec lui de prérogatives, comme lui sacrés et couronnés au pied des autels, comme lui battant monnoie à leur coin, et rendant justice en leur nom sans appel, faisant mouvoir comme lui, au gré de leur ambition ou de leur jalousie, des forces redoutables, et bravant sans cesse le pouvoir royal, qui n'eut pas toujours le moyen de se faire respecter [1]! C'est la troisième race qu'il faut surtout remercier de ce succès. Instruits par l'exemple de deux familles dépossédées, les princes de celle-ci conçurent le plan de se faire un point d'appui dans le peuple, et ils l'exécutèrent avec autant de prudence que de longanimité. Entre les établissemens vacillans des Mérovingiens, le colosse incohérent de Charlemagne, l'anarchie féodale de Hugues Capet et la monarchie actuelle, homogène dans ses parties, compacte, indissoluble dans son tout, il n'y a pas moins de distance qu'entre le sort d'un troupeau d'esclaves et la condition d'une nation libre, qu'entre les Français de Clovis, enveloppés sous la rouille de leur siècle, et les Français de Charles x, policés par les lois et les arts. Faut-il s'étonner que le travail de ce long enfantement ait duré quatorze siècles?

Monarques puissans et révérés, grâces vous soient

---

[1] Rien ne peint mieux cette lutte que les deux traits suivans.

Le comte de Périgord assiégeait la ville de Tours. Hugues Capet et Robert lui envoyèrent l'ordre de se retirer. Sur son refus, l'envoyé lui dit, au nom des deux rois, *Qui vous a fait comte? Qui les a faits rois?* répondit sans s'émouvoir le hardi seigneur; et il continua son siége.

Sous Louis-le-Gros, Eudes, comte de Corbeil, fils de Bouchard, comte de Montmorency, aspirait au trône. Ayant pris les armes contre son souverain, il se fit remettre son épée par sa femme, et lui dit : « Noble comtesse, donne cette glorieuse épée au noble comte : il la reçoit de toi, comte; il te la rendra aujourd'hui même, roi. »

rendues; notre reconnaissance est égale à vos bienfaits. C'est à vous, c'est à vos généreuses veilles, à vos habiles et constans efforts que nous devons notre belle patrie. Pour sentir le prix de la royauté telle que vous nous la fîtes, il suffit de songer à ce que nous avons souffert pour avoir été un instant menacés de la perdre.

Le moyen de contempler Louis XVI, et de ne pas songer à cette maxime qu'il adopta comme devise et comme règle de conduite, *C'est le bonheur des peuples qui fait la gloire des rois*, dogme sacré pour lui, religion dont il fut martyr! Comment ne pas s'incliner de respect en présence de Louis XIV, qui donna son nom à son siècle et conquit à sa nation la suprématie européenne, homme si grand par lui-même, qu'entouré de ses illustres contemporains, il n'est point accablé de leur grandeur, et qu'il ne sied qu'à lui seul de se placer à leur tête? Quel Français n'a tressailli d'amour devant Henri IV, *roi des braves* pour son armée, *grand* pour tous les peuples, *bon* pour le sien, et dont l'avénement au trône est le triomphe de la légitimité[1]? Un enthousiasme chevaleresque s'empare de nous à la vue de ce brillant François 1er, armé chevalier par Bayard, qui

[1] Ce prince a succédé à la couronne comme parent au vingt-deuxième degré.

ne désespère point de la France tant que l'honneur est sauf, qui prépare à Louis XIV la palme des lettres, qui conserve celle des arts.

Je te salue, père du peuple. Tu investis les parlemens de cette résistance tutélaire qui pouvait seule garantir à la France la liberté religieuse et morale; sous ton règne s'établit l'appel comme d'abus. Économe Louis XII, malgré le fléau des guerres d'Italie et en dépit des railleries de cour, sous toi le peuple a respiré. Tu mis ta renommée à enrichir tes sujets des subsides que tu leur épargnas; tu fus ménager du fruit de leurs sueurs; tu as reçu ta récompense; le peuple bénit ta mémoire; absens de nos places publiques, tes traits sont présens dans nos cœurs. Salut aussi, sage et vertueux Charles V, toi, pour qui *sapience* fut synonyme de gloire et caution de prospérité, toi, qui *ne vis le bonheur des rois que dans le pouvoir qu'ils ont de faire le bien.* Salut, loyal et infortuné Jean, Régulus couronné, héros sur ce fatal champ de bataille où tant de preux, l'élite de la noblesse française, un Bourbon, un La Rochefoucault, un Laval, un Duras, périrent autour de toi; plus héros dans les fers, quand tu disais, quand tu prouvais que *la justice et la bonne foi, exilées du reste de la terre, devaient se retrouver dans la bouche et dans le cœur des rois.*

Si je poursuis ma course dans cette sainte et noble galerie, je continue d'y rencontrer au nombre des monarques français les véritables protecteurs du peuple. En la personne de Philippe de Valois[1], la légitimité salique remporta sa seconde victoire. Religieux avec discernement, ce prince fut effrayé de voir la puissance ecclésiastique soumettre à ses tribunaux, sous prétexte de charité, les orphelins, les veuves, les pauvres, les malades, et revendiquer, comme ses justiciables, tous les êtres souffrans ou malheureux; il favorisa les efforts du savant et courageux avocat du roi Pierre de Cugnières pour résister à un si monstrueux envahissement de juridiction; il avait tenté l'appel comme d'abus bien avant que Louis XII ne l'instituât. Vaincu à Crécy après des prodiges de valeur, réduit à mendier un asile, il frappe à la porte d'un château inconnu, au milieu de la nuit, et plus grand à la suite d'une défaite que d'autres après un triomphe, *Ouvrez,* dit-il, *c'est la fortune de la France.*

Louis Hutin porte aux campagnes le trésor des franchises dont les villes seules avaient joui, et *voulant que, dans le royaume des Francs, la réalité réponde au nom,*

---

[1] Ce roi fut sacré à Reims, le 29 mai 1328, dimanche de la Trinité; c'est-à-dire, il y a cinq siècles, date pour date, jour pour jour, et presque année pour année.

il étend la liberté sur toute la France. Philippe-le-Bel rend le parlement sédentaire; le cours jusqu'alors intermittent de la justice, désormais pareil à celui d'un fleuve bienfaisant, devient continu. Quel roi fut assez magnanime pour offrir sa couronne à un sujet plus digne que lui de la porter? le même qui fut assez courageux pour braver les foudres injustes du Vatican, Philippe-Auguste. Je cherche Louis-le-Gros, et je ne le trouve pas; dans une fête de liberté, on regrette de ne pas voir le monarque qui le premier eut horreur de la servitude. Mais son absence, loin de le laisser en oubli, semble le faire briller avec plus d'éclat. Tout Français rétablira l'image du prince qui inventa l'affranchissement, qui créa les communes, et dont voici les dernières paroles : *Souvenez-vous, mon fils, que la royauté n'est qu'une charge publique, dont vous rendrez un compte très-rigoureux après votre mort* [1].

[1] La raison de cette absence serait-elle que Louis-le-Gros n'a pas été sacré à Reims? Mais ce motif est insuffisant. Du moment où une partie de l'enceinte est réservée à un certain nombre de rois non sacrés dans cette ville, Louis-le-Gros devait être du nombre, quand bien même la symétrie ou l'économie générale de la disposition en eût pu souffrir quelque atteinte. De bonne foi, n'y tiendrait-il pas mieux sa place qu'un Childebert, dont tout le mérite fut de faire bâtir une église (Saint-Germain-des-Prés), moins par piété que par remords? Et le père de la liberté, n'y a-t-il pas un droit de présence plus légitime que l'artisan de la

Quelle élévation de sentimens! que de saillies échappées à l'âme et qui peignent l'homme! combien de ces mots heureux qui vont au cœur parce qu'ils en viennent! De tels princes honorent l'humanité; ils sont l'orgueil de la France.

Plus grand encore est notre respect, plus pieux notre culte pour ces rois qui, embrassant dans leur pensée le présent et l'avenir, ébauchèrent nos institutions ou les perfectionnèrent.

Hommage à Clovis! Politique profond autant qu'intrépide guerrier, il fut deux fois législateur; il le fut par ce code salique qu'il rédigea dans la vue de discipliner ses Francs; il le fut surtout par le don qu'il leur fit de cette loi divine qui seule tiendrait lieu de tous les codes, et que nul code ne saurait suppléer, de l'Évangile.

Hommage à Charlemagne! Il remit en vigueur la coutume antique de faire les lois avec le concours des parlemens, avec le consentement de la nation, et ces lois, *que les Français ont jugé à propos de reconnaître*

Saint-Barthélemy? Son exclusion du sacre est d'autant plus singulière, qu'on rapporte à son règne l'usage de déployer dans cette solennité le pourpre et l'azur de nos anciens drapeaux, d'y porter l'oriflamme et la bannière de France. On sait que le premier était gardé dans l'abbaye de Saint-Denis, et l'autre déposée dans l'église de Joyenval, près le château de Montjoye; d'où le vieux cri guerrier, *Montjoye Saint-Denis,* pour le ralliement des étendards.

pour lois[1], sont les immortels *Capitulaires*, chef-d'œuvre de sagesse, monument de liberté ; le même génie qui méditait la jonction de l'Océan avec la mer Noire, comprenait que la vraie puissance des rois est dans la popularité, et que cette popularité doit s'obtenir par la justice. Aussi, quelle attention ne mit-il pas à la faire rendre, à en surveiller lui-même l'administration, à éclairer la conduite de ses délégués, à recevoir les plaintes de ses sujets ! L'homme qui avait rempli la terre de son nom et de ses exploits, professe hautement que la force ne sert qu'à vaincre, et qu'il faut des lois pour gouverner. Dans un temps de barbarie, il protégea les sciences ; l'*Université* est son ouvrage ; les bases de son gouvernement furent la religion et la justice ; l'instruction et la liberté en furent les ressorts.

Hommage à Louis ix ! Brave entre les braves, c'est à la législation qu'il s'attache ; le héros de Taillebourg et de Damiette abolit le duel judiciaire et substitue à la preuve par le sang la preuve par titres ou par témoins ; il pourvoit à la défense de l'accusé et l'absout dans le doute, *droit étant toujours plus près d'absoudre que de condamner;* il institue l'appel des jugemens seigneuriaux au tribunal du roi, et il achève de détacher les Français de la glèbe, en montrant le centre de la puis-

[1] Expressions de Charles-le-Chauve.

sance où est le principe de la justice. La justice est tout à ses yeux ; pour lui la solitude des bois en fut souvent le sanctuaire ; le roi de France, jugeant sous un arbre, semble être un magistrat d'Israël jugeant sur un tribunal de gazon, et le chêne de Vincennes, doublement protecteur, a peut-être vu Louis prononcer la célèbre sentence contre le comte d'Anjou, son frère, en faveur d'un simple gentilhomme. L'affranchissement des communes, préparé, commencé par plusieurs rois, fut l'objet constant de sa sollicitude. Choisi pour arbitre entre le monarque d'Angleterre et ses barons, roi, s'il soutient l'autorité royale, ami des libertés publiques, il stipule le maintien de la grande charte. Aucun souverain ne fut plus habile que le fils et l'élève de Blanche-la-Sainte à concilier les intérêts de la religion avec ceux de la politique ; Louis fut constamment un modèle de patriotisme et de piété. Quand on considère sa dévotion, l'ascendant du Saint Siége et l'esprit du temps, on est confondu de tout ce qu'il fallait de sagesse et de courage pour réprimer les abus de la puissance ecclésiastique, sans porter atteinte aux droits de l'Église, et pour opposer aux envahissemens du pouvoir pontifical une barrière de lois. Aussi, quoique les *Établissemens* soient un prodige de génie, la *Pragmatique-sanction* paraît plus étonnante encore. A une époque demi-barbare, il sent tout le prix du savoir; la première bibliothèque publique ouverte en France, le fut par ce prince[1]. Ainsi, comme l'illustre fils de Pépin, saint Louis voulut régner par la religion et la justice, par l'instruction et la liberté.

Hommage à Louis XVIII! Il complète l'œuvre de ses prédécesseurs; la France constitutionnelle est sa création. Son long exil, si pénible pour l'homme, a profité au roi. Le monarque fugitif a vu les villes et les mœurs de plusieurs peuples. Semblable à l'artiste habile, pour qui la parfaite beauté est la nature choisie, mais qui écarte de ses productions tout ce qui n'est pas dans la nature, Louis a discerné dans les institutions étrangères ce qui convient à sa patrie, et son expérience rejette prudemment tout ce qui n'est qu'idéal. Nous lui devons le système représentatif, ce rêve de Charlemagne, ressort vital des gouvernemens modernes, lorsque l'élection libre le met en mouvement et que la presse libre le seconde. Nous lui devons la Charte, la loi des lois. Sage à la manière des anciens dont il fit sa constante étude, il remonte à la source des mots qui désignent les institutions, et y attache toute la force du sens étymologique. La religion étant, comme son nom le fait entendre, un second lien, il

---

[1] A la Sainte-Chapelle de Paris.

a vu que pour être tel, ce lien doit différer de celui de la loi civile, c'est-à-dire, que l'un étant imposé, l'autre doit être libre, sans quoi la loi religieuse perdrait sa garantie morale, puisqu'elle ne serait qu'une loi civile de plus. Pénétré de cette conviction, en nous rendant l'héritage de nos libertés monarchiques, il y ajoute la plus précieuse de toutes, celle de la conscience.

Pour bien juger les chefs d'empires, on doit commencer par faire la part du siècle; il faut avant tout rapporter leur histoire à l'époque où ils vécurent, et comparer les actes de leur vie avec la civilisation de leur temps. Le mérite est tantôt de devancer la civilisation, tantôt de ne pas être dépassé par elle. Clovis fut supérieur à son siècle; Charlemagne et saint Louis marchèrent en avant du leur, à pas de géans; Louis-le-Désiré fut à la hauteur du sien, ce qui est l'éloge du siècle et du monarque. Déjà les arts ont exprimé à leur manière ce jugement de la postérité. Reportez-vous en idée sous le dôme de Sainte-Geneviève. Lorsque la peinture dut y écrire l'histoire de France en quatre chapitres, et que, se souvenant qu'elle est une poésie, elle sut la tracer *en quatre chants*[1], c'est entre ces quatre monarques que l'artiste partagea son poëme;

[1] Paroles adressées à M. Gros par M. Gérard, son illustre émule.

ce sont ces rois législateurs qui remplissent la pieuse épopée.

Groupés sur les nuages autour de la céleste bergère, Clovis, Charlemagne et saint Louis, avec leurs nobles épouses, Louis-le-Désiré, avec son auguste nièce et le royal enfant, abaissent leur sceptre devant la houlette. Ce n'est pas de ces lauriers moissonnés par toute la terre, ce n'est pas de ces armes conquises sur tous les peuples, qu'ils se glorifient devant la sainte; ils laissent à leurs pieds ces trophées de la valeur pour montrer ceux de la sagesse. Les anges de lumière, ministres de la scène mystérieuse, portent en triomphe *la Loi Salique, les Capitulaires, l'Université, les Établissemens, la Charte,* sous les auspices de la religion et de la croix, c'est-à-dire, ce qui a éclairé la nation française, ce qui a établi ou ramené dans son sein la légitimité, en un mot, ce qui l'a fait libre. L'histoire de France est vraiment là.

Ce premier monument de Charles X, présage de splendeur pour son règne, fut rendu public le jour de sa fête[1], et Paris vit se renouveler dans ses murs les transports d'admiration qui avaient éclaté dans Rome, quand le grand Michel-Ange y montra la merveille de la chapelle Sixtine. Mais qu'on ne croie pas qu'un

---

[1] Le 4 novembre 1824.

tel enthousiasme ait été uniquement l'effet des hautes qualités développées dans l'ouvrage; quelque puissante que soit cette cause, la nationalité du sujet dut en être une plus puissante encore. Les Français furent fiers de contempler leurs institutions rendues visibles par un nouveau miracle de l'art, et leurs libertés consacrées par d'ingénieux emblèmes dans le plus saint des édifices; ils furent heureux de voir le triste crêpe des révolutions replongé dans les gouffres infernaux, l'ange de la paix rappelé sur la terre, et nos derniers Bourbons souriant dans le ciel. C'est l'auteur de la Charte qui a opéré ces merveilles, et les martyrs couronnés semblent se complaire dans la pensée que leur pardon ne sera pas stérile.

En figurant ainsi par des symboles notre législation constitutionnelle, en attachant ces symboles à un lieu que la religion rend sacré, l'artiste a donné à l'art sa vraie destination, celle que les anciens lui donnaient toujours, celle qui assure aux chefs-d'œuvre un succès justement populaire et une véritable immortalité. Aussi, lorsque Charles x fit au peintre l'insigne honneur de visiter son tableau, et que les yeux du monarque, à la vue de tant de douleurs, de tant d'espérances, se furent mouillés de larmes, après l'éloge sans prix renfermé dans ce signe d'une vive et pro-

fonde émotion, rien n'était mieux senti et ne pouvait être plus noblement exprimé que ce suffrage royal :
« M. Gros, il y a plus que du talent dans tout cela,
« il y a du génie; c'est un monument que vous élevez
« à la France. »

Avec la même franchise, la même noblesse et la même grâce dont on le vit complimenter le sublime décorateur du dôme de Paris, Charles x s'est avancé dans la métropole de Reims; là, les portraits dont la basilique est ornée lui ont offert un reflet de la coupole; exécutée dans un système pareil, cette décoratoin a fait entrer l'âme du monarque dans des sentimens analogues, mais sans y réveiller de douloureux souvenirs. Entre ses nombreux devanciers, Charles a distingué les législateurs, et c'est eux surtout qu'il va prendre en témoignage, comme pour imprimer un caractère plus positif au nouveau serment du royaume.

Les pontifes qui furent en divers temps, en divers lieux, la gloire et l'édification de l'église gallicane, forment un second rang d'augustes témoins. Considérez parmi eux un d'Amboise, qui fut, comme Sully, le ministre et l'ami de son roi; un Richelieu, qui acheva de mettre nos souverains *hors de pair;* un La Rochefoucault, nom autour duquel se rassemblent tous les genres d'illustration; un Belzunce, le héros de l'humanité; un Massillon, un Fléchier, l'honneur de l'éloquence évangélique; un Bossuet, l'éloquence même; un Hardouin de Péréfixe, digne instituteur d'un de nos rois; un Fénélon, immortel mentor de tous les rois. Arrêtez-vous devant ces images, et dites ce que tant de prélats fameux, présens à la cérémonie, y ajoutent d'autorité.

Cortége imposant et majestueux! vénérable et saint appareil! A la vue de toutes ces suprématies, le spectateur est saisi d'un profond recueillement, et toutes ses réflexions deviennent graves. Si cette impression est due à la solennité même, elle est fortifiée par le génie des architectes, qui ont su tirer leur poésie de l'histoire. C'est un concile d'évêques, c'est un aréopage de rois, réunis pour la première fois sous ces voûtes, où pour la première fois aussi rayonnent les fleurs de lis, accessibles au seul regard des hommes, inaccessibles à leurs atteintes.

CHAPITRE X.

Arrivée du public invité au sacre. Coup d'œil de l'église métropolitaine. Marche du roi s'y rendant pour la cérémonie.

Pendant la nuit du 28 au 29, la ville de Reims avait présenté un singulier spectacle; tout y était en mouvement comme en plein jour. Le soin des toilettes avait occupé une partie de cette nuit, et, de tous côtés, un curieux empressement avait devancé l'aurore. Le dimanche 29, au lever du soleil, les personnes invitées à la cérémonie se dirigèrent vers l'église métropolitaine, par un temps superbe; les hommes en habit à la française et en uniforme, les femmes en parure de cour, avec des barbes pendantes à leur chevelure. Avant cinq heures, les portes latérales étaient assiégées par le public. L'entrée par le portail était réservée aux personnes munies de lettres closes.

A cinq heures et demie, les portes se sont ouvertes; la foule s'est précipitée dans le temple, mais sans désordre; les précautions avaient été prises pour prévenir les accidens; les gardes à pied et les gardes-du-corps veillaient à l'entrée et dans l'intérieur.

SACRE DE CHARLES X.

Les avenues de l'église étaient remplies par des députations des corps de la garde et de la ligne réunis au camp. Chaque députation, composée de six hommes et du colonel, avait un drapeau. A l'ouverture des portes, les colonels de ces corps ont pris les drapeaux et sont entrés dans la basilique, s'échelonnant au pied du trône, en dedans des degrés du jubé.

Bientôt toutes les tribunes sont garnies de spectateurs, les dames sur le devant. La musique de la chapelle se range sur son estrade. Les pairs de France et les députés se placent sur leurs gradins. Sur les mêmes gradins, mais en avant, sont les ministres d'état, les lieutenans-généraux et les grands dignitaires, les grands cordons de l'ordre du Saint-Esprit, les députations des deux chambres, les députés des ordres royaux de saint Louis et de la Légion-d'honneur. Les premiers présidens et les procureurs-généraux des cours royales, les préfets et les maires des bonnes villes, occupent les stalles de chaque côté du chœur.

L'Université, la fille aînée de nos rois, assiste de droit à leur couronnement; je la vois représentée par ses conseillers; je vois les sciences, les lettres et les arts représentés par l'Institut, dans la personne de ses présidens et de ses secrétaires; cette représentation est imposante; c'est celle de l'esprit humain.

Vers sept heures, on voit entrer le corps diplomatique, ayant à sa tête le nonce du pape; il est conduit à sa tribune par un maître de cérémonies. On y remarque les ambassadeurs extraordinaires envoyés pour le sacre; le duc de Northumberland, l'homme d'Angleterre que son immense fortune et ses avantages personnels rendent le plus propre à une telle mission; le prince d'Esterhazy, un des plus nobles noms de l'Autriche et depuis long-temps cher à la France; le prince Wolkonski, l'ami de l'empereur Alexandre; LL. EE. le comte de Zastrow, pour la Prusse; le comte de Lœvenhielm, pour la Suède; le duc de la Villa Hermosa, pour l'Espagne. Ces hauts personnages éblouissent les yeux par la magnificence de leurs costumes et par les décorations en diamans dont leur poitrine est couverte.

On y remarque surtout, sous son habillement asiatique, Sidi Mahmoud, l'envoyé de Tunis, dont la physionomie orientale est d'une beauté majestueuse et prononcée. La tolérance du christianisme permet à un musulman d'assister à la plus pompeuse de nos solennités.

Les étrangers de distinction occupent la partie de cette tribune qui donne sur la croix de l'église. Les ambassadrices et les dames de la cour attirent les regards sur les tribunes où elles sont placées. Mais un moment après, les yeux se tournent vers les princesses de la famille royale, qui arrivent toutes ensemble. La richesse, l'éclat et le bon goût de leur parure fixent tous les yeux, comme l'intérêt qui s'attache à leur personne captive tous les cœurs.

Les ministres secrétaires d'état prennent place sur des siéges à la droite du fauteuil que le roi doit occuper. M. l'évêque d'Hermopolis se trouve près de l'autel. Trois siéges restent vacans; ils sont destinés aux deux cardinaux assistant SA MAJESTÉ[1], et au grand-aumônier.

Ces prélats arrivent avec le clergé en corps. L'archevêque de Reims s'avance vers l'autel. Une croix pectorale en émeraude brille sur ses vêtemens de cardinal; car, quoiqu'il n'ait pas encore reçu la barrette, marque spéciale de sa nouvelle dignité, le souverain pontife lui a, par une honorable faveur, accordé le privilége d'en porter les insignes à la solennité du sacre. Cette croix est un don de SA MAJESTÉ. M. le grand-aumônier a aussi reçu du roi une croix en brillans, et M. l'évêque d'Hermopolis un anneau en rubis. Ces superbes présens font honneur à la joaillerie française[2].

[1] M. de Clermont-Tonnerre, premier assistant comme le plus ancien, et M. de la Fare.
[2] Ils sont l'ouvrage de MM. Petitjean et Ouizille, joailliers de la Chambre.

La marche religieuse est accompagnée de l'orgue. Avec quelle pompe se déploient les riches ornemens d'église donnés par Charles x à la cathédrale de Reims! Tous ces tissus d'or et d'argent sont d'un grand prix; mais le travail surpasse la matière. Les dessins en sont admirables. On remarque aussi que les élémens en sont symboliques; la vigne, le blé, l'olivier y entremêlent leurs feuilles et leurs fruits. Ces végétaux, qui procurent à l'homme sa nourriture, fournissent à l'église les espèces mystérieuses de ses sacremens. Ainsi les substances les plus utiles au corps, les formes les plus agréables aux sens, deviennent encore les symboles les plus salutaires à l'âme, et, par une de ces harmonies que la religion se plaît à multiplier, les mêmes signes représentent toutes les grâces du ciel [1].

Comme ces réseaux de dentelle se détachent avec élégance sur la pourpre romaine! quel riche transparent forment ces aubes à jour et ces rochets maillés, sur le fond violet de la toge épiscopale! Voyez ce lis en fleur; l'œil plonge au fond de son calice. Ce pampre ne serpente-t-il pas avec la flexibilité de la nature? Ces

[1] Les draps d'or et les tissus d'or et d'argent dont ces ornemens sont faits, sortent des fabriques de MM. Villeneuve et Matthieu et de celles de M. Didier-Petit, fabricans, à Lyon. Les broderies du principal ornement ont été confectionnées dans les ateliers de Mlle. Quinet, chasublière, à Paris.

chefs-d'œuvre de la plus précieuse industrie méritaient de servir au luxe des autels [1].

Ce clergé imposant, où figurent un grand nombre de prélats [2], arrive dans le sanctuaire et y prend place.

---

[1] Ces dentelles magnifiques ont été fournies par M. Conville et compagnie, de Paris; elles n'ont qu'un tort, celui d'avoir été faites hors de France : elles viennent de la Belgique. Leur origine a donné lieu à une discussion dans les Chambres. M. de Charencey, député de l'Orne, a réclamé en faveur d'Alençon. Les explications données au public ont établi ce triste résultat, que la fabrique d'Alençon n'aurait pas pu suffire à la dixième partie de la commande, et que, dans l'hypothèse où elle eût pu suffire à toute la commande, les objets auraient coûté le double.

Une très-grande partie des aubes a été confectionnée par M. Colliau, marchand de linge et de dentelles de la chambre et de la garde-robe du roi.

[2] Outre MM. les cardinaux de Clermont-Tonnerre, archevêque de Toulouse, de la Fare, archevêque de Sens, le prince de Croï, archevêque de Rouen, de Latil, archevêque de Reims, et M. l'évêque d'Hermopolis, premier aumônier, qui avaient tous d'éminentes fonctions à remplir dans le cérémonial, voici les autres prélats qui étaient présens au sacre. M. l'archevêque de Reims, prélat consécrateur, était assisté de ses suffragans, MM. les évêques de Soissons, d'Amiens, de Beauvais et de Châlons (*voir* page 72). Dans le sanctuaire étaient MM. les archevêques d'Aix, d'Albi, de Paris, de Besançon, d'Avignon, de Tours, d'Auch, de Bourges, et d'Amasie, administrateur de Lyon. Les évêques pris dans chaque province étaient ceux d'Autun, de Poitiers, de Meaux, du Mans, de Bayonne, de Nîmes, d'Évreux, de Rhodez, du Puy, de Marseille, de Rennes, de Strasbourg et de Nancy. Dans cette liste, il y a deux évêques de la province de Tours et deux de celle de Besançon; SA MAJESTÉ a voulu appeler à son sacre un évêque de Bretagne, et elle a désigné M. l'évêque de Rennes, nouvellement transféré de Beauvais, lequel, comme

L'archevêque consécrateur s'assied au milieu, le visage tourné vers le chœur, dans un fauteuil placé vis-à-vis le prie-dieu du roi. On chante les petites heures et les litanies; l'orchestre exécute un *Oratorio* de la composition de M. Lesueur.

Cependant, le temple s'était échauffé peu à peu; la fraîcheur matinale s'y était successivement animée; le mouvement, le son des instrumens et des voix, la vapeur des cires embrasées, en avaient vivifié l'immensité. Des lustres et des lampadaires éclairent sur deux lignes toute la longueur de la basilique, tandis que l'illumination intérieure des tribunes semble faire de chacune d'elles un sanctuaire dans le grand sanctuaire. Ces milliers de bougies ne donnent pas à l'enceinte l'aspect d'un lieu de plaisir illuminé. La clarté des cieux amortit les clartés artificielles, et le soleil à son tour est voilé par les vitraux peints; on dirait qu'il craint de troubler par trop d'éclat ces augustes mystères. Dans ce demi-jour, devant les spectateurs qu'elles dominent, les images

---

titulaire de ce dernier siége, eût été en droit d'assister à la cérémonie; elle a aussi jugé à propos d'y appeler M. l'évêque de Strasbourg. Il y a deux provinces qui n'ont pas eu d'évêques assistans au sacre, celle de Sens et celle de Toulouse. M. l'évêque de Troyes, métropole de Sens, était désigné pour assister, et il est mort quinze jours auparavant. M. l'évêque de Montauban, province de Toulouse, avait été appelé et n'a pu se rendre à l'invitation. C'est donc en tout trente-un évêques qui assistaient à la cérémonie. (Extrait de l'*Ami de la Religion*.)

colossales des rois semblent grandir encore ; tout est imposant, calme, solennel. Le seul bruit qu'on entende est celui de la musique, qui, loin de distraire l'âme, la prépare à un pieux recueillement, et élève sur des vapeurs harmonieuses la prière des hommes vers le trône de Dieu.

A huit heures moins un quart, les deux cardinaux assistans, en chape, étole et mitre, précédés du chapitre en chape, sortent de l'église et vont chercher le roi dans ses appartemens. M. le Dauphin, M. le duc d'Orléans et M. le duc de Bourbon y étaient réunis avec les grands officiers de la couronne, ceux de la Maison du Roi et toutes les personnes en fonctions à la cérémonie du sacre. Le cortége étant arrivé à la chambre de SA MAJESTÉ, le grand-chantre frappe à la porte. *Que demandez-vous?* dit à haute voix le grand-chambellan. M. de Clermont-Tonnerre, premier des deux cardinaux assistans, répond : *Charles x, que Dieu nous a donné pour roi.* Les huissiers de la chambre ouvrent la porte, et les deux prélats entrent. SA MAJESTÉ était dans son fauteuil; elle se lève à leur approche. Les cardinaux saluent le roi, qui leur rend le salut[1].

---

[1] Voici comment se pratiquait autrefois cette partie du cérémonial. Je l'extrais du *Journal du sacre de Louis* XVI.

« Le chapitre métropolitain étant arrivé à la chambre à coucher

Alors les princes se mettent en marche pour l'église, conduits par le grand-maître des cérémonies, et accompagnés de leur maison. Ils sont vêtus de leurs longs manteaux de velours violet, doublés d'hermine, et bordés de fleurs de lis d'or : ils portent sur la tête la couronne ducale.

Un moment après, le roi se rend à l'église par la grande galerie couverte, escorté d'une suite nombreuse et brillante. Dans cette marche solennelle, comme tous les noms sont ceux des plus grands personnages de l'état, comme tous les rangs et toutes les fonctions,

du roi, qu'il trouva fermée, le chantre y frappa de son bâton. Le grand-chambellan, sans ouvrir la porte, dit : *Que demandez-vous?* Le premier des deux prélats assistans répondit, *Le roi;* et le grand-chambellan répartit : *Le roi dort.* Le chantre ayant frappé et l'évêque ayant demandé une seconde fois, *Le roi,* le grand-chambellan fit la même réponse. Mais à la troisième fois, le chantre ayant frappé et le grand-chambellan ayant répondu de même, l'évêque dit : *Nous demandons Louis* XVI, *que Dieu nous a donné pour roi.* Aussitôt les portes de la chambre s'ouvrent, et le grand-maître des cérémonies conduit les évêques auprès de SA MAJESTÉ, qu'ils saluent profondément. Ils sont précédés du chantre, du sous-chantre et de l'enfant de chœur portant le bénitier. Le roi était couché sur un lit de parade. Le premier évêque assistant lui présenta l'eau bénite et récita une oraison ; après quoi, les deux prélats soulevèrent le roi de dessus son lit et le conduisirent processionnellement à l'église. »

Si l'on établit un rapprochement entre les deux modes, la comparaison sera toute à l'avantage du cérémonial actuel.

tenant à l'essence même de la cérémonie, sont de la plus rigoureuse étiquette, je transcrirai la relation officielle. Le cortége s'est avancé dans l'ordre suivant :

Le chapitre de la métropole ;

Les gardes à pied ordinaires du roi, marchant sur deux files en tête ;

La musique ;

Les hérauts d'armes ;

Le roi d'armes ;

Les aides des cérémonies ;

Le grand-maître des cérémonies (M. le marquis de Dreux-Brézé, pair de France) ;

Les quatre chevaliers de l'ordre du Saint-Esprit destinés à porter les offrandes, savoir :

M. le duc de la Vauguyon, le vin dans un vase d'or,

M. le duc de La Rochefoucault, le pain d'argent,

M. le duc de Luxembourg, le pain d'or,

M. le duc de Gramont, l'aiguière d'or remplie de médailles ;

Les pages du roi sur les ailes ;

Le maréchal Moncey, duc de Conegliano, faisant fonctions de connétable, tenant à la main son épée nue, et ayant à ses deux côtés deux huissiers de la chambre du roi, portant leurs masses ;

En arrière du connétable, sur le côté à droite, M. le

duc de Mortemart, capitaine-colonel des gardes à pied ordinaires du roi, et M. le duc de Bellune, major-général de la garde royale; sur le côté à gauche, le maréchal marquis de Lauriston, le duc de Cossé et le duc de Polignac, nommés par Sa Majesté pour porter la queue du manteau royal;

Le Roi;

A sa droite, le cardinal de Clermont-Tonnerre;

A sa gauche, le cardinal de la Fare;

Sur les ailes, à la hauteur du roi, six gardes de la manche, trois de chaque côté;

Derrière le roi, à droite et à gauche, M. le marquis de Rivière et M. le duc d'Havré de Croï, capitaine des gardes-du-corps;

Le major des gardes-du-corps, marchant derrière le capitaine des gardes de service;

Le chancelier de France;

Le duc d'Uzès, représentant le grand-maître de France, portant le bâton de grand-maître à la main, haut levé;

A sa droite, M. le prince de Talleyrand, grand-chambellan;

A sa gauche, M. le duc d'Aumont, premier gentilhomme de la chambre;

A droite, un peu en arrière du grand-chambellan,

M. le marquis d'Avaray, remplissant les fonctions de grand-maître de la garde-robe, à la place de M. le comte Curial, qu'un accident grave empêchait d'assister à la cérémonie ;

Les deux gentilshommes de la chambre, l'un derrière le grand-chambellan, l'autre derrière le premier gentilhomme de la chambre ;

L'officier des gardes-du-corps de service, suivi d'un détachement des gardes-du-corps.

On a remarqué avec plaisir, mais sans surprise, que les habillemens des officiers, tout en conservant la trace des formes prescrites par l'ancien usage, avaient reçu pour la plupart d'heureuses modifications, et que les costumes d'étiquette étaient devenus de beaux vêtemens, ayant une véritable noblesse et même une sorte d'élégance [1].

Arrivés dans la nef, les gardes à pied se mettent en haie des deux côtés, les gardes de la manche et les héraults d'armes se placent en bas des degrés du sanctuaire. Le clergé reste à l'entrée de l'église. Le cardinal de la Fare y reçoit SA MAJESTÉ, en appelant sur elle la protection céleste par cette belle prière :

[1] Tous les costumes, y compris le manteau royal, ont été confectionnés par MM. Dallemagne, Guibout et compagnie.

O Dieu! qui savez que le genre humain ne peut subsister par sa propre vertu, accordez votre secours à Charles, votre serviteur, que vous avez mis à la tête de votre peuple, afin qu'il puisse lui-même secourir et protéger ceux qui lui sont soumis [1].

Au milieu des prêtres qui l'entourent, entre les deux cardinaux qui l'assistent, le roi s'avance lentement vers l'autel, où il s'agenouille. Alors le prélat consécrateur récite une oraison qui peut renfermer un grand sens. Il prie le ciel de *préserver le roi de toute adversité et de le fortifier du don de la paix ecclésiastique*. Par là, s'il faut entendre la paix religieuse, c'est en effet la plus nécessaire de toutes à un peuple pour qui la liberté de conscience n'est pas un vain mot; car chez un tel peuple, la guerre de religion est la guerre civile. Mais l'esprit du sacre étant une assimilation fictive de la royauté avec le sacerdoce, il est possible que l'oraison ait voulu simplement désigner ce calme moral qui est le partage du bon prêtre.

Les portes du temple se sont fermées sur le roi ou

---

[1] Toutes les prières ont été imprimées par ordre de M. l'archevêque de Reims et distribuées au public avant que la cérémonie ne commençât. C'est sur ce rituel que j'en prendrai le texte et que j'en extrairai la substance. Ce livret se trouve chez Lefuel, libraire, à Paris.

plutôt le lévite auguste qui vient chercher au pied des autels l'ordination réservée aux souverains[1]; car la blancheur universelle de son vêtement est la couleur de l'aube sacerdotale. Une camisole de moire d'argent, un justaucorps blanc, des mules blanches, une toque à plumes blanches, tel est le vêtement du roi.

Je dois le dire; la forme de ce costume et l'étoffe dont il est fait ont quelque chose de maigre, qui contraste avec la majesté royale. Aux précédens sacres, c'était une robe en drap d'argent. La nature de l'étoffe n'était pas d'un choix plus heureux; mais du moins cette longue toge avait ou pouvait avoir de l'ampleur et de la gravité. Puisque le blanc est la couleur consacrée, il suffisait de substituer à ce clinquant un de nos fins tissus de laine, et de perfectionner la forme. Par là, on serait resté fidèle à l'emblème, en conservant ce qui est dû à la majesté royale[2].

---

[1] *Voir* pages 8, 29 et 34.
[2] J'extrais ce qui suit, à peu près textuellement, des *Mémoires du marquis d'Argenson*; il s'agit du sacre de Louis XV. « Le roi était d'une charmante figure. On ne saurait guère se faire une idée de sa gentillesse, le matin de son sacre, en costume de néophyte ou de roi candidat. Je n'ai jamais rien vu de si touchant. Les yeux en devenaient humides de tendresse pour ce pauvre petit prince, échappé à tant de dangers. » Ce détail est plein de de grâce et d'intérêt; mais c'est surtout l'âge du monarque qui en fait le charme : l'édit qui fixait le sacre à quatorze ans n'avait jamais été bien suivi, et Louis XV en avait à peine douze.

CHAPITRE XI.

De la sainte ampoule[1].

Pour n'être pas obligé d'interrompre le récit du sacre par une digression, je vais réunir dans un chapitre particulier ce que j'ai à dire touchant la sainte ampoule[2]. Sous le rapport de la critique, le sujet doit être considéré comme épuisé. Mais l'importance de l'onction dans la cérémonie ne me permet pas de passer sous silence la suite des faits relatifs à cette relique. D'ailleurs l'exposé peut n'en être pas sans intérêt.

La plupart des reliques célèbres que la révolution

---

[1] Les détails relatifs à la destruction de la sainte ampoule et à la conservation de ses débris ont été puisés dans une brochure ayant pour titre, *Recherches historiques sur la sainte ampoule*, par M. Lacatte-Joltrois, de Reims.

[2] Les Romains appelaient *ampoules* certains vases qui étaient en usage dans les bains et qui renfermaient les parfums dont on se frottait au sortir de l'eau. Les premiers chrétiens donnaient le même nom aux vases qui contenaient l'huile sacrée avec laquelle on oignait le catéchumène admis au baptême. Ainsi, la dénomination de la relique a retenu chez nous ses deux sens primitifs, puisqu'il s'agit du baptême de Clovis.

avait essayé d'anéantir et qu'elle avait au moins dispersées, se sont retrouvées de nos jours. Le sentiment qui attache les hommes aux restes de ce qu'ils ont aimé et respecté, expliquerait seul le culte des peuples pour les reliques. Toutes les fois que certains objets, entourés d'une espèce d'auréole par la vénération publique, ont été menacés de destruction, il s'est rencontré des personnes pieuses qui ont sacrifié leurs trésors, qui ont même exposé leur vie, pour sauver les saints débris. C'est un hommage rendu à la croyance des ancêtres. La nouvelle châsse de sainte Geneviève prouve que tous les ossemens de l'auguste patronne ne sont pas devenus la proie du bûcher sacrilége, et les nouveaux reliquaires de Reims démontrent qu'il existe encore pour la foi des fragmens de la vraie croix et des parcelles de la sainte ampoule.

Les premières notions qui nous ont été transmises sur la sainte ampoule sont dues à Hincmar, archevêque de Reims. Ce prélat, en parlant du baptême de Clovis, s'exprime ainsi : « On était arrivé au baptistère. Dieu permit que le clerc qui portait le saint chrême pour la cérémonie du baptême ne pût pénétrer dans l'église, à cause de la foule qui en fermait l'entrée; et comme saint Remi levait les yeux au ciel pour le prier que cette sainte entreprise ne demeurât pas sans effet, une colombe plus blanche que la neige parut aussitôt, portant en son bec une fiole remplie d'un baume divin, qui rendit une odeur plus suave que tous les parfums qu'on avait épanchés dans l'église. Le prélat ayant reçu ce gage céleste, la colombe disparut incontinent, et saint Remi versa dans les fonts sacrés une partie de la liqueur. Le roi, témoin d'un si grand miracle, demanda à être baptisé, et le nouveau Constantin s'avança vers la sainte piscine. »

Tel est le plus ancien témoignage sur le miracle; mais saint Remi lui-même, Grégoire de Tours et Fortunat n'en disent rien. Or, Hincmar vivait plus de trois siècles après Clovis[1]; les autorités dont il pouvait s'appuyer n'étaient que des traditions populaires ou des manuscrits, et, tout savant qu'il était, il manquait de critique. Dans une *Vie de saint Remi*, il raconte sérieusement un don miraculeux fait à Clovis par ce prélat; c'était un vase de vin qui, dans certaines occasions, révélait l'avenir au monarque. Quand le roi franc partait pour la guerre, si ses armes devaient ne pas être heureuses, la liqueur s'abaissait dans le vase; si au contraire le ciel approuvait l'expédition, le breuvage intarissable suffisait aux besoins du roi, de la famille royale et de toute sa suite. On conçoit à quel point

[1] Il écrivait en 840.

une telle crédulité affaiblit le témoignage d'un écrivain.

Un auteur anonyme fort ancien, mais postérieur à Hincmar, et qui a écrit quatre livres sur la *Hiérarchie céleste*, dit aussi que Clovis fut sacré d'un chrême envoyé du ciel par le ministère d'une colombe. Il ajoute que « ce saint roi fut depuis tellement aimé de Dieu, que, par l'effet de ses prières, les murailles d'Angoulême tombèrent à son approche, comme autrefois celles de Jéricho au son de la trompette. » Quelle foi pourrait s'établir sur de tels témoignages ?

Toutefois, en ce qui a rapport à la sainte ampoule, on aurait lieu de s'étonner qu'Hincmar eût pu en imposer ainsi à son église et à la France entière, si la tradition n'eût pas existé de son temps, et si même elle n'eût pas eu dès lors une certaine consistance. Mais le silence de Grégoire de Tours n'en est peut-être que plus surprenant, surtout quand on fait attention que cet annaliste aime et accueille volontiers les prodiges. On observe seulement que, quand il parle du sacre des rois, il désigne la matière de l'onction par les mots de *chrême sacré*, tandis qu'en parlant du sacre des reines, il n'emploie pas le mot de *chrême*, et dit seulement l'*huile sainte*. Quoi qu'il en soit, et encore bien qu'on puisse soutenir que Grégoire de Tours n'était pas obligé de parler de tout, une telle omission sur un fait aussi important est bien extraordinaire. Aussi la tradition de la sainte ampoule n'est-elle pas imposée à la foi, et c'est une de ces opinions sur lesquelles le scepticisme historique a droit de s'exercer. Le religieux Marlot l'appelait, dès son temps, une *opinion flottante*[1]. Mais comme elle est admise par un grand nombre de personnes, ce consentement la rend respectable, et il n'est permis d'en parler qu'avec réserve et gravité[2]. Continuons d'examiner les titres.

Voici comment s'exprime Aimoin le moine : « Dieu voulant faire paraître combien la foi de Clovis lui était agréable, permit que le clerc qui portait le chrême pour le baptême ne pût entrer dans l'église, et alors, le Saint-Esprit parut sous la figure d'une colombe, portant le saint baume en son bec reluisant, dont le saint, qui le reçut, sanctifia les fonts, où le roi fut baptisé. » Ce récit n'est évidemment que celui d'Hincmar, légèrement modifié.

Antonin et Flodoard en parlent à peu près dans les mêmes termes, et ne sont aussi que les échos d'Hincmar.

Belforest cite l'épitaphe de Clovis. On la lisait autre-

---

[1] Il écrivait en 1654.

[2] On peut citer comme un modèle en ce genre la Dissertation de l'abbé de Vertot sur la sainte ampoule de Reims, insérée parmi les Mémoires de l'Académie des inscriptions et belles-lettres, tome 4.

fois sur le tombeau de ce prince, dans l'église de Sainte-Geneviève, qu'il avait fait bâtir. Il y était dit que saint Remi baptisa Clovis, et qu'un ange apporta une fiole remplie d'une sainte liqueur pour le baptême. Mais ce monument n'a point de date certaine, et comme rien n'en établit l'époque, il est réellement dépourvu d'authenticité historique.

Il suit de là que la source originaire, ou plutôt la seule source du miracle, est le récit d'Hincmar. Il existe une autre version, consignée par le même auteur dans la *Vie de saint Remi*, et qui a du moins pour base une espèce de monument. On la trouve dans une préface de la messe pour la fête de ce saint, préface antérieure au temps de Charlemagne, puisque la messe dont il s'agit est conforme au rite gallican, et que le rite romain ne fut introduit en France que sous ce roi. On cherchait le saint chrême pour baptiser un malade; mais les vaisseaux destinés à l'huile consacrée se trouvèrent vides. Le prélat les ayant fait mettre sur l'autel, se prosterna pour prier; alors le saint chrême descendit comme une céleste rosée, et remplit les vases. Le malade put recevoir le baptême.

Ainsi, soit que la sainte ampoule eût été apportée du ciel par une colombe[1], soit qu'elle eût été remplie à

---

[1] Sur la médaille frappée à l'occasion du sacre de Louis XIII,

la prière du prélat, on tenait pour constant que la ville de Reims possédait une huile miraculeuse, réservée aux monarques français.

On doit observer que plusieurs églises de France, jalouses de la prérogative de Reims pour le sacre des rois et qui lui disputaient ce privilége, ne niaient pourtant pas l'existence de la sainte ampoule. Les écrivains étrangers ne l'ont pas non plus révoquée en doute, et l'Anglais Matthieu Pâris, si partial en faveur de sa nation, parle d'un chrême céleste qui imprimait aux rois de France un caractère de supériorité sur tous les rois.

Il y a plus. L'opinion de cet historien était celle de tout le peuple anglais. « L'armée de Charles vi, dit Marlot, étant arrivée à quelque demi-lieue de Reims, la ville fut en émotion, et les Anglais, qui y étaient les plus forts, voyant sur les visages une gaîté extraordinaire, songèrent à leur retraite; quelques-uns d'entre eux furent d'avis d'emporter la sainte onction dont le roi devait être sacré, afin que si la ville se perdait pour eux, l'ennemi ne pût être consacré comme il appartient. »

Mais, suivant Marlot lui-même, le sacre par la sainte

on voit, au lieu de la colombe, une main d'ange sortant d'un nuage.

ampoule n'était considéré comme condition essentielle à la légitimité du souverain que par la populace ignorante. D'ailleurs, le ciel avait miraculeusement suppléé à cette relique par celle de Marmoutiers. Voici l'origine de cette dernière.

Saint Martin, archevêque de Tours, étant sorti d'une chambre haute avec distraction, tomba du haut en bas de l'escalier; ses domestiques accoururent au bruit et reportèrent leur maître dans sa chambre à demi mort. Comme il éprouvait les plus vives douleurs, un ange lui apparut portant une petite ampoule pleine d'un baume rougeâtre et odoriférant[1]; le malade en frotta ses plaies et il fut guéri.

Fortunat, qui a gardé le silence sur l'ampoule de Reims, parle de celle-ci, à l'occasion de la guérison surnaturelle de saint Martin. Voici deux vers qui s'appliquent au miracle :

> Crastinus incolumi processit corpore comptus,
> Angelicamque fidem testis præsentia fecit.

Alcuin, précepteur de Charlemagne, rend le même témoignage. D'autres disent que l'ampoule de Marmoutiers

---

[1] Comme cette relique, non plus que la sainte ampoule, n'était pas un objet de foi, la science chercha quelle substance naturelle avait pu communiquer à l'huile cette couleur et cette odeur. On pensa que ce pouvait être une préparation de benjoin.

fut donnée au saint par la Vierge, pour le guérir d'une blessure qu'il s'était faite en tombant d'un escalier par l'artifice du diable. On se rappelle le baume céleste de sainte Geneviève, dont il a été question au premier chapitre de ce livre. Les reliques miraculeuses, si communes à certaines époques, diminuent beaucoup dans d'autres temps. Il semble que, par la succession des siècles, la foi devienne moins étendue. On finit par ne plus vouloir croire que ce qu'on peut vérifier, et, hormis les augustes mystères du christianisme, on n'admet plus que ce que l'on comprend.

C'est probablement la fiole de Marmoutiers qui avait été employée pour l'onction de Louis-le-Gros ; c'est elle qui certainement le fut pour le sacre de Henri IV[1]. Mais elle ne fut jamais mise sur la même ligne que la sainte ampoule de Reims. Les vertus attribuées à celle-ci étaient nombreuses. Flodoard a dit, et l'on a cru longtemps, que l'huile de la sainte ampoule ne diminuait pas, ce qui désignait l'éternité de la monarchie française. On supposait que le prince qui en avait été oint de bonne heure était appelé à de hautes destinées[2]. On

[1] Par occasion et par effet de force majeure, comme nous l'avons remarqué au chapitre II. Mais cette huile servait habituellement à l'onction des ducs de France.

[2] Charles V détermina l'âge de quatorze ans pour la majorité des rois comme pour leur sacre.

datait l'avénement du jour du sacre[1], et comme la fiole était gardée dans le tombeau de saint Remi, on la comparait à la manne de Moïse et à l'onction des rois de Juda, religieusement gardées dans l'arche d'alliance.

Il faut tenir pour certain que l'onction des rois de Juda est la première origine du sacre; les expressions du rituel le prouvent; le sacre y est appelé l'onction des prêtres, des rois, des prophètes et des martyrs; c'est l'opinion exprimée par M. le cardinal de la Fare, dans la péroraison du sermon qu'il a prononcé au sacre de Charles x. Primitivement, cet acte fut secret; le fils de Cis et le fils d'Isaï furent oints en cachette; ce n'est qu'après la mort de Samuel et de Saül que David fut sacré solennellement. Mais, chez les Hébreux comme chez nous, l'onction sanctifia le roi et ne le fit pas; ce qui le fit, ce fut d'abord le choix de la personne, ouvrage de Dieu ou de la nation, puis le droit de naissance, qui semble être une continuation de ce choix. Mais les peuples ont toujours été portés à confondre le droit avec la forme. Ainsi, chez les payens, la voix des augures paraissait imprimer aux élections le sceau de la légitimité.

[1] Ce qui a fait croire par abus que le sacre était la condition de l'avénement.

La relique de Reims ne sortait pas plus de ses murs que l'huile royale et la manne céleste ne sortaient de l'arche d'alliance. Elle ne s'en éloigna qu'une fois, sous le règne de Louis XI, lorsque ce prince malade voulut l'avoir dans son château de Plessis-lès-Tours. La négociation qui eut lieu à ce sujet est curieuse.

Il est bon de rappeler que ce monarque ne devait pas être aimé des Rémois, quoiqu'il eût contribué à la réparation de leur cathédrale[1]. Une sédition avait éclaté parmi les artisans de cette ville, à cause de l'impôt sur le sel, et la plupart des habitans ne voulaient pas obéir aux commissaires que le roi avait envoyés. Le peuple se porta à des violences. On tua les commissaires. Cependant, le maire et les échevins parvinrent à calmer les esprits et apaisèrent la révolte; ils intercédèrent pour les coupables. Le roi eut l'air de se laisser fléchir; mais il fit partir secrètement des gens de guerre déguisés en marchands, qui se saisirent des portes. Quelques séditieux furent décapités, quelques autres pendus, d'autres essorillés; il y en eut d'emprisonnés, de bannis, de condamnés à faire amende-honorable[2].

La barbarie de cette exécution caractérise peut-être

---

[1] *Voir* chapitre VI.

[2] Cet événement est désigné à Reims sous le nom de *Miquemaque*.

moins Louis XI, que la ruse dont il s'était servi pour satisfaire sa vengeance ; mais ce qui le caractérise par dessus tout, c'est le mouvement superstitieux qui le porte à recourir à la bienveillance des Rémois, quoiqu'il sache bien qu'il a dû les exaspérer. Dangereusement malade, il crut voir un remède dans l'onction par la sainte ampoule, ou, tout au moins, dans la présence de cette relique dans son palais. Il fallait en faire la demande. Ce prince s'attendait bien qu'elle serait accueillie avec peu de faveur. Aussi, rien n'est plus singulier que le ton doucereux et patelin qu'il prend dans sa lettre à l'abbé de Saint-Remi :

« Cher et bien aimé, dit-il, nous vous savons très-bon gré de la belle messe et des prières que vous et vos religieux avez faites, et faites pour nous. Nous voudrions bien s'il se pouvoit, avoir petite goutte de la sainte ampoule, et pour ce, nous vous prions que vous advisez et enquerez s'il se pourroit faire d'en tirer un peu de la fiole où elle est, sans péché ne danger ; et se ainsi est qu'on le puisse faire, vous-même apportez-nous-en, quelque part que nous serons ; car plus grand plaisir ne pourriez nous faire. »

L'abbé fut très-surpris de cette proposition ; et comme il craignait que la relique, une fois hors de ses mains, n'y revînt qu'avec peine, il répondit qu'il ne pouvait rien faire sans la permission du pape. Le roi négocia donc avec le pontife de Rome, et quand il eut obtenu le consentement dont il avait besoin, il nomma des commissaires spéciaux pour aller chercher à Reims la sainte ampoule. Cette relique fut apportée par ces commissaires avec une grande solennité. Comme elle devait passer par Paris, le Parlement décida qu'il fallait honorer ce don du ciel comme une des plus précieuses reliques du royaume. En conséquence, il alla en corps au devant d'elle, la reçut et l'escorta jusqu'à l'église de Notre-Dame-des-Champs.

Arrivée au Plessis-lès-Tours, la sainte ampoule fut posée sur le buffet de la chambre où Louis était alité, et elle y demeura jusqu'à sa mort. Philippe de Commines dit que le roi *avait intention d'en prendre semblable onction qu'il en avait pris à son sacre.* D'autres disent qu'il voulut s'en faire oindre par tout le corps, soit que, dans sa crédulité superstitieuse, il fût persuadé que le baume se reproduisait miraculeusement, soit que, naturellement égoïste, il s'inquiétât peu de ses successeurs.

En effet, la sainte ampoule n'était qu'une petite fiole de verre, longue d'un pouce et demi; elle était remplie aux deux tiers au plus d'un baume coagulé et adhérent aux parois de la fiole. Pour le sacre des rois, on en détachait une parcelle de la grosseur d'un grain de blé, à l'aide d'une aiguille d'or dont le reliquaire était accompagné, et on la mêlait avec le saint chrême sur une patène d'argent, ce qui communiquait à l'huile sacrée une teinte rougeâtre. Lorsque le prélat consécrateur usait du baume céleste avec cette religieuse économie, comment supposer que le monarque mourant s'en fût fait préparer une friction générale? L'assertion de Philippe de Commines paraît donc la plus vraisemblable; à moins que la dévotion sans lumières, jointe à la tyrannie capricieuse et sans frein, ne puisse rendre compte de toutes les extravagances humaines.

Rien n'est plus propre à faire ressortir l'étrange indiscrétion de Louis xi, que les précautions qui étaient prises, dans l'état ordinaire des choses, pour le simple transport de la sainte ampoule depuis l'abbaye de Saint-Remi jusqu'à la cathédrale. Sans doute ces précautions étaient établies pour en rehausser le prix dans l'opinion des peuples et pour accroître leur vénération, bien plus que pour garantir la relique d'un péril qui n'existait pas pour elle. Mais le contraste entre le long voyage que le despote voulait lui faire faire et ce trajet dans l'intérieur d'une ville, n'en est pas moins frappant. Le jour du sacre, le bailli général de l'abbaye, accompagné de ses deux assesseurs, se transportait de grand matin à l'église de Saint-Remi, à l'effet de recevoir, de concert avec le grand-prieur, le cautionnement des quatre chevaliers envoyés par le roi en qualité d'*otages* pour sûreté de la relique; c'étaient ordinairement de jeunes seigneurs du plus haut rang; ils juraient sur l'Évangile de la rétablir après le sacre; et ils en répondaient sur leur tête. Néanmoins, le grand-prieur ne s'en dessaisissait pas; monté sur une haquenée blanche, il portait lui-même processionnellement la relique sous un dais, accompagné des chevaliers otages et de leur suite, des quatre barons de la sainte ampoule [1], et suivi des religieux en aube; il la rapportait dans le même ordre et avec les mêmes honneurs.

Elle avait échappé à un incendie qui, en 1774, consuma la plus grande partie du monastère de Saint-Remi; les religieux s'étaient hâtés de la sauver, ainsi que la châsse du saint. Mais elle ne put être soustraite à la fureur de la révolution. Le 6 octobre 1793, Ruhl, dé-

---

[1] On a prétendu qu'il y avait un ordre de chevalerie de la Sainte-Ampoule, qui faisait remonter son institution jusqu'à Clovis. Un fait plus certain, c'est que l'honneur de servir d'otage à la relique devenait le plus souvent un titre à l'admission dans les ordres du roi, et que les chevaliers otages étaient ordinairement nommés chevaliers du Saint-Esprit, dans le chapitre même qui était tenu par le roi à la suite du sacre.

puté du Bas-Rhin à la Convention, fut envoyé à Reims en qualité de représentant du peuple. Il convoqua le conseil général de la commune, sous prétexte de s'occuper des subsistances, et prit, séance tenante, un arrêté portant que le reliquaire lui serait remis le lendemain à deux heures après midi, que la relique serait brisée sur la place nationale en présence du peuple assemblé, et que sa poussière serait jetée au vent.

L'intervalle était suffisant pour que la religion ingénieuse et zélée pût déjouer en partie ce projet. La piété n'était pas éteinte dans toutes les âmes. L'officier municipal à qui fut confiée la mission d'apporter la relique, était un de ces hommes demeurés fidèles à la foi de leurs pères. Il se concerta avec le curé de Saint-Remi. Substitueront-ils une fausse ampoule? Ils en eurent un moment la pensée; mais le moyen parut trop hasardeux, et, par cela même, inefficace. On était plus sûr du succès en le restreignant. On se borna donc à enlever, avec l'aiguille d'or, quelques parcelles du baume, qui furent soigneusement conservées. Ce n'est pas tout; Ruhl, en brisant la fiole sous le marteau, l'avait fait voler en éclats, et un habitant de Reims en recueillit plusieurs fragmens.

Le 26 janvier 1819, ces parcelles et ces fragmens

furent rassemblés par les soins du procureur du roi[1]; une enquête eut lieu; l'authenticité fut constatée, et les saints débris, bien reconnus, furent déposés dans une boîte d'argent. La boîte fut fermée à trois clefs et replacée dans le tombeau de saint Remi, qui avait été rétabli dès 1803. Procès-verbal fut dressé de cette pieuse opération; trois copies furent faites de l'acte; une d'elles fut déposée au greffe du tribunal civil; une autre resta entre les mains du procureur du roi, et la troisième fut remise à Mgr. de Coucy, alors archevêque de Reims.

C'est avec ces débris de la sainte ampoule que Charles x a été sacré; quelle que soit la croyance sur cette relique, il est heureux que la piété n'ait pas eu à regretter qu'elle manquât à la cérémonie.

[1] M. Dessain de Chevrières.

CHAPITRE XII.

Sacre du roi. Sermens. Tradition des insignes militaires. Consécration. Tradition des insignes royaux. Couronnement. Intronisation. Description du trône. Messe du sacre.

Le roi s'est placé sur son fauteuil; les trois princes sont assis à sa droite, selon leur rang, sur l'alignement de son siége.

En arrière, près de sa personne, à droite, le capitaine des gardes-du-corps à pied; à gauche, le major-général de la garde royale, et sur le même alignement, mais un peu plus sur le côté, le maréchal marquis de Lauriston, le comte de Cossé et le duc de Polignac. Près de la première marche des degrés du sanctuaire, le major des gardes-du-corps, en arrière du capitaine des gardes de service; en avant du prie-dieu, à droite et à gauche, le grand-maître, les maîtres et les aides de cérémonie.

Toutes ces personnes sont debout. Au bas des degrés du sanctuaire, le duc de Conegliano, qui représente le connétable, est assis sur un tabouret, ayant debout à ses côtés les deux huissiers de la chambre qui l'accompagnaient dans la marche du cortége; à trois pieds derrière lui, le chancelier est assis de même. Le chef de la guerre et le chef de la justice devaient avoir les premiers siéges après le roi et les héritiers de la couronne.

En arrière, sur un même banc, le duc d'Uzès, comme faisant fonctions de grand-maître de France; le grand-chambellan à sa droite, et le premier gentilhomme de la chambre à sa gauche; à droite du grand-chambellan, et un peu en arrière, le premier chambellan maître de la garde-robe occupe un tabouret; deux gentilshommes de la chambre sont aussi sur des tabourets, l'un derrière le grand-chambellan, l'autre derrière le premier gentilhomme de la chambre.

En arrière de M. le Dauphin, se tient debout le lieutenant des gardes-du-corps du roi, de service auprès de Son Altesse Royale.

Les quatre chevaliers des ordres destinés à porter les offrandes sont placés dans le chœur, deux du côté de l'Épître, deux du côté de l'Évangile, aux premières hautes stalles les plus voisines du sanctuaire.

Tel est l'ordre de la séance. Sur l'autel est développé le manteau royal, qui le couvre dans toute son étendue. On y voit aussi tous les insignes royaux. Derrière l'autel, sur une large crédence¹, on découvre les vases et les reliquaires donnés par le roi, la couronne royale en diamans, sur un carreau fleurdelisé, et les autres attributs de la royauté, disposés pour la cérémonie.

On achève les petites heures. Pendant ce temps, l'archevêque de Reims va présenter l'eau bénite au roi, qui se découvre pour la recevoir; il répand ensuite la sainte lustration sur l'assemblée, et se retire derrière l'autel, d'où il revient avec ses habits pontificaux, la mitre en tête², apportant le reliquaire de la sainte ampoule. Après avoir salué l'autel et le roi, il entonne le *Veni Creator*.

¹ On appelle *crédence* la petite table adhérente à l'autel ou voisine de l'autel, sur laquelle on pose les burettes, et, en général, on désigne par ce nom toute surface plane qui sert de support à des objets consacrés au culte chrétien.

² Parmi les vêtemens d'église décrits plus haut, ceux qui sont destinés au prélat consécrateur se distinguent par des ornemens particuliers. Sur la palme de l'étole, sur l'orfroi de la chape, on voit un gros brillant central, et, sur le dos de la chasuble, le monogramme du nom de Jésus, aussi en brillans. Ces diamans vrais ou factices (car on dirait du stras), ces solitaires perdus au milieu de ces pièces d'étoffe d'or, sont mesquins et d'un goût provincial. Mais ce qui m'a paru de très-bon goût, c'est une agrafe de chape, d'un style gothique, composée d'une énorme topaze dans un enchâssement d'or et d'émail coloré. C'est aussi la mitre archiépiscopale, décorée de sept belles pierres, rappelant heureusement à la cérémonie du sacre le rational du grand-prêtre Aaron, le premier parmi les hommes qui ait été oint au nom du ciel.

SERMENS.

A la fin du cantique, le prélat s'avance vers le fauteuil royal. Les deux cardinaux assistans de Sa Majesté sont près d'elle, et portent, l'un, le livre des évangiles, l'autre, le reliquaire de la vraie croix. L'archevêque prend la relique et la pose sur le livre. Charles x, assis et couvert, appuie sa main droite sur ces deux objets vénérés, et d'une voix ferme et sonore, il lit les sermens suivans :

Serment du royaume.

« En présence de Dieu, je promets à mon peuple de
« maintenir et d'honorer notre sainte religion, comme
« il appartient au roi très-chrétien et au fils aîné de
« l'Église; de rendre bonne justice à tous mes sujets;
« enfin, de gouverner conformément aux lois du
« royaume et à la Charte constitutionnelle, que je jure
« d'observer fidèlement; qu'ainsi Dieu me soit en aide
« et le saint évangile. »

Les mots de *Charte constitutionnelle* ont rempli toute l'église; ils ont été prononcés avec l'accent de l'âme, et la parole royale a retenti dans tous les cœurs. Quel commentaire n'affaiblirait l'impression d'un moment aussi solennel! L'article 74 de cette charte sacrée ne pouvait être mieux accompli[1].

Aux précédens sacres, avant le serment royal, on demandait au peuple s'il acceptait le prince pour son roi, et le consentement de l'assemblée se manifestait par un respectueux silence. Cette formalité supprimée me semble regrettable. Quand les coutumes anciennes ne sont pas nées de l'ignorance, elles le sont presque toujours du bon sens. Il était raisonnable que dans une cérémonie où l'on montre cent fois la source divine du pouvoir, on en montrât une fois la source humaine, qui est bien aussi quelque chose dans l'organisation sociale. C'était d'ailleurs une tradition, un souvenir des temps primitifs. Dans cette déférence aux usages antiques, on ne pouvait voir qu'une concession faite à la raison, sans danger pour le principe de la légitimité.

Autrefois un serment spécial était prêté, avant tout autre, en faveur des églises et des évêques. Aujourd'hui le serment du royaume commence par un hommage à la religion, sans laquelle un peuple ne pourrait pas avoir de lois; mais il ne contient plus l'expression d'un privilége ou d'une suprématie pour ses ministres; le clergé ne doit plus ambitionner le premier rang que

---

[1] Plusieurs de nos rois ont signé le serment de leur sacre, et l'ont envoyé par écrit aux cours de justice.

dans la vénération des peuples, par des exemples de désintéressement et de vertu.

Malgré l'édit, ou plutôt, le traité de Nantes, le serment du royaume contenait un arrêt de proscription contre les hérétiques; aujourd'hui, s'il y a encore des hérétiques aux yeux du monarque très-chrétien, il n'y en a plus, grâce à la Charte, aux yeux du roi de France.

Le monarque jurait encore de maintenir les édits contre le duel. On a fait sagement de supprimer cette partie de la formule. Fléau des sociétés modernes, le duel n'en est pas moins enraciné dans nos opinions et dans nos mœurs. On ne peut plus le qualifier de crime.

Serment du roi, comme chef et souverain grand-maître de l'ordre du Saint-Esprit.

« Nous jurons à Dieu le créateur de vivre et de
« mourir en sa sainte foi et religion catholique, aposto-
« lique et romaine; de maintenir l'ordre du Saint-
« Esprit, sans le laisser déchoir de ses glorieuses pré-
« rogatives, d'observer les statuts dudit ordre, et de les
« faire observer par tous ceux qui y sont ou seront reçus;
« nous réservant néanmoins de régler les conditions
« d'admission selon le bien de notre service. »

Ce serment a aussi été modifié dans le sens de nos institutions nouvelles. Autrefois, pour être admis dans l'ordre du Saint-Esprit, il fallait être gentilhomme et justifier de trois quartiers paternels. Cette condition ne peut plus avoir lieu quand, hors de la chambre héréditaire, il n'y a plus de noblesse transmissible, et depuis que Louis XVIII a dit que chaque soldat avait dans sa giberne un bâton de maréchal de France.

Serment du roi, comme chef souverain et grand-maître de l'ordre royal et militaire de Saint-Louis et de l'ordre royal de la Légion-d'Honneur.

« Nous jurons solennellement à Dieu de maintenir
« à jamais, sans laisser déchoir leurs glorieuses pré-
« rogatives, l'ordre royal et militaire de Saint-Louis, et
« l'ordre royal de la Légion-d'Honneur; de porter la
« croix desdits ordres, et d'en faire observer les sta-
« tuts; ainsi le jurons et promettons sur la sainte croix
« et sur le saint évangile. »

La chevalerie a pris naissance dans les temps d'anarchie et d'oppression; par une providence merveilleuse, le remède se trouve toujours à côté du mal, dans l'ordre de la société comme dans celui de la nature. Mais il ne s'agit pas ici de cette institution qui faisait courir le monde à de généreux aventuriers, pour défendre la vertu ou la beauté opprimée. Il s'agit de cette espèce de noblesse personnelle qu'on acquiert ou qu'on obtient par soi-même, et qui, une fois acquise ou obtenue, n'est plus révocable.

Les grands ordres, tels que la Jarretière, le Saint-Esprit, la Toison-d'Or, n'ont pas d'inconvénient social, parce que, pour aspirer à en faire partie, il faut, ou avoir rendu d'éminens services au pays, ou jouir de la plus haute faveur auprès du souverain, quand on n'est pas soi-même assis sur un trône. Ces ordres-là se soutiennent toujours et d'eux-mêmes dans une région élevée; il est dans leur essence de ne pas déchoir.

Mais lorsqu'une décoration se multiplie, qu'elle passe dans tous les rangs de la société, et que, la même partout, elle devient, au même titre, le signe de tous les genres de mérite, en y comprenant sans doute celui de l'honneur, il n'y a qu'un moyen d'empêcher un tel signe de déchoir; c'est de le placer où l'opinion le place. Reste à savoir alors s'il est au pouvoir du souverain de tenir son serment.

TRADITION DES INSIGNES MILITAIRES.

Les sermens prêtés, l'archevêque revient à l'autel. Le roi y est conduit par les deux cardinaux assistans. Il se dépouille de sa robe blanche. Il n'est plus vêtu que d'une camisole de satin rouge galonnée d'or sur les coutures et ouverte aux places des onctions. SA MAJESTÉ reste debout et l'archevêque récite une prière qui, tout en préparant l'investiture militaire, exprime des vœux pacifiques. *Qu'il soit supérieur à ses ennemis,* y est-il dit, *mais qu'il goûte les douceurs de la paix.*

Le fauteuil du roi étant apporté à l'autel et placé en face de celui de l'archevêque, le roi s'assied et quitte sa chaussure. Pendant ce temps, le grand-chambellan s'est approché, tenant à la main les bottines de velours violet, semées de fleurs de lis d'or, que le grand-maître des cérémonies avait prises sur l'autel ; il les met à SA MAJESTÉ. Le grand-maître s'avance ensuite auprès de M. le Dauphin, le conduit près du roi, puis ayant pris les éperons sur l'autel, il les présente à S. A. R., qui les met au roi et les lui ôte aussitôt. Les éperons sont reportés sur l'autel.

Alors commence une bien noble cérémonie. M. le maréchal duc de Conegliano, faisant fonction de connétable, après avoir quitté son épée, s'avance vers le roi. SA MAJESTÉ monte à l'autel avec l'archevêque. L'épée de Charlemagne y est déposée dans son fourreau de velours violet garni de perles. La poignée, les branches, le pommeau, sont d'or massif, enrichi de pierres précieuses. Cette épée se nomme *la Joyeuse*, à cause de la solennité d'alégresse où elle sert [1]. Le prélat bénit le glaive et prie.

Exaucez, dit-il, *Seigneur, exaucez nos prières, et daignez bénir de votre main cette épée, dont votre serviteur Charles veut être ceint, afin qu'elle puisse lui servir à défendre et protéger les églises, les veuves, les orphelins et tous vos serviteurs, et pour qu'elle inspire la crainte à quiconque osera tendre des piéges à notre roi.*

La bénédiction achevée, l'archevêque ceint l'épée au roi et la lui ôte aussitôt, puis, l'ayant tirée du fourreau, il la présente à Sa Majesté, en prononçant ces belles paroles, qui rappellent admirablement quel usage les princes ont à faire de la force mise dans leurs mains :

« Prenez cette épée qui vous est donnée avec la bénédiction du Seigneur, afin que par elle et par la vertu de l'Esprit saint, vous puissiez résister à tous vos ennemis et les vaincre, protéger la sainte église et défendre le royaume qui vous est confié. Prenez cette épée, afin que, par son secours, vous exerciez la puissance de la justice, que vous protégiez avec bonté les veuves et les orphelins, que vous répariez ce qui a été détruit, que

---

[1] Elle est aussi appelée l'*épée de saint Pierre*, parce que Charlemagne la reçut du pape Léon III.

vous conserviez ce qui a été réparé, que vous affermissiez ce qui a été mis dans l'ordre. Ainsi, vous couvrant de gloire par la pratique de toutes les vertus et faisant régner la justice, vous mériterez de régner avec celui dont vous êtes l'image. »

Tandis que l'archevêque met l'épée nue entre les mains du roi, le chœur prend part à la cérémonie et chante :

« Armez-vous de force, et soyez toujours homme de cœur; gardez les lois du Seigneur, votre dieu; marchez dans ses voies; observez ses préceptes, ses ordonnances et ses jugemens, et que Dieu soit votre appui. »

Cependant, le roi, debout, tient l'épée, dont il élève la pointe.

O Dieu! dit alors l'archevêque, *vous qui réglez avec sagesse tout ce qui se passe dans le ciel et sur la terre, soyez propice à notre roi; que toute la force de ses ennemis soit brisée par la vertu de votre glaive spirituel; combattez pour lui, et ils seront entièrement détruits.*

SA MAJESTÉ baise l'épée et la dépose sur l'autel. Le prélat la reprend et la met une seconde fois entre les mains du monarque, qui l'accepte agenouillé, et la donne aussitôt au vieux guerrier si digne de la recevoir.

Le maréchal blanchi sous les drapeaux ne cesse plus de la porter, la pointe levée, pendant toutes les cérémonies du sacre.

Le roi était toujours à genoux et le prélat priait encore. Mais toutes ces oraisons, qui auraient semblé devoir respirer la guerre, sont pleines de l'esprit de paix. *Que la concorde soit dans le royaume; que le monarque soit le protecteur de la patrie; qu'il ait la douceur de la colombe; qu'il aime à répandre des grâces; que toujours aimable et bon, il soit toujours craint et aimé* [1].

Ainsi le chef militaire d'un grand empire se prosternait devant le dieu des armées; ainsi la religion l'armait du glaive en lui donnant des leçons de modération et de douceur. A cet égard, l'esprit du siècle est bien d'accord avec celui de la religion. Quand la force morale de l'opinion est devenue supérieure à la force matérielle des armées, le premier rang pour un monarque est de se placer en tête de la civilisation.

---

[1] Il faut dire pourtant qu'autrefois ces prières étaient mêlées d'imprécations contre les hérétiques et les infidèles; qu'on y engageait le prince à perdre les ennemis secrets comme les ennemis découverts du nom chrétien; qu'on lui inspirait la conquête et l'asservissement des nations attachées à un autre culte religieux; qu'on l'exhortait par dessus tout à doter les églises et les monastères. Cet alliage a été heureusement séparé par M. de Latil, et il n'est resté que la belle morale de la philosophie chrétienne.

CONSÉCRATION.

Le roi, reconduit à son fauteuil, y reste assis pendant que l'archevêque prépare l'onction. Ce prélat fait ouvrir le reliquaire qui renferme la sainte ampoule, et la relique étant tirée de son coffret, il en détache une parcelle avec la pointe de l'aiguille d'or. Il en fait la mixtion avec le chrême de l'église, sur la patène d'or du calice de saint Remi; un atome du baume divin suffit pour communiquer à toute l'onction sa vertu céleste.

Les deux cardinaux délient les lacets des ouvertures ménagées à l'habillement du roi, puis ils ramènent Sa Majesté à l'autel. Un grand drap de velours fleurdelisé est étendu sur le devant; on place deux carreaux l'un sur l'autre, de chaque côté. Le roi se prosterne, la face contre les coussins et l'archevêque se prosterne aussi à sa droite, tandis que les deux cardinaux restent debout à sa gauche. Alors, les archevêques de Besançon et de Bourges, les évêques d'Autun et d'Évreux, s'avancent au bas des marches de l'autel; debout, ils chantent les litanies, auxquelles le chœur répond. Après le verset *Ut obsequium servitutis*, l'archevêque de Reims se lève; la mitre en tête, la crosse à la main, il récite debout trois versets sur le roi prosterné; le chœur les répète, et le prélat se prosterne une seconde fois. Les litanies sont continuées et achevées.

L'archevêque se place sur son siége, le dos tourné à l'autel. Le roi est amené vers lui. SA MAJESTÉ s'agenouille, et le prélat assis, toujours la mitre en tête, tenant la patène sur laquelle est l'onction sacrée, prend le baume à l'extrémité du pouce. Il sacre le roi en sept parties du corps, 1°. sur le sommet de la tête; 2°. sur la poitrine (les deux cardinaux assistans tiennent la camisole et la chemise ouvertes); 3°. entre les deux épaules; 4°. sur l'épaule droite; 5°. sur l'épaule gauche; 6°. au pli du bras droit; 7°. au pli du bras gauche; faisant à chaque onction le signe de la croix, et répétant ces paroles : *Ungo te in regem de oleo sanctificato, in nomine Patris et Filii et Spiritus sancti*[1]. L'évêque-diacre essuie les onctions à mesure qu'elles sont faites, et l'archevêque, aidé des cardinaux assistans, ferme les ouvertures, *pour l'honneur de la sainte onction*, est-il dit dans les anciens auteurs.

Placé sur un vaste amphithéâtre, au milieu de six cents spectateurs que je pouvais observer, je n'oserais dire s'il en est un seul qui n'ait éprouvé plus ou moins de surprise, en voyant le roi couché le face contre terre

---

[1] Deux autres onctions, qui auront lieu un peu plus tard, en porteront le nombre à neuf.

pendant la longue durée des litanies. Encore la veille du sacre, M. le cardinal de la Fare avait dit que la *piété contemplerait le Souverain dans une attitude religieuse et royale* [1]. Et quand Charles x eut annoncé aux Chambres qu'*il irait se prosterner au pied des autels*, l'idée d'une simple génuflexion avait généralement prévalu dans les esprits. C'était assez pour mettre en évidence l'autorité de la religion dans l'institution du sacre [2].

Le philosophe genevois, apostrophant l'homme qui adore, lui crie de rester debout, parce que, même debout, il sera encore assez petit. Ce n'est là qu'un sophisme et une phrase. Le chrétien qui prie doit se montrer dans une posture suppliante, et il sied à l'homme de fléchir le genou devant Dieu. Mais lui convient-il d'abdiquer le noble privilége de son espèce, et, en s'adressant au ciel, de se mettre hors d'état de découvrir le ciel?

Si l'on objecte que le sacre est une image de l'ordination, et que telle est la posture de l'ordinand, il est permis de répondre que l'un n'étant que l'image de l'autre, une parité rigoureuse dans le cérémonial n'est pas nécessaire. D'ailleurs, dans l'ordination, le grand

---

[1] *Voir* page 78.
[2] *Voir* le chapitre 1ᵉʳ.

nombre des ecclésiastiques prosternés ensemble affaiblit l'effet de l'abaissement individuel, et ce moment a même une certaine dignité mystérieuse qui lui est propre. Dans le sacre, le roi n'a près de lui que l'archevêque prosterné comme lui; et quand le prélat s'est levé, le roi demeure seul couché à terre. C'est ce délaissement de la majesté royale dans une attitude si opposée à sa grandeur, qui étonne; il y a là une nuance à laquelle les Français sont sensibles, et qui leur cause involontairement du déplaisir [1].

[1] Ce qui est vrai l'est toujours et partout; mon observation doit donc se vérifier dans les choses familières comme dans les choses graves : elle se vérifie complétement dans un trait de la vie de Henri IV. Le moment où ce prince est surpris par l'ambassadeur d'Espagne, jouant avec ses enfans, ne peut jamais être un sujet de tableau. Voici comment j'ai tâché d'expliquer cet effet. « Toute charmante qu'elle est, l'anecdote est-elle bien du ressort de la peinture? Au récit du trait historique, nous nous représentons sans peine le père dans le roi; à l'aspect du tableau, nous voyons malgré nous le roi dans le père, et quoique au premier coup d'œil nous ne puissions nous défendre d'une douce émotion, nos yeux ne s'accoutument pas à contempler la majesté royale dans une posture qui l'abaisse ou qui peut en affaiblir le prestige. C'est la difficulté de concilier, même pour un instant, la démonstration familière de la tendresse paternelle avec la dignité du trône, qui fait tout le charme du mot. L'immobilité du monarque prolonge à nos regards une situation embarrassante; l'imitation fixe malheureusement sur la toile l'oubli momentané de l'étiquette, oubli si heureusement réparé dans l'histoire par une de ces saillies qui partent du cœur. » (*Essai sur les beaux-arts.*) Je

Toute la cérémonie est si sublime, qu'on regrette avec raison que quelque chose la dépare. Mais il est aisé de corriger cette imperfection. Autant la religion est inflexible dans le dogme, autant elle est facile et conciliante dans ses formes extérieures. Les bienséances diffèrent de siècle en siècle; c'est là la partie mobile des mœurs; c'est cette physionomie de la société qui change quand le fond reste. Nous pouvons être justement blessés de ce que nos pères remarquaient à peine. La décence actuelle se révolterait du cérémonial usité autrefois pour la consécration des reines, et, par pudeur, on le modifierait aujourd'hui [1]. On modifiera de même celui du sacre des rois. Ces idées de perfectibilité liturgique ne sont pas à moi; elles appartiennent à Bossuet, qui, précisément parce qu'il fut le prélat le plus éclairé, fut le plus disposé à toutes les concessions de ce genre; et je ne doute pas que M. de Latil, qui a si heureusement épuré tout le rituel, n'eût de lui-même

m'exprimais ainsi sur un tableau de M. Revoil. En dernier lieu, le talent de M. Ingres, si élevé et si fertile en ressources, s'exerçant sur le même sujet, a rencontré la même difficulté et ne l'a pas surmontée, parce qu'effectivement elle est insurmontable. En tout le reste, la composition de cet habile peintre est un chef-d'œuvre de grâce et de sentiment.

[1] Pour recevoir l'onction sur la poitrine, la reine était vêtue d'une robe qui s'ouvrait *depuis le col jusqu'au nombril*, est-il dit naïvement dans les vieux auteurs.

changé ce point du cérémonial, s'il en eût pu prévoir l'impression. Il en résulterait encore cet avantage que le monarque ne serait pas soustrait aussi long-temps aux regards de son peuple. C'est sur le roi que nos yeux s'attachent, et chaque mouvement de Sa Majesté qu'on nous dérobe semble être un vol qu'on nous fait.

TRADITION DES INSIGNES ROYAUX.

Le sacre est tellement une imitation de l'ordination ecclésiastique, qu'avant de prendre le manteau qui caractérise la royauté, le monarque met d'abord la tunique du sous-diacre, puis par dessus, la dalmatique du diacre [1]; et comme le manteau royal n'est que la chasuble du prêtre dans sa forme primitive [2], il s'ensuit que le roi de France porte à la fois tous les vêtemens sacerdotaux. Ainsi les rois de Juda revêtaient l'éphod.

[1] Ces vêtemens sont en satin cramoisi semé de fleurs de lis d'or. Thégan nous apprend que Charles-le-Chauve allait à la messe revêtu de la dalmatique avec un baudrier par dessus, et nous savons par Joinville que saint Louis, ainsi habillé, portait la châsse d'un saint dans une procession, avec Thibault, comte de Champagne.

[2] Le rite grec a conservé cette belle forme, comme on peut le voir, à Paris, dans l'église de Saint-Roch, où l'on célèbre une messe selon ce rite. C'est une chasuble taillée sur ce patron majestueux, que le Dominiquin a donnée au prêtre, dans la *Communion de saint Jérôme*.

Déjà nous avons vu, page 30, que *nos rois sont élevés, par la dignité de l'onction, à un état qui n'est pas purement laïque;* on trouve, dans beaucoup d'historiens, que le roi de France est une personne ecclésiastique, et dans quelques-uns, qu'il est la première personne ecclésiastique du royaume; enfin, les prières de l'onction disent qu'elle rend parfaits les prophètes, les prêtres et les rois, confondant ces trois classes en une seule classe sacerdotale. Pour continuer l'assimilation, le prélat reprend ici le saint chrême, et fait encore deux onctions à Sa Majesté, une à la paume de chaque main [1]. Une paire de gants est ensuite apportée sur un plat de vermeil; l'archevêque en fait la bénédiction en les arrosant d'eau bénite, puis il les met au roi. Sacrées de l'huile céleste, il ne faut pas que les mains royales touchent à aucun objet terrestre.

Sur le plat de vermeil, un anneau d'or avait aussi été placé. Le prélat le bénit et le met à la main droite du roi, en signe d'union avec son peuple.

Le sceptre de Charlemagne est une hante d'or surmontée du portrait de cet empereur. Le fils de Pépin y est représenté assis, dans le costume impérial, et la couronne sur la tête; il tient d'une main un sceptre

---

[1] Nous verrons plus loin la vertu spéciale qu'on attribuait à ces deux onctions.

et de l'autre un globe, double symbole de puissance. Le sceptre de Charlemagne sert à tous les sacres. L'archevêque prend sur l'autel le noble insigne et vient le mettre dans la main droite de Charles x. Cette investiture du sceptre est imposante. Ce n'est ni l'or ni les pierres précieuses qui rendent un sceptre glorieux, mais bien la gloire de ceux qui l'ont porté, et à ce titre, le sceptre de Charlemagne est encore aujourd'hui le plus glorieux de la terre. Sa vue rappelle aux spectateurs ce Louis ix, ce Louis xii, ce Henri iv, ce Louis xiv, qui l'ont si noblement soutenu, si heureusement transmis. Dans Homère, le sceptre des rois n'est qu'une branche séparée de son tronc sur les montagnes et dépouillée par le fer de son feuillage; mais ce bois a passé par d'illustres mains, et toutes les fois que le monarque jure par son sceptre, les aïeux sont nominativement appelés en garantie du serment royal. Il n'est personne qui, lisant l'Iliade, n'ait senti ce que cette attestation des ancêtres a de grand, de religieux, de solennel. Eût-il donc été impossible d'introduire dans l'oraison quelques-uns de ces noms qui électrisent les Français et réveillent dans leurs âmes ces sentimens qu'on ranimait chez les Hébreux, en attestant Moïse, Josué, David, Salomon?

La main de justice est le pendant du sceptre; elle

est un emblème encore plus utile pour les rois. L'archevêque va la chercher sur l'autel, et la met dans la main gauche du roi, en disant :

« Recevez cette verge d'équité et de vertu ; apprenez par elle à remettre dans le droit chemin ceux qui s'égarent, à tendre la main à ceux qui sont tombés, à confondre les orgueilleux, à relever les humbles. »

Il est impossible d'exposer mieux, en moins de mots, les devoirs de la royauté paternelle. Quand les prières de l'Église ont leur coloris naïf et leur véritable expression, elles sont sublimes.

COURONNEMENT.

Le roi était tour à tour à genoux et debout pendant les précédentes cérémonies ; il va rester à genoux pendant toute celle-ci.

Le chancelier quitte sa place et monte à l'autel, pour prendre les ordres de SA MAJESTÉ ; puis, saluant l'un après l'autre M. le Dauphin, M. le duc d'Orléans et M. le duc de Bourbon, il invite par ce salut chacun de ces princes à s'approcher. Les princes s'avancent et se placent à droite et à gauche du roi, selon leur rang.

L'archevêque, la mitre en tête, prend sur l'autel la couronne de Charlemagne, qui est d'or et enrichie de quelques camées, sans avoir d'ailleurs rien de remarquable que son nom. Il la tient sur la tête du roi sans qu'elle le touche. Aussitôt les princes y portent la main pour la soutenir. Le prélat ne la tenant plus que de la main gauche, dit, en faisant la bénédiction de l'autre main : « Que Dieu vous couronne de la couronne de gloire et de justice; qu'il vous arme de force et de courage, afin qu'étant béni par nos mains, plein de foi et de bonnes œuvres, vous arriviez à la couronne du règne éternel. » Puis il pose seul la couronne sur la tête du roi. Les princes y reportent la main, comme pour la soutenir encore; SA MAJESTÉ elle-même y a aussi porté la main pour mieux l'assurer.

C'est ici que l'ancien cérémonial a subi le plus de modifications. Quelques personnes ont paru prendre ombrage de ce que le roi s'était laissé couronner par l'archevêque. C'est une alarme imaginaire. Le couronnement n'est qu'un acte extérieur où le clergé est sans influence politique, et, de nos jours, le droit divin n'est plus qu'un mot vide de sens. Mais Charles x a voulu que sa couronne lui fût remise plus auguste et plus sainte par la religion. Pour remplir ce pieux désir, la religion a emprunté la main d'un prélat respectable; la chose ne pouvait se faire ni autrement ni mieux, puisque la religion est un être moral, nécessairement représenté par ses ministres. Si Charlemagne défendit à son fils de se laisser couronner par un pape, nous avons vu qu'il avait permis qu'un pape le couronnât lui-même. Tout cela n'est rien en soi, et il ne faut pas s'attacher à des choses indifférentes. Les formules des prières tireraient plus à conséquence qu'un vain geste, puisqu'elles manifesteraient le fond de la pensée. Or, loin qu'il y ait rien de mal sonnant dans le nouveau formulaire, cette phrase de l'ancien, *Votre serviteur que nous élisons roi de ce royaume au milieu des prières que nous vous adressons*, phrase qui semblait consacrer le principe de l'élection religieuse, a été supprimée. On en a aussi fait disparaître ces vœux indiscrets de *suprématie par dessus tous les rois*, en vertu d'une onction privilégiée et d'un pouvoir sur-humain; vœux qui, nés d'une ambition superstitieuse, ne pouvaient être exaucés que par la conquête, c'est-à-dire, par le malheur des peuples.

Mais un fait plus grave et qui mérite attention, c'est la suppression des douze pairs qui soutenaient autrefois la couronne[1]. Si les changemens profonds de notre gouvernement devaient amener ici des modifications ra-

[1] Voici comment la cérémonie se faisait. Le chancelier montait à l'autel; il se plaçait du côté de l'Évangile, et, tourné vers le chœur, il appelait ainsi les pairs, selon leur rang :

« M. le prince de...., qui servez pour le duc de Bourgogne, présentez-vous à cet acte.

dicales, il fallait du moins conserver les vestiges d'un usage dont l'origine se perd dans la nuit des temps, et que son antiquité seule devait faire respecter, quand bien même il ne nous aurait pas révélé les coutumes primitives. C'était là, suivant Étienne Pasquier, *une de ces communes polices, qui sont comme métoyennes entre le roy et le peuple, et d'où dépend la grandeur de la France.* Or, pour en maintenir l'existence ou l'image,

« M. le duc de...., qui servez pour le duc de Normandie, présentez-vous à cet acte.

« M. le duc de...., qui servez pour le duc d'Aquitaine, présentez-vous à cet acte.

« M. le comte de...., qui servez pour le comte de Toulouse, présentez-vous à cet acte.

« M. le comte de...., qui servez pour le comte de Flandre, présentez-vous à cet acte.

« M. le comte de...., qui servez pour le comte de Champagne, présentez-vous à cet acte.

« M. l'évêque et duc de Laon, présentez-vous à cet acte.

« M. l'évêque et duc de Langres, présentez-vous à cet acte.

« M. l'évêque et comte de Beauvais, présentez-vous à cet acte.

« M. l'évêque et comte de Châlons, présentez-vous à cet acte.

« M. l'évêque et comte de Noyon, présentez-vous à cet acte. »

On n'appelait point l'archevêque-duc de Reims, parce que sa fonction était de sacrer le roi. Après cette évocation des pairs, le chancelier descendait de l'autel et revenait à sa place; puis le prélat consécrateur, prenant la couronne sur l'autel, la soutenait seul à deux mains sur la tête du roi, sans le toucher. Aussitôt les pairs laïques et ecclésiastiques y portaient la main pour la soutenir; l'archevêque, la tenant toujours de la main gauche, faisait une prière; puis il la mettait seul sur la tête de Sa Majesté.

le mode était très-simple. Il suffisait de faire soutenir la couronne par un pair et par un député, conjointement avec les princes. Si les princes sont appelés à la placer sur leur tête, les deux chambres sont destinées à en être les appuis; leur concours eût été un hommage à l'auteur de la Charte, et le peuple français était digne de cette confiance.

Le couronnement étant achevé, l'archevêque de Reims soulève le roi par le bras droit pour le conduire au trône. Tout le cortége se reforme. Conduits par le maître et un aide des cérémonies, les trois princes, à la gauche du roi, se disposent à monter au jubé par les degrés du côté de l'Épître, tandis que SA MAJESTÉ, tenant le sceptre et la main de justice, se dirige avec tout le cortége vers l'escalier du côté de l'Évangile.

Un clergé nombreux vêtu des plus riches ornemens, des évêques en habits pontificaux, des cardinaux développant sur les tapis précieux du chœur l'écarlate flottante de leurs robes, les maréchaux en grande tenue, les uniformes guerriers contrastant avec les tuniques sacerdotales, tous les grands officiers de la couronne en costume d'apparat, opposant leurs plumes, leurs armes, leurs cordons, leurs décorations de toute espèce, aux simples et larges draperies des prêtres, telle est cette marche de triomphe. Le cortége s'avance dans le plus bel ordre, au son d'une musique harmonieuse; il se déploie sur une double file, en formant une longue ligne que l'œil suit dans toute l'étendue du sanctuaire. On ne saurait imaginer un spectacle plus imposant. Si le christianisme a emprunté à l'antiquité païenne quelques cérémonies extérieures, il leur a communiqué une grandeur simple et une forme auguste qu'elles n'avaient pas dans le culte originaire. Aussi graves que les processions de Memphis, aussi pompeuses que les théories de Sparte et d'Athènes, ces marches de l'église chrétienne l'emportent de beaucoup sur celles de l'Égypte et de la Grèce par le caractère religieux.

On ne perd jamais de vue Charles x; sa taille élevée le montre toujours au milieu du cortége; il se fait aussi remarquer par ce manteau royal de velours violet semé de fleurs de lis d'or et doublé d'hermine, qui descend majestueusement de ses épaules et flotte à longs plis sur ses pas. Cette masse de draperies, qui écraserait un autre homme, sied à sa stature et à son maintien; sous cette enveloppe riche, mais accablante, son port a de l'aisance et de la majesté : c'est la démarche d'un roi.

Je ne chercherai point à la décrire; l'art qui parle le plus vivement aux yeux, la peinture, s'en est chargé. Que ceux qui aiment à se faire une idée juste des belles choses, accourent au Louvre; ils verront le portrait que M. Gérard y a exposé ; c'est Charles x tel qu'il était à Reims, lorsque, dans toute sa gloire, il marchait de l'autel vers le trône.

Ils verront le roi debout, couvert du manteau royal, appuyant son bras droit sur le sceptre, se portant en avant, et dans une attitude simple avec dignité. Sa figure conserve bien l'air de modération, de bonne foi et d'aménité qui caractérise le prince. Par une rectitude élégante dans le dessin, l'artiste a réussi à rendre l'élégance chevaleresque du modèle ; il a su montrer, dans la pose, la force unie à la légèreté qui embellit encore Charles x ; la jambe avancée est d'une extrême finesse. La sagacité du peintre se fait remarquer dans la disposition de plusieurs accessoires. J'aime que la poignée de l'épée se cache à demi ; dans cet arrangement naturel, mais qui paraît avoir été calculé ici, il me semble lire les vœux sincères du monarque pour la paix. Le parti de draperie est grand et bien entendu. Peut-être l'hermine de l'épitoge occupe-t-elle trop de place ; elle attire l'œil du spectateur sur un objet matériel, aux dépens de la physionomie ; mais le système actuel de l'école est de donner de la valeur à ce que les vieux maîtres, par un sentiment plus juste, s'attachaient à sacrifier. Peut-être le visage est-il plus jeune que la chevelure ; peut-être aussi le dessin des mains est-il un peu altéré par une fausse tension des gants. Mais ces négligences tiennent à l'empressement de l'artiste pour montrer Charles x en roi. Le peintre a bien observé Sa Majesté pendant la cérémonie du couronnement; il l'a fidèlement reproduite, et ce portrait est, à beaucoup d'égards, un des meilleurs qui soient sortis d'un pinceau célèbre dans toute l'Europe. Si la couleur n'a pas toute la force désirable, il règne dans le ton général une douceur harmonieuse bien assortie au caractère de la figure, et qui contribue à la vérité de l'effet. Encore une fois, c'est Charles x tel qu'il reparut devant son peuple après la résurrection du sacre.

INTRONISATION.

On a déjà vu qu'au sacre de Louis XVI, le trône était, à peu de chose près, une continuation de l'ordonnance générale; mais les colonnes n'ayant pas été accouplées, le résultat était encore moins satisfaisant; les masses s'y étaient appauvries; l'aspect du tout était devenu plus mesquin, et peut-être n'en était-il ainsi que par suite des efforts mêmes auxquels on s'était livré pour faire mieux.

Que présentait en effet le trône de Louis XVI? Une plate-forme entourée d'une balustrade commune, un portique surmonté d'un couronnement sans forme et sans caractère, le fauteuil du roi sous un baldaquin trivial ; huit lustres d'opéra suspendus au plafond, un passage pratiqué sous le plancher de la plate-forme et conduisant au chœur par une entrée de maison bourgeoise. Tel était pourtant l'objet sur lequel tous les regards devaient se porter dans le moment le plus auguste et le plus solennel. Au milieu des tribunes publiques et y attenant, c'était moins le siége éminent d'un souverain, qu'une tribune plus en évidence que les autres. Le dessin mis sous les yeux du lecteur (pl. 3) donne l'idée de cette indigence. Mais, je le répète, on ne pouvait pas alors faire autrement. Lorsqu'un artiste est sous l'empire d'une fausse direction, il ne peut produire que dans le sens de l'impulsion générale.

Au sacre de Charles x, la disposition du trône a été conçue dans un tout autre système [1]. Un arc de triomphe en est le motif. Cette seule idée est déjà caractéristique et appropriée; car la cérémonie actuelle est le triomphe de la légitimité, qui se manifeste pour la première fois avec tant d'éclat. Mais à la différence des arcs de triomphe ordinaires, sous lesquels on passe et qui ont presque toujours trois arcades, celui-ci n'étant qu'une construction de fête et un monument de gloire, n'est formé que d'un seul arc, sous lequel est placé le fau-

[1] *Voir* la planche n°. 4.

teuil. Quant aux parties latérales, elles se composent de pilastres et de colonnes isolées avec leur entablement. L'importance et le mérite de ce morceau demandent une description détaillée. On ne saurait trop faire connaître ce qui peut servir de modèle sous le rapport de la convenance et du style. Examinons d'abord quelle était la donnée.

En laissant le passage nécessaire pour se rendre au chœur, il fallait éviter que la décoration rappelât une porte d'habitation, fût-elle celle d'un palais; de plus, en perçant le soubassement, il fallait conserver à la masse, malgré ce vide, l'apparence de la solidité, le premier besoin du trône. La vue du dessin (pl. 3) rend très-sensible cette double difficulté. Voici par quelle combinaison MM. Lecointe et Hittorf ont réussi à la vaincre.

Sur chaque face, à côté du passage, deux caryatides de proportion colossale, majestueuses d'aspect, solides de forme, graves d'ajustement, supportent les corniches architravées sur lesquelles l'étage supérieur s'élève; des feuilles de chêne et de laurier en or bordent leurs draperies. Ces figures sont emblématiques. Dans la branche et la couronne de laurier que tient l'une, dans la couronne de chêne et la branche d'olivier que porte l'autre, on reconnaît les récompenses destinées au mérite militaire et civil. Ainsi, nous voyons du côté de la nef celles qui attendent les nobles patriciens de la Chambre des pairs et les honorables élus de la Chambre des députés, comme nous retrouvons du côté du chœur la palme du guerrier, que le magistrat peut aussi quelquefois cueillir. Heureuse allusion à une grande idée de Charles X, qui voulut que dans la basilique de Saint-Denis, au milieu de la pompe funèbre de son auguste frère, le catafalque fût entouré par le président de la Chambre des pairs, par celui de la Chambre des députés, par celui de la Cour de cassation et par le plus ancien des maréchaux de France. Hélas! ainsi la mort vient se mêler à nos fêtes. En peignant ces bergers de la riante Arcadie qui s'acheminent vers le plaisir et qui rencontrent un tombeau, le Poussin a tracé l'histoire de la vie humaine.

Le problème du passage ainsi résolu, il en est résulté un beau porche, d'un style ferme, d'un caractère mâle, assez large pour laisser à l'œil la liberté de voir par dessous le trône ce qui se passe au delà, et d'embrasser, à travers son ouverture, toute la longueur de la basilique.

Le cérémonial exigeait, du côté du sanctuaire, deux escaliers latéraux pour monter au trône et pour en descendre. Ils ont été placés de part et d'autre de la plate-forme. Au niveau du palier, règne un stylobate général. Les champs que cette disposition laissait, du côté de la nef, entre les piédestaux des colonnes, sont occupés par des bas-reliefs peints. Au milieu, on voit Charles x sur son trône, recevant les Arts, l'Agriculture et le Commerce, et leur assurant sa protection. Ce sujet nous reporte à l'aurore de son règne, où de grandes douleurs furent adoucies, de grandes espérances conçues. Sur les côtés, deux peintures du même genre rappellent le double bienfait de ces visites si touchantes, l'une à l'Hôtel-Dieu, qui consola la souffrance, l'autre aux Invalides, qui fit tressaillir la valeur. Les piédestaux des colonnes sont aussi ornés de bas-reliefs en or, où des génies sont représentés écrivant l'histoire.

Douze colonnes et huit pilastres, surmontés d'un entablement, et couronnés dans la partie du milieu par un berceau circulaire, constituent l'arc de triomphe. Cette partie de l'édifice est d'ordre corinthien. Riche dans tous ses détails, elle rappelle le style de la renaissance. Pour les occasions du genre de celle-ci, le style de cette époque des arts est presque toujours préférable; moins sévère que l'antique, il n'en exclut pas la pureté; il permet plus d'élégance, plus de richesse; il se prête aux ornemens emblématiques, et, à cause de tout cela, il convient plus spécialement à la décoration monumentale.

Les fûts des colonnes ainsi que les pilastres sont couverts d'ingénieux arabesques. Le chiffre du roi et les armes de France; les insignes royaux qui, dans la cérémonie du sacre, jouent un rôle si important; les croix des différens ordres français que la libéralité du prince accorde au mérite en tous genres, et dont la distribution solennelle est un des beaux épisodes de la fête; la plaque du Saint-Esprit, la croix de Saint-Louis, celle de la Légion-d'honneur et celle de Saint-Michel, entrelacées de laurier et d'olivier, tels sont les ornemens qui se dessinent en or sur le lapis-lazuli. L'alliance de ces couleurs est aussi ancienne que la gloire des Français, qui adoptèrent pour écusson le lis d'or sur le fond d'azur. Les chapiteaux et les bases sont aussi en or.

Sur la frise de l'entablement, règne un bas-relief où des génies couronnent le chiffre royal. Les quatre colonnes, entièrement isolées, et qui forment avant-corps sur chaque face, sont surmontées par quatre figures de ronde-bosse, entièrement dorées; ce sont encore des génies; ils portent les insignes de la royauté, le sceptre, la main de justice, la couronne et l'épée.

Au dessus de cet ordre, s'élève le grand arc. L'archivolte en est ornée de riches enroulemens en or. Au milieu de sa courbe, est une clef architecturale, sur laquelle se détache en relief le heaume à la royale; c'est la plus noble pièce de l'armure du chef guerrier et souverain; la visière en est toujours levée; inaccessible à la crainte, le monarque doit tout voir, tout entendre, tout ordonner. Deux renommées qui enrichissent le tympan, attachent à cette clef les guirlandes du laurier français.

La frise supérieure porte l'inscription *Domine salvum fac regem*. Au dessus de cette frise, qui surmonte le monument, règne une corniche qui, dans une circonstance ordinaire, pourrait le terminer. Mais c'est la fête de la France, c'est la Religion qui la célèbre; la Religion et la France devaient dominer toute l'architecture.

Le monument continue donc; un couronnement général, composé d'écussons au chiffre du roi, aux armes de France et de Navarre, qu'encadrent des lauriers, que réunissent des guirlandes de feuillage, se dessine tout autour de la corniche. Une plate-forme termine la masse, et là, les deux figures emblématisées se groupent, environnées de tous les symboles de la prospérité publique. Elles soutiennent le diadème royal au dessus du chiffre du roi, que supporte un génie. Ainsi, la France et la Religion le couronnent de concert, triomphantes sur ce monument de gloire [1].

Du centre de la voûte, descend un somptueux baldaquin; sa forme circulaire a motivé un tore de laurier. Ce tore est surmonté d'aigrettes et de panaches, blanche et mobile parure, qui, comme un premier diadème, entoure la coupole, au haut de laquelle s'élève la couronne royale.

Des rideaux en velours violet, parsemés de fleurs de lis d'or, forment le pavillon du trône. La chute de ces draperies est noble, la courbe en est gracieuse. Des pentes de même étoffe, brodées de même, et d'une coupe élégante, complètent ce baldaquin. Le velours

---

[1] Ces figures, celles des génies qui surmontent les colonnes et les caryatides du porche, sont de M. Guersant. Exécutées en moins de quatre mois, elles ont, sous le rapport du modelé, tout ce qu'on pouvait désirer dans une sculpture architecturale; elles ont surtout le mérite, plus rare qu'on ne pense, d'être en harmonie parfaite avec l'ensemble de la décoration. Les premiers statuaires d'une école dédaignent trop souvent ces sortes de travaux, ou quand ils s'en chargent, ils y voient trop un travail isolé dans une composition générale, s'attachant à une seule figure, lorsqu'il faudrait tout embrasser. Dans une composition architecturale, la sculpture n'est qu'accessoire, et le sculpteur, pour bien faire, doit non-seulement entrer dans l'idée de l'architecte qui a conçu le monument, mais même subordonner son ouvrage à l'architecture. C'est ce que M. Guersant a senti, et par cette condescendance bien entendue, il a réussi à faire, dans un temps très-court, une fort belle chose.

violet fleurdelisé recouvre les appuis de la plate-forme. Un drap de nuance pareille, orné de fleurs de lis, marque le chemin du roi sur l'escalier; le violet est la couleur royale; les étoffes employées dans le reste de la décoration sont du plus riche ton cramoisi.

Ce magnifique ensemble est éclairé par douze candelabres en or, de forme antique; quatre entre les colonnes, quatre en dehors et quatre en avant[1], portant des girandoles où le feu brille dans le cristal et dans l'or.

Tel est le trône de Charles x : il ne pouvait être que de l'époque actuelle; et tandis que les ornemens de la métropole appartiennent au xiie siècle, ceux du jubé et de son portique appartiennent au nôtre. Les architectes y ont déployé toutes les ressources modernes; tout y est finement profilé, heureusement proportionné, cadencé avec harmonie; on peut y prendre une idée de la perfection où les arts sont parvenus de nos jours : et ce n'était pas sans doute une médiocre difficulté de faire que ce monument du xixe siècle, tout en montrant le style le plus pur dans les lignes architecturales, dans les ornemens, dans les sculptures, se mît en harmonie avec la vieille basilique de Clovis.

[1] Ces beaux candelabres sortent de la fabrique de bronze doré de M. Feuchère.

C'est à ce trône, digne siége d'un monarque puissant, que le roi monte par les degrés du côté de l'Évangile. Tout le jubé présente le plus brillant coup d'œil; les mots ne peuvent donner qu'une faible idée d'une telle magnificence.

Sur l'estrade même, à droite du roi, les princes; à gauche, les deux cardinaux assistans. Au dessous de l'estrade, en avant et à droite, le grand-chambellan; un peu plus en avant, sur le côté, le premier chambellan maître de la garde-robe. Tous ces personnages occupent des plians.

Sur des tabourets, au milieu, le connétable tenant l'épée nue et toujours escorté des deux huissiers massiers; à sa droite, un peu en avant, le chancelier; à sa gauche, parallèlement au chancelier, le grand-maître de France.

Les capitaines des gardes, le capitaine-colonel des gardes à pied et le major-général de la garde royale, se tiennent derrière le roi, sur les côtés. Le maréchal marquis de Lauriston, le comte de Cossé et le duc de Polignac, font face à un petit autel construit sur la plate-forme du trône, à droite du roi; du même côté, le grand-maître des cérémonies est debout au haut des degrés du trône.

Trois gardes de la manche sont rangés de distance

en distance sur chacun des escaliers; au bas, les chapelains portant la croix et la crosse de l'archevêque; à droite et à gauche, le roi d'armes et les hérauts d'armes.

Le roi s'arrête devant le fauteuil, sans s'y asseoir. L'assemblée, jusqu'alors recueillie et silencieuse, salue SA MAJESTÉ par des acclamations; les cris de *Vive le roi!* long-temps retenus, éclatent de toutes parts.

Tourné vers l'autel et tenant toujours le roi, l'archevêque prononce ces paroles :

« Demeurez ferme et montrez-vous dans la place que vous avez occupée jusqu'ici comme ayant succédé à vos pères, et qui vous a été transmise par droit d'héritage, par l'autorité du Dieu tout puissant [1]. »

Puis, après avoir récité une oraison, où il présente à un roi de la terre, entouré de toutes les pompes et de toutes les gloires, l'image du Roi du ciel *étendant ses mains sur la croix*, il fait une profonde révérence à Charles X, le baise et dit à haute voix à trois reprises :

[1] Telles sont les paroles françaises. Le texte latin contient encore celles-ci, *Et per præsentem traditionem nostram.* Ces mots ont mal à propos effarouché certains esprits. On ne doit attacher aucune importance à leur conservation en latin, puisqu'ils n'ont pas été traduits, et que n'étant plus en harmonie avec le reste du livre, ils n'ont pu qu'échapper aux corrections faites à l'ancien rituel.

Vivat in æternum. Les cris de *Vive le roi!* se renouvellent.

M. le Dauphin et les princes quittent leurs couronnes, les posent sur leurs siéges, s'avancent vers le roi, et chacun d'eux en reçoit l'accolade, en disant, *Vivat in æternum.* Au moment où M. le Dauphin veut fléchir le genou devant son auguste père, Sa MAJESTÉ lui tend les bras, et presse pendant quelques instans contre son cœur un fils qui a déposé des lauriers sur ses cheveux blancs. Il serre aussi dans ses bras M. le duc d'Orléans de la manière la plus cordiale, et embrasse très-affectueusement M. le duc de Bourbon. Cette précieuse concorde entre les princes de la famille royale, gage d'un avenir paisible pour la France, a excité les plus doux transports. Les acclamations recommencent, et la musique, jusque là grave comme la cérémonie, dans les trois *Oratorio* de M. Lesueur exécutés depuis le matin, la musique, qui ne peut demeurer en reste dans cette effusion de sentimens, s'associe à l'allégresse universelle par un *Vivat* en chœur, de la composition du même maître.

Au son de cette symphonie de triomphe, aux cris redoublés de *Vive le roi!* au bruit des fanfares, les portes de l'église se sont ouvertes; le peuple s'y est précipité. Une foule empressée, âges, sexes, rangs confondus, inonde la nef; elle s'étend jusqu'au parvis extérieur, qu'elle couvre de ses vagues animées, avide de voir l'exaltation de son roi. Les nouveaux spectateurs recommencent encore les acclamations et les prolongent. Le chœur s'unit à la nef; au pied du trône, les drapeaux se balancent dans les mains des chefs qui les portent; sur le trône, les dignitaires élèvent leurs chapeaux entourés de plumes; dans les tribunes, les femmes agitent leurs mouchoirs blancs. Placé entre son peuple et son armée, Charles x a une idée de sa puissance par l'amour qu'il inspire et par les preuves qu'il en reçoit. L'enthousiasme est au comble. Dites maintenant, froids politiques, s'il n'est pas à la France ce trône du roi qu'elle entoure et qu'elle est prête à défendre; dites si elle n'est pas au roi cette France qui se presse, qui a besoin de se presser autour du trône; dites seulement s'il y a là deux choses? Non, j'en atteste tous ces monarques dont les images représentent la France de tous les siècles, il n'y a là qu'une seule chose, et, dans cette union vitale, séparer serait mutiler.

Trois décharges de mousqueterie se succèdent sur la place même; trois fois l'artillerie des remparts y répond; les tambours battent, les cloches s'ébranlent. Mais que sont ces salves, comparées aux applaudissemens et aux transports de tout un peuple?

A ce moment, un grand nombre de petits oiseaux

qu'on tenait captifs, s'échappent de leurs cages¹ ; les prisonniers ailés prennent leur essor vers les voûtes du temple ou viennent avec confiance se grouper sur le baldaquin qui ombrage le trône. Cette vive image de la liberté n'est pas un vain simulacre. Jusqu'aux derniers sacres, toutes les prisons de la ville s'ouvraient en même temps que les portes de l'église, et tous les détenus sortaient sans distinction. Au sacre de Charles x, et même dès celui de Louis xvi, un sage discernement a présidé à l'exercice de la clémence royale et régularisé le bienfait sans l'atténuer².

¹ Autrefois, à l'entrée des rois et des reines dans la ville de Paris, les marchands d'oiseaux établis sur le Pont-au-Change étaient obligés d'en mettre en liberté deux cents douzaines, de diverses sortes, au passage même de LL. MM., comme un signe des grâces qui allaient se répandre. Le sacre étant une occasion de grâces, cet usage dut naturellement s'introduire dans cette solennité ; mais c'est une coutume qui ne remonte pas à l'origine : il n'en est pas question dans le formulaire des anciens couronnemens.

² *Voir* page 86. La délivrance des prisonniers remonte à Clovis, qui, par les conseils de saint Remi, donna chez nous le premier exemple de cette miséricorde. On lit dans la Bible, au livre des Rois, que Saül fit rémission à tous les coupables qui avaient encouru la peine de mort. Ce prince s'exprime ainsi : *Non occidetur quisquam in die hac, quia hodiè fecit Dominus salutem in Israel.* C'est d'après ce texte qu'on faisait grâce indistinctement à tous les prisonniers de Reims, quelque crime qu'ils eussent commis. Le progrès de la raison ne permet plus ces interprétations abusives qu'un âge moins éclairé donnait aux divines écritures.

Avec cette majesté qui convient à la puissance souveraine, Charles x conserve sur son trône cette bonté qui lui gagne tous les cœurs et cette sérénité qui manifeste le calme du sien. Les princesses de la famille royale ne perdent pas de vue le roi un seul instant. Mme. la Dauphine surtout suit tous les mouvemens de son auguste père; attentive, immobile, elle respire à peine, et les personnes placées dans son voisinage ont vu des larmes s'échapper de ses yeux. O larmes bien différentes de celles que la princesse versa dans l'exil, non sur les maux qu'elle endurait (elle fut toujours supérieure à la souffrance), mais sur les douleurs dont elle était témoin, qu'elle partageait et qu'elle ne pouvait soulager! Naguère tant d'adversités et aujourd'hui tant de gloire! un tel triomphe après un tel abaissement! tous les extrêmes de la bonne et de la mauvaise fortune! Mais les vicissitudes de la destinée royale attendent leur historien. Ce récit appartient de droit au noble pair qui, en peignant les scènes imposantes de la nature, le tumulte orageux des passions et les merveilles du christianisme, se préparait à faire le tableau des plus grandes catastrophes humaines. M. le vicomte de Chateaubriand assistait au sacre.

L'admission du public dans l'intérieur de la nef a eu lieu avec beaucoup d'ordre. On faisait arriver plusieurs centaines de personnes à la fois, mais groupe par groupe, de manière qu'il n'y eût jamais ni encombrement ni foule. Cette circulation a continué pendant la première partie de la messe du sacre, et chaque fois qu'il entrait de nouvelles masses de peuple, le *Vivat* recommençait. Des médailles d'argent, frappées pour la circonstance [1], ont été jetées à la multititude par les hérauts d'armes, du haut d'une estrade établie dans le passage pratiqué sous le jubé [2].

L'archevêque de Reims, retourné à l'autel, est obligé d'attendre pendant assez long-temps que l'ardeur des acclamations soit calmée. Après avoir entonné le *Te Deum*, il reporte à la sacristie le reliquaire de la sainte

---

[1] La médaille est du plus petit module ; elle représente le buste de Charles X, avec cette inscription, *Carolus* X *rex Franciæ*, et au revers, le moment de son couronnement, avec cette légende, *Coronam favente Deo suscipit*. Une autre médaille, d'un grand module, offre, d'un côté, le portrait du roi en buste, avec cette inscription, *Carolus* X *rex christianissimus*, et, de l'autre, le moment de sa consécration, avec cette légende, *Rex celesti oleo unctus*. C'est cette dernière médaille qui a été donnée aux personnes invitées à la cérémonie. Sur toutes deux, l'exergue est *Remis* XXIX *die maii* MDCCCXXV. La gravure fait honneur au talent de M. Gayrard.

[2] Ainsi, le trône représente exactement l'ancien pavois, du haut duquel le souverain exalté jetait lui-même des monnaies au peuple. Il est à désirer que cette forme de distribution soit remplacée par un mode plus régulier, moins tumultueux, moins dangereux et plus décent.

ampoule. Le cantique d'actions de grâces est exécuté par les musiciens de la chapelle, sur la partition de M. Lesueur. On y remarque plusieurs inspirations heureuses, de l'élan, de l'énergie, et les cris d'allégresse, appuyant ces mâles accens, en fortifient l'effet.

MESSE DU SACRE.

Immédiatement après le *Te Deum*, on chante l'*Introït*. L'archevêque revient avec le clergé assistant, et la grand'messe commence. Pendant qu'on la célèbre au maître-autel, un chapelain de SA MAJESTÉ dit une messe basse au petit autel du trône.

Le *Kyrie* et le *Gloria*, chantés en musique, sont de M. Cherubini, auteur de toute la messe, et dont le grand style est digne d'une telle solennité. Les plus sublimes beautés de l'art se déploient dans ces morceaux. Des masses superbes y contrastent avec les détails les plus délicats ; peut-être même a-t-on à regretter que quelques-uns de ces détails, d'une finesse trop étudiée, se perdent dans l'immensité de la basilique.

Au moment où l'évêque-diacre commence l'évangile, les princes ôtent leurs couronnes, et les cardinaux assistans, leurs mitres ; M. le Dauphin va ensuite ôter la couronne à SA MAJESTÉ. Le roi ne pouvant se dessaisir du sceptre ni de la main de justice tant qu'il est sur le trône, ses mains ne sont pas libres, et pourtant, comme les autres hommes, il doit se découvrir devant Dieu. C'est M. le Dauphin qui lui rend cet office; la couronne est un objet sacré; celui-là seul a droit d'y mettre la main, qui doit un jour la placer sur sa tête.

Après l'évangile, M. le Dauphin remet au roi la couronne. L'évêque-diacre donne le livre des évangiles au grand-aumônier, qui le porte au roi et le lui présente ouvert à baiser.

L'orchestre exécute le *Credo*, morceau d'un grand caractère, où les intentions si variées du symbole de la foi sont peintes énergiquement par la musique. Toutefois, l'étendue du local ferait désirer plus d'éclat dans ces tableaux, et peut-être quelques-unes de ces touches d'instrumens à vent que l'habile compositeur sait si bien employer.

L'offertoire amène une cérémonie imposante. Le roi d'armes et trois héraults vont prendre les offrandes près de l'autel et les remettent, sur des tavaïolles[1], aux quatre chevaliers du Saint-Esprit destinés à les porter[2].

[1] On appelle *tavaïolle* une espèce de nappe en étoffe précieuse, sur laquelle on porte certains objets du culte, tels que le pain bénit dans les grandes fêtes, les châsses des saints, etc.

[2] En indiquant la marche du cortége, on a désigné les noms de ces chevaliers et la nature de l'offrande portée par chacun.

Ceux-ci s'avancent au milieu du chœur, montent au trône, et présentent les offrandes au roi. Tous les regards s'attachent avec intérêt sur le duc de la Vauguyon, qui chancelle sous le poids de l'âge et de l'offrande.

Sa Majesté descend du trône en cortége, et s'avance vers le sanctuaire. Après avoir salué l'autel, elle remet le sceptre à M. le maréchal duc de Dalmatie, et la main de justice à M. le maréchal duc de Trévise; puis elle s'agenouille sur un carreau placé devant l'archevêque, qui est assis sur son siége, le dos tourné à l'autel. Le roi prend les offrandes des mains des chevaliers, et les présente successivement au prélat, en baisant à chaque offrande l'anneau épiscopal. Trois *Offertorio* de M. Cherubini accompagnent cette cérémonie, l'animent et la rendent plus pompeuse par la magie d'un art qui colore avec les sons, et qui, semblable à la vie, change et se meut, quand les autres arts demeurent immobiles.

Sa Majesté, ayant repris le sceptre et la main de justice, est remontée à son trône. Jusqu'à la Préface, le peuple avait continué d'entrer dans la nef, et la démonstration de ses transports n'avait été qu'un écho d'acclamations. Mais au Canon de la messe, les portes de l'église se sont refermées; la circulation a cessé, et l'enceinte sacrée est redevenue mystérieuse pour la consommation du plus grand des mystères.

A l'élévation, la couronne du roi est ôtée par M. le Dauphin, comme elle l'avait été à l'évangile. Ce moment est encore plus auguste, parce que tout y est prosterné devant la majesté divine, comme il sied bien à l'homme de l'être.

Par les chants du *Sanctus* et de l'*Agnus Dei*, une musique, qu'on croirait celle des anges, conduit à la bénédiction; l'évêque-diacre l'annonce, l'archevêque la donne [1].

Alors le grand-maître des cérémonies vient avertir le grand-aumônier d'aller prendre le baiser de paix pour le porter au roi; le grand-aumônier le reçoit de l'archevêque et le porte; le Dauphin et les princes quittent leurs couronnes, et viennent à leur tour le recevoir de SA MAJESTÉ.

Après le *Domine Salvum*, chanté en faux-bourdon, le roi retourne à l'autel. Le Dauphin, ayant quitté sa couronne, ôte encore celle du roi, et SA MAJESTÉ remet de nouveau ses autres insignes à ses deux maréchaux;

[1] Quand le nonce du pape assiste à une messe solennelle, il a le droit d'y donner la bénédiction au peuple; mais, par un privilége attaché au siége de Reims, l'archevêque, en sa qualité de légat-né du Saint Siége, a de tout temps conservé et exercé ce droit, en présence du nonce pontifical.

elle se rend à son confessionnal, derrière l'autel. Pendant ce temps, on avait préparé la sainte table; la nappe de communion est tenue d'un côté par M. le grand-aumônier et M. l'évêque d'Hermopolis, de l'autre, par M. le Dauphin et M. le duc d'Orléans. Le roi revient à l'autel, et communie sous les deux espèces[1].

Toute l'assemblée est à genoux et dans le plus profond recueillement. Depuis l'instant où SA MAJESTÉ a quitté son trône pour la dernière fois, une marche sacrée, d'un caractère à la fois grave et doux, avait exalté les sentimens pieux dans toutes les âmes, et le génie a bien servi la religion[2].

Après la communion, le Dauphin vient remettre au

[1] On distingue entre cette communion et celle qui fut en usage dans l'Église d'Orient, pendant les trois premiers siècles. Les fidèles aspiraient le précieux sang avec un chalumeau, tandis que les rois de France le boivent dans le calice, à la manière du prêtre. La communion ecclésiastique leur est accordée deux fois dans leur vie, au sacre et à l'article de la mort.

[2] Il est temps de payer à tous les musiciens de la Chapelle du Roi un juste tribut d'éloges. Dans un si grand nombre de morceaux si variés de caractère, ils ont montré le plus grand talent. Si l'on excepte quelques morceaux de plain-chant contre-pointé, sans accompagnement instrumental, où les chanteurs ont quelquefois bronché, faute d'habitude de ce chant d'église, l'exécution a été parfaite, et ce nombreux orchestre, supérieurement conduit par M. Plantade, a soutenu sa haute réputation. La musique française est aujourd'hui la meilleure de l'Europe. Mais prenons garde à nous.

roi sa couronne. Quand Sa Majesté, toujours agenouillée, a prié pendant quelques instans, l'archevêque s'approche d'elle et lui ôte la couronne de Charlemagne, qu'il remet à M. le maréchal comte Jourdan, pour la porter devant Sa Majesté ; il pose ensuite sur la tête du roi la couronne de diamans. On entonne le psaume *Exaudiat*, et le prélat apporte le corporal à baiser au roi : c'est là la dernière formalité religieuse.

Charles x, après avoir repris ses insignes, salue l'autel. Le cortége se reforme, et Sa Majesté s'achemine vers ses appartemens, toujours soutenue à droite par l'archevêque. Des cris de *Vive le roi* partent de chaque tribune, à mesure qu'il passe devant elle. Il s'arrête quelquefois dans sa marche pour saluer cette élite de la population française; il le fait toujours affectueusement et avec grâce. Lorsqu'il arrive vis-à-vis le trône, tous les drapeaux s'inclinent avec respect, et quand il a disparu au milieu de son cortége, sa couronne, qui brille au loin, le fait distinguer encore.

Telle est l'auguste solennité du couronnement, la même aujourd'hui au fond, presque la même dans la forme qu'au temps de Charlemagne, beaucoup perfectionnée au sacre de Charles x, mais sans être altérée, et d'autant plus respectable, que son origine se perd dans la nuit des âges. Cette constance pour les grandes choses devrait seule nous disculper du reproche de légèreté. La mode n'a point d'empire en France sur ce qui constitue ou intéresse l'héritage des traditions et des souvenirs. Le sacre y est toujours un mélange de sacerdoce et de chevalerie. L'onction, et par suite de l'onction, la communion sous les deux espèces, la forme sacerdotale des habits royaux, le baisement de l'autel, du livre des évangiles ouvert, du corporal, continuent d'y assimiler le monarque à une personne ecclésiastique. Quant à l'investiture des insignes, la forme en est empruntée de la chevalerie; le prince y est, pour ainsi dire, armé roi.

Dire que, dans cette cérémonie, rien n'a manqué, c'est louer par un mot, ou plutôt par un fait, le plan des architectes, dont la disposition a suffi sans embarras à une telle complication de détails; c'est faire encore plus l'éloge de l'ordonnateur général, M. le marquis de Dreux-Brézé, grand-maître des cérémonies; car rien ne prouve mieux avec quelle prévoyance il avait conçu, avec quelle netteté développé, avec quelle précision appliqué son vaste programme.

Le roi était arrivé à huit heures dans la basilique de Reims; il en est sorti à onze heures et demie. On croira sans peine que ce temps s'est écoulé avec une étonnante rapidité. Un étranger, dont les usages sont bien opposés aux nôtres, et qui, né sur les bords africains, a eu en France l'agréable surprise de pouvoir converser dans sa langue avec le premier magistrat de la capitale, Sidi Mahmoud, disait à M. Chabrol de Volvic, en sortant de l'église, que le temps ne lui avait pas paru long.

CHAPITRE XIII.

Retour du roi à l'archevêché. Description de la couronne. Réception du clergé. Festin royal.

Le roi retourne à l'archevêché par la galerie couverte. Sa Majesté se remontre au dehors, non plus sous cette étoffe d'argent si peu digne de la grandeur royale, mais parée de tout ce que le luxe, dirigé par le goût, a pu inventer et réunir de plus somptueux. La couronne surtout attire et fixe les regards. C'est le plus excellent morceau qu'ait produit l'art de mettre en œuvre la plus précieuse des substances, et le diamant qui la surmonte est lui-même le chef-d'œuvre de la nature fossile.

Ce diamant unique, connu sous le nom de *Régent*[1], ornait la couronne de Louis XVI; mais placé au milieu du bandeau, dont il ne servait guère qu'à marquer le devant, il était peu visible, et, pour ainsi dire, absorbé. La couronne de France s'enorgueillissait encore de plusieurs autres brillans célèbres, tels que le *Sancy*, le

[1] Il est aussi appelé le *Pitt*.

Miroir de Portugal, les *Mazarins*, aujourd'hui dispersés ou perdus. Mais ces trésors lapidaires ne tiraient presque aucun relief de leur mise en œuvre; leur mélange avec des pierres de toutes couleurs formait une sorte de mésalliance; aussi, quoique la forme de la couronne fût gracieuse et même élégante, la combinaison mal entendue de ses élémens nuisait à son effet, et lui ôtait une partie de sa valeur. Il faut ajouter que la monture à jour était alors dans l'enfance, et que la joaillerie était presque privée de cette ressource. Cependant, quel art doit plus à la main-d'œuvre que celui-là, puisque sans elle le diamant lui-même ne serait rien?

D'un autre côté, le roi n'était pas assez riche en pierres précieuses pour qu'on pût lui composer une couronne entière dans un seul système; on réunissait donc tout ce qu'on avait de pierreries; le rubis, l'émeraude, le saphir, la topaze, les perles s'associaient au diamant par nécessité[1]. Mais SA MAJESTÉ possédant aujourd'hui une collection bien assortie, l'artiste a saisi l'occasion de confectionner un joyau colossal, en se conformant au principe d'unité, qui est la loi de tous les arts. L'artiste est M. Bapst, joaillier de la couronne, dont le talent est depuis long-temps en première ligne.

---

[1] La couronne était démontée après chaque couronnement; on en faisait servir les diamans et les pierres à d'autres usages.

La couronne de Charles x se compose de diamans et de saphirs d'Orient d'un excellent choix et d'un prix, en quelque sorte, inestimable. Le saphir est, après le diamant, la plus précieuse des pierres gemmes, ou du moins, celle qui a le plus de caractère. Les anciens en ornaient les statues des dieux, et comme il était un attribut de la souveraineté plus qu'une parure de la beauté, Jupiter le revendiquait. Son bleu sévère, d'un ton ferme sans dureté, s'oppose bien à la blancheur adamantine; il en interrompt la brillante monotonie, et loin de former à côté du diamant une bigarrure colorée, il fait valoir celui-ci par le plus riche contraste. D'ailleurs, ces deux couleurs sont celles de l'écu de France, association que la fête de la monarchie devait montrer partout.

La nouvelle couronne est formée d'un cercle d'or qui en constitue le bandeau. Là, sont les principaux saphirs, enchâssés dans des ornemens d'un goût simple, entre deux rangs de beaux chatons. Sur le bord supérieur du bandeau, s'élèvent huit fleurs de lis formées de solitaires d'une grosseur relative à l'étendue de chaque fleuron; c'est une règle adoptée pour la construction de la couronne que les fleurs de lis n'y soient qu'en diamant, pour imiter la blancheur du lis français. Elles alternent avec autant de petites fleurs d'ornement en brillans et en saphirs. Du sommet des fleurs de lis, partent huit branches composées de saphirs et de solitaires, qu'enchaînent l'un à l'autre des rinceaux de feuillages courans. Ces longues bandes vont en se rétrécissant vers le haut; elles s'y recourbent et s'y rapprochent pour fermer la couronne[1]. Un cercle de forts brillans, embrassant comme un collet les huit branches infléchies, les lie en un faisceau; leurs extrémités se replient en dehors; elles forment, par leur épanouissement, une espèce de champignon, sur lequel repose, ou plutôt, dans lequel s'implante le superbe ornement terminal. C'est une fleur de lis à quatre faces, dont le compartiment supérieur est occupé par le Régent seul. La grandeur de cette pierre, le travail parfait de sa taille, la pureté de son eau, sa transparence, la vivacité et l'éclat de son jeu, assignaient au phénix minéral la place d'honneur. En effet, il domine la couronne.

Toutes ces pierres sont montées à jour, aussi légèrement que pouvait le permettre et le volume de chaque pierre en particulier et celui de la couronne même. Partout la solidité devait se concilier avec la délicatesse. Plus de cinq mille cinq cents pierres sont adroitement

---

[1] Autrefois, la couronne de l'empereur était seule fermée; le diadème du roi était ouvert et évasé à son bord supérieur : c'est François Ier qui ferma le premier la couronne royale.

serties dans un réseau d'or universel[1], dont le tissu délicat, croisé en tous sens, rappelle les nervures d'une feuille. La masse est élastique et tremblante; on croirait que les branches se sont naturellement affaissées sous le poids de la fleur de lis tétragone, et que la couronne doit sa courbure à ce poids; mais on peut la saisir et la manier sans accident. L'art a su faire avec tant de molécules diverses un tout parfait; avec des élémens rigides, invariables, il est arrivé à des proportions régulières, à une forme pure, à un galbe élégant, et la plus grande simplicité s'allie à la plus grande richesse[2]. Si donc cela est beau, ce n'est pas par cette richesse seule, triste supplément de la beauté comme de la vertu, mais par l'emploi qu'on en a su faire.

J'ai long-temps contemplé ce chef-d'œuvre; je me suis complu à y voir jaillir la lumière en éclairs rapides, scintiller la couleur en mobile arc-en-ciel, et par un jeu inattendu, l'iris des diamans se refléter dans le miroir des saphirs; la prairie étincelante de rosée aux premiers rayons du soleil n'est pas plus vive et plus éblouissante. Cependant, la parfaite limpidité des pierres m'a plus

[1] Dans le poids total de la couronne, qui est de 5 marcs 2 onces et 3 gros, celui des diamans entre pour 2 marcs et 1 gros. Le Régent seul pèse 136 karats $\frac{7}{8}$.

[2] Dans le prix total de la couronne, estimée 16 millions, le Régent seul entre pour 12 millions.

étonné que cet éclat; on dirait de l'eau solide. Ainsi, le rapprochement entre l'eau et le diamant était sous la main; mais il n'appartenait qu'à Newton de rapprocher ces deux limpidités par la propriété combustible, et de dire, « Voilà les corps qui brûlent le mieux, » lorsque cent ans après encore, le reste des hommes ne voyait dans l'un qu'une substance inattaquable au feu, et, dans l'autre, une substance qui l'éteint [1].

Sa Majesté, rendue au palais archiépiscopal, traverse, au milieu des dames de la cour et d'une foule de personnes qui ne faisaient point partie du cortége, la salle des Rois. Cette grande pièce gothique, construite en avant de l'archevêché sur toute sa longueur, et que je n'ai qu'indiquée en le décrivant, va bientôt appeler plus particulièrement notre attention; elle sera le théâtre d'un des beaux épisodes de la fête, du Festin royal. En arrivant dans l'intérieur de ses appartemens, le roi, après avoir remis son sceptre et sa main de justice aux

---

[1] J'avais fait dessiner et graver cette belle couronne; mais la gravure au simple trait, quoique traitée avec beaucoup de soin, n'a pu parvenir à rendre l'effet. D'ailleurs, pour intéresser par un parallèle entre ce dessin et celui de la couronne de Louis XVI, il aurait fallu enluminer les pierres, ce qui sortait de mon plan. J'ai donc supprimé la planche. On se fera une juste idée de cette merveille de la joaillerie, en jetant les yeux sur le portrait du roi, par M. Gérard.

deux maréchaux qui avaient déjà porté ces insignes, se déshabille en partie ; la chemise et les gants qui avaient touché l'onction sainte, devant être brûlés, sont remis à M. le grand-aumônier.

Peu d'instans après, M. l'archevêque de Reims, tous les prélats invités au sacre et le chapitre métropolitain furent reçus en audience par Sa Majesté. M. le cardinal de Clermont-Tonnerre, à la tête du clergé, porta la parole en ces termes :

Sire,

« L'auguste cérémonie du sacre de Votre Majesté
« a répandu la joie et le bonheur dans tous les cœurs
« français. Elle est encore le triomphe de la religion.

« Pour la première fois depuis un demi-siècle, cette
« religion sainte vient de consacrer, d'une manière so-
« lennelle, les destinées de la France.

« Le digne fils de saint Louis a reçu l'onction sainte
« des mains du pontife du Seigneur : Votre Majesté
« a reconquis tout son héritage.

« Le clergé de votre royaume, Sire, dont j'ai l'hon-
« neur d'être l'organe, a offert au Dieu qui régit les
« empires, les vœux les plus ardens pour la prospérité
« du règne de Votre Majesté..... Il les exauce, Sire ;
« ils sont inspirés par l'amour, le respect, le dévoue-

« ment le plus entier..... Ils sont formés pour un roi dont
« la foi est aussi vive qu'elle est vraie.

« VOTRE MAJESTÉ veut la religion; nous la seconde-
« rons de tous les efforts d'un zèle prudent et éclairé.

« Puisse la sagesse de VOTRE MAJESTÉ ne trouver au-
« cun obstacle dans l'exécution de ses desseins, pour ac-
« corder à l'église de France une bienveillante protec-
« tion que sollicitent les besoins des peuples confiés à
« notre sollicitude pastorale.

« Permettez, Sire, à un vieillard que sa longue car-
« rière a placé à la tête de l'épiscopat, de déposer dans
« le cœur de VOTRE MAJESTÉ les vœux du sacerdoce
« français, qui se confie entièrement dans les sentimens
« religieux de VOTRE MAJESTÉ.

« Sire, je bénis le Seigneur qui m'a donné de voir l'au-
« rore des beaux jours de la religion : plus heureux que
« les patriarches de l'antique Israël, je puis saluer de
« près d'aussi belles espérances. Pénétré d'un si conso-
« lant espoir, j'avance avec confiance vers la céleste
« patrie qui est le but et le terme des rois et des
« sujets. »

Le roi a répondu, entre autres choses : « Tout ce
que je ferai pour la religion, je le ferai pour le bonheur de mon peuple. » Ces sages paroles, d'un tact

exquis, circonscrivent les priviléges de la religion dans les limites de la raison publique; elles montrent l'esprit de discernement uni à l'esprit de tolérance.

La foule des spectateurs avait suivi SA MAJESTÉ dans ses appartemens. Au bout d'une heure, les maîtres des cérémonies avertirent que la réception était terminée. Le public se retira, et il ne resta plus dans la salle des Rois que les officiers de service et le très-petit nombre de personnes admises à voir le Festin royal.

La salle dont il s'agit a la forme d'un carré long. Primitivement elle avait celle de la lettre T, ce qui l'avait fait surnommer le Tαv. A gauche en entrant, s'élève, au fond, une haute cheminée, au dessus de laquelle est la statue de saint Remi; les portraits de Clovis et de Hugues Capet sont un peu plus bas, à droite et à gauche. Le manteau de cette cheminée est orné de blasons, au milieu de pampres et d'entrelacs gothiques sur un fond fleurdelisé. Ces armoiries sont celles du cardinal Briçonnet, archevêque de Reims, qui fit ajouter cette salle au palais archiépiscopal, en 1499. L'écu est surmonté par le chapeau de cardinal, où pendent de chaque côté des cordons à dix houpes, et accolé d'une croix à simple traverse, avec la légende *Ditat servata fides*[1].

---

[1] Le cardinal Briçonnet avait une autre devise en français, *Humilité m'a exalté.*

Cette salle, depuis l'époque de sa construction, a toujours servi au banquet royal, pour lequel on établissait auparavant de vastes appareils en charpente, formant théâtre dans la cour du palais; car le festin d'apparat est un des élémens constitutifs de la cérémonie; il remonte à la première origine.

Imposante par son étendue[1], plus imposante par ses souvenirs, cette pièce exigeait qu'on lui conservât sa physionomie primitive et son caractère antique. Guidé par ce motif, l'habile restaurateur du palais a repeuplé cette enceinte, et des prélats qui l'ont habitée, et des monarques qui l'ont visitée. M. Mazois a mis à profit les dispositions existantes, non pas pour en rétablir intégralement l'ordonnance première, mais pour en faire une des salles gothiques les plus riches et les plus élégantes qu'il soit possible d'imaginer.

Une irrégularité grave déparait ce local. A l'extrémité en face de la cheminée, et d'un seul côté de la porte, se trouvait un contrefort destiné à retenir la poussée d'une voûte de décharge. Ce pilier sans pendant, et dont la masse irrégulière ne se rattachait à rien, faisait disparate. Ici la difformité a donné nais-

[1] Sa longueur est de 98 pieds, sa largeur de 46, sa hauteur de 22 jusqu'à la naissance de la voûte, et de 32 jusqu'à la clef. Le duc de Guise, archevêque de Reims, en avait fait sa salle des gardes.

sance à une beauté. A l'aide d'une autre saillie symétriquement imitée, ce poteau est devenu le soutien d'une magnifique tribune qui a décoré le fond de la pièce. Comme une partie de la cheminée en face était bien conservée, ces restes précieux, tout en fournissant les données nécessaires pour la restaurer elle-même et pour l'embellir, ont procuré quelques-uns des élémens dont on avait besoin pour mettre la tribune en harmonie avec le reste. Gracieuse dans ses formes, légère dans ses détails, agréablement capricieuse dans sa décoration, mais sans être bizarre, entourée d'un balcon de pierre à jour très-élégant, cette tribune montrerait seule combien de ressources l'homme de goût peut tirer des difficultés mêmes. Comme tous les ornemens sont très-délicats, leur multiplicité ne nuit en rien à l'apparence svelte de l'ensemble. C'est bien là le caractère de l'architecture gothique.

Des fenêtres cintrées éclairent la salle par des vitraux peints. Neuf solives transversales à baguettes d'or servent de tirans [1]; à chacune d'elles sont suspen-

---

[1] Ce sont ces poutres récépées sur place dont il a été parlé à la description de l'archevêché (*voir* page 91). J'ai tâché d'y donner une idée de la restauration par une peinture de la dégradation. J'ajoute ici que cette salle a seule employé cent vingt-cinq milliers de plâtre au moins, c'est-à-dire, plus que toute la province n'en consomme en plusieurs années.

dus deux lustres qui s'attachent à des viroles d'or ; sept lustres plus élevés pendent à la voûte même. Cette voûte, élancée en ogive, forme une concavité immense; peinte en bleu tendre, elle offre l'aspect d'un ciel d'azur parsemé d'étoiles d'or. Ce firmament est l'ouvrage de M. Mazois.

Il ne fallait pas perdre de vue que la majesté royale serait présente, c'est-à-dire que le système d'embellissement devait prendre un caractère assorti à la grandeur de l'hôte royal. Le beau parti pris à cet égard a été emprunté à l'histoire. Au dessus du soubassement, sont représentés les monarques français signalés à notre respect, à notre admiration et à notre amour par les titres de *Saint*, de *Juste*, de *Grand*, de *Bon*, de *Bien-aimé*; les deux *Dieudonnés* y figurent[1]. Ces portraits[2], qui occupent la longueur de la salle vis-à-vis des fenêtres, y alternent avec de riches panneaux à fond blanc fleurdelisés en or. Le relief de ces pein-

[1] Philippe Auguste et Louis XIV.
[2] Ce sont eux qui ont fait donner à cette pièce le nom de *Salle des Rois*. Ils sont au nombre de quatorze, et chaque tableau a huit pieds de haut sur cinq et demi de large. L'auteur est M. Gosse. Le même artiste a peint avec le même talent, pour le plafond de la chambre à coucher du roi, dans le palais archiépiscopal, un tableau de quatorze pieds sur huit et demi, représentant l'alliance de la Religion, de la Royauté et de la Justice, figurées par des anges.

tures, que j'ai critiqué dans les portraits mosaïques de l'église[1], étant motivé ici, se trouve à sa place et ne mérite que des éloges. L'exécution en est hardie et brillante; la couleur, vive et fraîche; le mat de la détrempe les fait paraître au premier coup d'œil comme de belles tapisseries des Gobelins. L'artiste a conservé à ces rois la physionomie transmise par les monumens. Tout cela est bien entendu, et si l'effet artiel est heureux, l'effet moral ne l'est pas moins. Appelés à ce banquet royal comme témoins d'une grande solennité, après y avoir été autrefois acteurs eux-mêmes, ils semblent ajouter à la majesté présente celle des temps passés, et garantir la gloire du règne qui commence par celle des règnes glorieusement finis.

Au dessus de la corniche, à la naissance de la voûte, règne dans tout le pourtour une riche dentelle ornée de médaillons qui représentent en buste seize archevêques. Tous ces prélats ont occupé le siége de Reims. Je ne les passerai point en revue. Mais l'image du cardinal de Talleyrand-Périgord peut-elle ne pas rappeler les touchans adieux qu'il adressait à cette métropole, en la quittant pour celle de Paris? « Adieu, église de Reims, s'écriait-il, berceau de la foi des Français; adieu, ville royale et célèbre, témoin de tant de magni-

---

[1] *Voir* la note page 165.

ficence et de majesté. Puissiez-vous renaître à la joie, en revoyant l'héritier de Clovis, de Charlemagne et de saint Louis recevoir dans vos murs cette onction sainte, qui, sans rien ajouter à la souveraineté des rois, la rend par la grâce plus favorable aux peuples et moins dangereuse pour les princes[1] ! » Le vœu de ce vénérable pontife est accompli.

Au fond de la salle, contre la cheminée, s'élève sur trois marches une estrade recouverte d'un des plus riches tapis qui soient sortis de la manufacture de la Savonnerie, si célèbre par la beauté de ses ouvrages. Le trône du roi, placé sur cette estrade, est surmonté d'un dais en velours cramoisi, semé de fleurs de lis d'or et d'ornemens en bosse. A gauche du trône, une tribune tendue en velours et en soie, est destinée à recevoir les princesses, l'étiquette ne leur permettant de prendre part au festin que comme spectatrices.

Devant le trône, est la table du roi, à laquelle doivent s'asseoir M. le Dauphin, M. le duc d'Orléans et M. le duc de Bourbon.

De chaque côté de la salle, sont quatre tables magnifiquement servies, savoir : à droite du trône, la table des ambassadeurs, puis celle des pairs; à gauche, la table des grands-officiers de la couronne, puis celle des députés.

[1] Mandement de M. l'archevêque de Paris.

Au bas de la salle, vis-à-vis la cheminée, la table des ecclésiastiques termine et clot la série des tables, en barrant la salle par le travers. Mais comme on avait besoin de laisser un passage libre pour l'entrée et la sortie du roi et de ses convives, cette table avait été séparée en deux parties sur roulettes, en sorte que, dès que le cortége serait passé, on n'eût qu'à les rapprocher pour les réunir. Après le repas, elles se rouvrirent, et livrèrent de nouveau le passage au roi et à sa suite.

La table du roi était servie en vermeil; mais la crainte d'élever entre Sa Majesté et les convives une sorte d'obstacle à la vue, avait fait écarter de son couvert les magnifiques surtouts, les candelabres et une partie de la vaisselle d'or qui devait l'orner. En cela, M. de Cossé mérite des remercîmens. Rien ne devait intercepter les regards de satisfaction et d'amour qu'échangeaient les convives avec l'hôte auguste qui les admettait au banquet de famille, à ce banquet où, pour la première fois, le monarque appelait ses peuples en la personne de leurs députés.

Lorsque l'heure du festin fut arrivée et que les princes, qui s'étaient retirés un moment, furent rentrés, le premier maître-d'hôtel du roi alla prendre ses ordres. Alors, le grand-maître des cérémonies sortit pour aller chercher les députés. Le premier maître-d'hôtel les reçut à la porte de la salle, et les fit placer à leur table, debout et tournés de manière à voir le roi, lors de son passage. On observa le même cérémonial pour les pairs de France et pour les ambassadeurs étrangers.

Ces dispositions faites, le premier maître-d'hôtel, suivi de tous les officiers de la bouche et du gobelet, revêtus de leurs riches uniformes, se formèrent en cortége, précédés par la musique des gardes-du-corps, et suivis par douze pages du roi. Ils allèrent chercher dans cet ordre le dîner de SA MAJESTÉ, qui fut apporté, suivant l'antique usage, au bruit des fanfares[1].

Quand le dîner fut servi, le cortége alla chercher le le roi et les princes, au son d'une musique militaire. SA MAJESTÉ était en costume royal, la couronne de diamans sur la tête; et comme ce costume rappelait en beaucoup de points celui du temps de François 1er, on eût dit le *Père des lettres* dans une salle du palais de

---

[1] Autrefois, les plus grands seigneurs de la cour, montés sur des chevaux couverts de drap d'or, aidaient à porter les mets et à les poser sur la table. Ce service équestre s'explique par la disposition du banquet, qui était exhaussé sur une espèce de théâtre. Une autre coutume singulière était de faire des pains bis de la grandeur d'une assiette; les convives du Festin royal en faisaient usage en guise d'assiettes, et à mesure qu'on desservait, ces pains étaient distribués aux pauvres.

Fontainebleau. Salué en passant par les députés, par les pairs et les ambassadeurs, elle se plaça sur son trône. Les insignes royaux furent déposés sur la table, qui fut servie par les grands-officiers et officiers de l'hôtel. Les maréchaux de France étaient debout près du roi.

Le premier aumônier récita le *Benedicite*, puis il alla prendre place à la table des ecclésiastiques; les grands-officiers de la couronne se placèrent aussi à celle qui leur était destinée.

Les princes avaient sur la tête la couronne ducale en or [1]; tous les convives étaient assis et couverts; les cardinaux, archevêques et évêques, en chape et en mitre. Aux extrémités de la table épiscopale, deux acolytes portaient, l'un la crosse, et l'autre la croix de l'archevêque de Reims.

Pendant le premier service, l'orchestre fit entendre les airs les plus mélodieux, et presque tous pris dans les thèmes nationaux et populaires les plus analogues à la circonstance. Cette sorte de musique allégorique, en rapport avec les sentimens de chacun, avait infiniment de charme.

Il n'y eut deux services qu'à la table du roi; le second fut apporté avec les mêmes cérémonies que le premier.

On ne saurait décrire la majesté de ce banquet,

---

[1] Autrefois, les six pairs laïcs étaient ainsi couronnés.

moins remarquable encore par la porcelaine, l'argenterie, le vermeil, riches produits de nos arts et de notre industrie, que par l'ordre admirable du service. *L'ordre est une magnificence,* a dit Jean-Jacques Rousseau. Cette belle cérémonie le prouvait.

Le repas dura une demi-heure. Le premier maître-d'hôtel ayant pris les ordres du roi, une fanfare annonça la fin du banquet. Un des maîtres-d'hôtel était venu chercher à sa table M. l'archevêque de Reims ; ce prélat récita les grâces au roi, après que l'aumônier de service et M. le Dauphin eurent présenté à laver à Sa Majesté[1].

Le roi descendit de son trône aux cris de *Vive le roi!* En se retirant, il s'arrêta devant chaque table, salua les convives, et leur adressa de ces paroles aimables qu'il sait si bien dire, et qui ont tant de prix quand elles s'échappent d'une bouche royale.

Jamais cérémonie semblable n'eut plus de vraie dignité. C'était la première fois que les distinctions héréditaires de castes disparaissaient en se confondant avec les distinctions de l'État, les seules qui soient un appui

---

[1] L'aumônier, qui était M. l'abbé de la Chapelle, directeur des affaires ecclésiastiques au ministère des cultes, présenta au roi une serviette mouillée sur un plat d'or, et M. le Dauphin lui présenta une serviette sèche, pour s'essuyer les mains.

solide et constant pour le trône, parce qu'elles ne sont rien sans lui; c'était la première fois que le peuple français voyait s'asseoir à côté de son roi les dépositaires de sa liberté légale, devenus les interprètes de son amour. Aussi, jamais roi de France ne parut dans cette occasion, comme dans toutes les cérémonies du sacre, plus grand ni plus puissant que Charles x; car presque toutes ces cérémonies furent des solennités imposantes, parce qu'aucune classe de la société n'en fut exclue ou isolée; la société tout entière était là, dans ses sommités comme dans ses subdivisions : je ne crains pas de le répéter, sûr de faire plaisir à tous les Français; c'était une fête de la grande famille, une véritable fête de la France[1].

[1] Les arts sont donc là dans leur vrai domaine. Indépendamment du tableau du *Sacre*, commandé par le roi à son premier peintre, il doit paraître une collection de peintures représentant les principales cérémonies. Voici la liste des sujets et les noms des artistes :

MM.

Les deux cardinaux venant chercher le roi..	Chabord.
Le roi se rendant à l'église............	Lemasle.
Le Serment.......................	Delaval.
La Consécration...................	Gaillot.
Le Couronnement..................	Debuffe.
L'Intronisation....................	Thomas.
Les Offrandes.....................	Champmartin.
La Communion....................	Rouget.
Le Festin royal....................	Souchon.

Cette entreprise est dirigée par MM. James Vere et Lemasle.

CHAPITRE XIV.

Réception du corps diplomatique. Cérémonie de l'ordre du Saint-Esprit.

Le lendemain 30 mai, à dix heures du matin, MM. les ambassadeurs et ministres étrangers ont été admis à faire leur cour au roi et à la famille royale. Dans cette réunion, M. le nonce apostolique a complimenté le roi en ces termes, au nom du corps diplomatique :

Sire,

« Le corps diplomatique, encore ému de l'auguste
« cérémonie dont il vient d'être témoin, et de tous les
« souvenirs qu'elle rappelle, s'empresse d'offrir à Vo-
« tre Majesté l'hommage de ses félicitations.
  « Après de longues traverses, suivies d'événemens si
« merveilleux, que vainement on s'efforcerait de les
« expliquer par des causes purement humaines, un des
« rois vos prédécesseurs reçut dans cette antique cité
« l'onction sainte, qui avait coulé sur le front de
« Clovis.

« Éprouvé, Sire, par des infortunes plus grandes,
« mais qui n'ébranlèrent jamais votre âme royale, la
« Providence vous a conduit d'une manière non moins
« merveilleuse au pied du même autel où Charles vii
« ressaisit cette glorieuse couronne dont vos vertus
« relèvent encore l'éclat.

« En voyant la religion, qui seule affermit les
« trônes, consacrer les commencemens de votre règne,
« l'Europe partage les espérances que la France en a
« conçues, en même temps qu'elle forme avec elle les
« vœux les plus ardens pour le bonheur de Votre
« Majesté, inséparable de la félicité publique, qui
« trouve, Sire, la plus sûre garantie dans votre sa-
« gesse, votre bonté et votre caractère. »

Le roi a répondu :

« Monsieur le nonce, dans une circonstance si inté-
« ressante pour la religion et pour la monarchie, je suis
« heureux de me voir entouré par les représentans de
« tous les souverains de l'Europe. Je suis très-sensible
« à tout ce que vous venez de me dire au nom du corps
« diplomatique. J'ai la ferme confiance que cette au-
« guste cérémonie profitera au bonheur de mon peu-
« ple, et je ferai tous mes efforts pour maintenir la
« paix et l'accord qui règnent heureusement parmi

« toutes les puissances. J'espère que Dieu bénira mes
« efforts. Nous ne pouvons rien sans lui. Messieurs,
« faites savoir, je vous prie, à vos maîtres, les senti-
« mens dont je suis animé, et ma reconnaissance pour
« la part qu'ils ont prise à mon sacre. »

Le même jour, à une heure après midi, ont été célébrées les cérémonies de l'ordre du Saint-Esprit, qui ont lieu le lendemain ou le surlendemain du sacre. Elles consistent dans la réception solennelle des chevaliers nommés antérieurement par le roi.

Dès onze heures du matin, les personnes munies de billets, la plupart en grande tenue, attendaient aux portes latérales; la foule est devenue si considérable à midi, au moment où les portes se sont ouvertes, qu'on a eu quelque peine à la contenir. On s'était montré moins rigoureux que la veille sur le costume, et beaucoup de curieux sont entrés en habit bourgeois.

La cathédrale présentait à peu près le même aspect que le jour du sacre. Il y avait eu seulement quelques modifications dans les dispositions intérieures. Le trône avait été descendu du jubé et placé au milieu du chœur. Un second trône, où devait se faire la réception des chevaliers de l'ordre du Saint-Esprit, s'élevait dans le sanctuaire à gauche sur une estrade de trois marches, devant les gradins occupés par MM. les députés. Le dais, qui, le jour du sacre, était suspendu au milieu du sanctuaire devant l'autel, était aujourd'hui attaché à la voûte de la croix de l'église, au dessus du fauteuil de Sa Majesté. A droite du fauteuil du roi, sur deux tables couvertes de velours cramoisi fleurdelisé, étaient posés sur des carreaux de velours les insignes de l'ordre du Saint-Esprit. A gauche, au bas de l'estrade était la table sur laquelle les chevaliers devaient signer leurs sermens. Vis-à-vis du fauteuil du roi, de l'autre côté de la croix, était le fauteuil de l'archevêque de Reims.

Une frise avait été placée au dessus de la ligne des stalles hautes du chœur, offrant alternativement, dans des compartimens gothiques, la plaque du Saint-Esprit et le blason de chaque chevalier, dont la place se trouvait ainsi désignée. Les deux trônes, leurs dais, les stalles hautes et basses, les marches de l'autel, étaient revêtues de soie verte, ornée des emblèmes des ordres, brodés en or.

La cérémonie de l'ordre du Saint-Esprit a été précédée de la réception des chevaliers non reçus dans l'ordre de Saint-Michel; car il faut être membre de celui-ci pour pouvoir faire partie de l'autre. Cette réception avait été faite au palais archiépiscopal, par M. le

Dauphin, assisté de M. le duc d'Orléans et de M. le duc de Bourbon. En voici sommairement le cérémonial.

Les chevaliers non reçus se sont rassemblés dans la grande salle qui précède les appartemens du roi, en costume de l'ordre, mais sans autre insigne que la croix brodée en paillettes d'argent, qu'ils conservent au côté gauche de l'habit par devant, et sur le même côté du manteau par derrière.

M. le Dauphin s'étant placé dans un fauteuil en avant du dais du roi, Son Altesse Royale a été aussitôt entourée des princes du sang, des deux plus anciens chevaliers de Saint-Michel et des grands officiers. Les récipiendaires ont formé un cercle devant elle et à quelque distance.

Le hérault d'armes a fait l'appel des nouveaux chevaliers, six par six. M. le Dauphin s'est levé; il a ôté son chapeau et l'a remis, a tiré son épée, puis il en a successivement frappé sur les deux épaules chaque récipiendaire agenouillé, en disant : *Au nom du roi, de par saint Georges et saint Michel, je vous fais chevalier.* Il a ensuite donné l'accolade à chaque chevalier, qui, se relevant, lui a fait une profonde révérence et s'est retiré.

La réception terminée, M. le Dauphin, précédé des princes du sang, de tous les chevaliers et des grands et petits officiers, s'est rendu processionnellement dans le cabinet du roi, pour y attendre SA MAJESTÉ et l'accompagner à la cathédrale.

A une heure, la marche processionnelle de l'ordre du Saint-Esprit s'est faite par la grande galerie couverte, dans l'ordre suivant :

L'huissier des ordres, seul en avant;

Le hérault seul, derrière;

M. le marquis d'Aguesseau, grand-prévôt, maître des cérémonies de l'ordre, ayant à sa droite M. le comte Desèze, commandeur grand-trésorier, et à sa gauche M. le marquis de Villedeuil, commandeur, secrétaire des ordres;

Le chancelier seul.

Suivent deux colonnes de chevaliers :

Colonne à droite.	*Colonne à gauche.*
MM.	MM.
Vicomte de Chateaubriand,	Marquis de Talaru,
Duc de San-Carlos,	Duc de Doudeauville,
Prince de Castel-Cicala,	Comte de Villèle,
Vicomte Lainé,	Maréchal marquis de Lauriston,
Marquis de Caraman,	Comte Charles de Damas,
Marquis Dessolle,	Baron Pasquier,
Maréchal marquis de Vioménil,	Duc de Blacas d'Aulps,
Duc d'Avaray,	Marquis de Rivière,
Maréchal duc de Raguse,	Marquis de Latour-Maubourg,

MM.	MM.
Maréchal duc de Tarente,	Duc Decazes,
Maréchal duc de Conegliano,	Maréchal duc de Reggio,
Duc de Lévis,	Maréchal duc de Bellune,
Duc de Duras,	Duc de Dalberg,
Duc d'Aumont,	Prince de Poix,
Duc de Luxembourg,	Duc de Grammont,
Prince de Hohenlohe,	Prince de Talleyrand,
Duc de la Vauguyon.	Duc de la Rochefoucault [1].

M. le duc de Bourbon,

M. le duc d'Orléans,

M. le Dauphin,

Le Roi

accompagné de tous les grands-officiers de sa maison, et de MM. les commandeurs ecclésiastiques, M. le cardinal duc de la Fare, M. le cardinal prince de Croï, M. le cardinal duc de Clermont-Tonnerre, M. l'archevêque de Bordeaux, M. l'abbé duc de Montesquiou, M. l'archevêque de Reims [2].

En entrant dans le chœur, les membres de l'ordre se découvrent, à mesure qu'ils y arrivent. Les deux

---

[1] M. le duc de Damas n'a pu assister à la cérémonie, par suite du même accident qui a empêché M. le comte Curial de remplir ses fonctions à la cérémonie du sacre.

[2] Les ecclésiastiques n'ont pas le titre de chevaliers; ils sont seulement commandeurs de l'ordre du Saint-Esprit, tandis que les laïcs sont chevaliers des ordres du roi.

colonnes de chevaliers se déploient à droite et à gauche du trône qui est au milieu du chœur, et s'avancent jusqu'aux marches du sanctuaire, devant les stalles qu'ils doivent occuper. Les grands-officiers, le hérault et l'huissier vont se ranger à leurs siéges, placés en avant du trône du chœur.

M. le duc d'Orléans va se placer en tête de la colonne gauche des chevaliers;

M. le duc de Bourbon passe à la colonne droite;

M. le Dauphin se place le premier de la colonne droite, auprès du duc de Bourbon.

Le costume des chevaliers de l'ordre du Saint-Esprit est d'une magnificence qui ajoute encore à la pompe de la cérémonie. Chaque chevalier est revêtu du manteau avec le Saint-Esprit en paillettes d'argent sur l'épaule gauche, du grand collier et de la toque couverte de plumes blanches. Les revers du manteau, retroussés par devant, sont de velours vert semé de flammes d'or.

Le roi, comme chef et souverain grand-maître des ordres du Saint-Esprit et de Saint-Michel, paraît dans un costume qui, par son éclat, efface tout ce qui l'entoure. C'est un grand manteau de velours noir doublé de soie verte brochée d'or. Ce manteau est parsemé de flammes brodées en lames rouges sous un réseau d'or, et rappelant le Saint-Esprit descendu sur les apôtres sous forme de langues de feu. En effet, à chaque mouvement de la personne, le feu semble jaillir de ces broderies. Le roi seul a droit de porter ce vêtement, comme grand-maître. Le surplus du costume royal est de drap d'argent. Sa Majesté est coiffée d'une toque de velours noir, que surmonte une aigrette de héron. Par dessus le manteau est passé le grand collier de l'ordre.

L'entrée du roi s'annonce par les acclamations qui accompagnent Sa Majesté dans sa marche, et qui retentissent de l'extérieur dans l'enceinte de la cathédrale.

Le roi, entouré de ses grands-officiers, s'avance au milieu du chœur, près des marches du sanctuaire; il fait une révérence à l'autel, se retourne et monte sur son trône, précédé du commandeur grand-prévôt, maître des cérémonies, du hérault et de l'huissier.

Sa Majesté étant assise et couverte, et les membres de l'ordre étant rangés dans leurs stalles, à droite et à gauche, et couverts, les grands et les petits-officiers quittent leurs places au bas du trône et s'avancent au pied du sanctuaire, où ils font successivement, sans se découvrir, les révérences suivantes : à l'autel; au roi, sur le trône du chœur; au clergé, dans le sanctuaire; à M. le Dauphin; à Mme. la Dauphine, dans sa tribune, et aux princesses de la famille royale; à M. le duc d'Orléans; à M. le duc de Bourbon; à MM. les ambassadeurs, dans leur tribune; aux commandeurs ecclésiastiques, dans le sanctuaire; aux chevaliers de la droite; aux chevaliers de la gauche. Ces onze révérences faites, les grands-officiers retournent à leurs places, au bas du trône du chœur.

Le commandeur grand-prévôt, maître des cérémonies, se lève et va, précédé du hérault et de l'huissier, au milieu du chœur, près des marches du sanctuaire, où il fait une révérence à l'autel; puis, se retournant, il s'avance vers le trône : le hérault et l'huissier s'écartent pour laisser le grand-maître des cérémonies se placer près de la première marche du trône, d'où, après un salut au roi, il monte près de SA MAJESTÉ, afin de prendre ses ordres pour commencer les vêpres.

Les vêpres terminées, le grand-prévôt, maître des cérémonies, précédé du hérault et de l'huissier, va au bas de la stalle du chœur où est placé M. le Dauphin, et l'invite, par une révérence, à en descendre. Son Altesse Royale, conduite au milieu du chœur, fait les révérences ci-dessus indiquées. Après ces révérences, Son Altesse Royale va se placer sur le côté droit du trône, au bas et contre la marche de l'estrade.

M. le duc d'Orléans et M. le duc de Bourbon répètent l'un après l'autre les mêmes révérences au milieu du chœur, et vont successivement se placer à côté de M. le Dauphin.

MM. les ducs de la Vauguyon et de la Rochefoucault suivent la même marche, et se placent après M. le duc de Bourbon.

Sur des siéges au bas de l'estrade à droite du trône, sont placés M. le ministre des affaires étrangères, M. le ministre de la guerre, M. le ministre de la marine, M. le ministre de l'intérieur et M. le ministre des affaires ecclésiastiques. M. le garde-des-sceaux est en face, du côté des pairs de France, à la tête du conseil d'État. M. le ministre des finances et M. le ministre de la Maison du roi sont parmi les chevaliers de l'ordre du Saint-Esprit.

Le grand-prévôt, maître des cérémonies, précédé du hérault et de l'huissier, va chercher le roi au trône et le conduit auprès des marches du sanctuaire. Sa Majesté fait aussi les révérences et retourne ensuite se placer sur son trône.

On apporte sur l'estrade un fauteuil tourné devant le roi. L'archevêque de Reims, revêtu de ses habits pontificaux, monte au trône et s'assied dans ce fauteuil.

On place devant le roi une table décorée des attributs de l'ordre. Le commandeur secrétaire des ordres présente au roi le serment écrit et la plume. Le roi signe le serment. Le commandeur secrétaire reprend le serment et la plume.

L'archevêque, se lève, et, après une révérence au roi sur l'estrade et une au bas, il descend et va quitter ses habits pontificaux.

Le grand-prévôt, maître des cérémonies, après avoir pris les ordres du roi, descend du trône et va avertir M. le Dauphin de venir rendre hommage au roi. Son Altesse Royale s'avance en face du trône : là elle fait une première révérence à l'autel, une seconde au roi; monte sur l'estrade, où elle fait encore une révérence au roi; va se mettre à genoux sur un coussin placé aux pieds de Sa Majesté et lui baise la main. Le roi serre la main du Dauphin avec beaucoup d'affection. Le Dauphin se relève, fait une révérence au roi, redescend de l'estrade, fait au bas une autre révérence au roi, une autre à l'autel, et vient reprendre sa place.

M. le duc d'Orléans et M. le duc de Bourbon exécutent ensuite, l'un après l'autre, les mêmes formalités; le roi leur serre aussi la main très-affectueusement. A leur tour, MM. les ducs de la Vauguyon et de la Rochefoucault rendent hommage ensemble : M. le duc de la Vauguyon veut se prosterner malgré son grand âge; le roi lui tend la main avec bonté et le relève.

Cet acte se termine par l'hommage des quatre grands-officiers, du hérault et de l'huissier.

L'archevêque de Reims entonne le *Veni Creator*. Pendant ce chant, les chevaliers récipiendaires à l'exception de M. le prince de Castel-Cicala et de M. le duc de San-Carlos, viennent se former dans le chœur en deux colonnes de chaque côté de l'autel. Les commandeurs ecclésiastiques récipiendaires s'avancent de leur côté, de front dans le sanctuaire, et se placent en face du roi.

Le chant du *Veni Creator* terminé, le commandeur grand-prévôt, maître des cérémonies, après avoir pris les ordres du roi, envoie le hérault d'armes avertir les récipiendaires ecclésiastiques de venir au trône. Aussitôt ces récipiendaires se rangent sur une même ligne en face du roi.

Le commandeur chancelier des ordres s'avance sur le devant de l'estrade, et là il lit à haute voix la formule du serment des commandeurs ecclésiastiques. Les récipiendaires montent sur l'estrade, font une révérence au roi, et s'agenouillent sur des carreaux placés aux genoux de Sa Majesté. Le chancelier des ordres prend le livre des Évangiles et le tient ouvert sur les genoux du roi; les récipiendaires posent chacun leur main droite sur le livre, en disant : *Je le jure.*

Le roi les revêt ensuite des insignes de l'ordre; savoir : les cardinaux en grand costume de leur dignité, du cordon bleu arrangé en sautoir, avec la croix d'or de l'ordre suspendue à la pointe; les archevêques, évêques ou prélats sans dignité ecclésiastique, d'abord du mantelet ou camail, ayant sur le côté gauche la croix de l'ordre brodée en paillettes d'argent, ensuite du cordon bleu ajusté comme celui des cardinaux. Le roi remet à chacun un livre d'heures et le dixain.

Ces insignes reçus, les commandeurs ecclésiastiques rendent leur hommage au roi, chef et souverain grand-maître des ordres du Saint-Esprit et de Saint-Michel, en baisant la main de Sa Majesté. Ils se relèvent, font une révérence au roi, descendent du trône et passent à une table préparée à côté pour signer le serment.

Pendant que les commandeurs ecclésiastiques retournent à leurs places, le commandeur chancelier des ordres, après avoir pris le consentement du roi, annonce aux chevaliers récipiendaires qu'il va leur donner connaissance de la teneur du serment que chacun d'eux va prêter entre les mains du roi : il lit ensuite à haute voix la formule du serment des chevaliers. Après cette lecture, les chevaliers appelés successivement par ordre d'ancienneté sortent deux à deux de leur colonne, s'avancent vers le trône et viennent se mettre à genoux sur des carreaux placés aux pieds de Sa Majesté.

Les quatre chevaliers qui paraissent d'abord sont M. le duc de la Vauguyon, M. le duc de la Rochefoucault, M. le prince de Hohenlohe, et M. le prince de Talleyrand. Alors le chancelier de l'ordre prend le livre des Évangiles et le tient ouvert sur les genoux du roi. Les quatre chevaliers récipiendaires, la main droite posée sur le livre, disent : *Je le jure.*

Ensuite les quatre grands-officiers, aidés de l'huissier et du hérault, détachent par devant le manteau de chaque chevalier et l'abaissent par derrière. Le roi passe sur les habits, de droite à gauche, en forme de bandoulière, les cordons bleus avec la croix d'or suspendue au bas. Sa Majesté place les colliers sur les manteaux et remet à chaque chevalier un livre d'heures et un dixain[1].

Les quatre chevaliers rendent hommage au souverain grand-maître des ordres, en baisant la main du

---

[1] Les chevaliers du Saint-Esprit sont assujettis, par les statuts de l'ordre, à beaucoup de pratiques de dévotion. Ils promettent d'assister chaque jour au sacrifice divin, et cette obligation, indépendamment d'une piété héréditaire, a peut-être contribué à l'usage où sont nos rois d'entendre la messe tous les jours. Comme chefs de l'ordre, les monarques français semblaient devoir cet exemple. Les chevaliers sont encore tenus de réciter chaque jour les heures du Saint-Esprit et de dire un chapelet d'un dixain. De là la remise du dixain et des heures.

roi, descendent du trône et vont, à une table préparée à côté, signer le serment qu'ils viennent de prêter.

Ils sont suivis par quatre autres chevaliers. Les quatre derniers sont M. le comte de Villèle, M. le vicomte de Chateaubriand, M. le duc de Doudeauville et M. le marquis de Talaru. On a remarqué que M. le président du conseil, après avoir signé le serment, a passé la plume à M. de Chateaubriand, son ancien collègue au ministère. Ce rapprochement a fait sourire.

Les réceptions de ces chevaliers, tous français, étant terminées, un officier des ordres va inviter M. le prince de Castel-Cicala et M. le duc de San-Carlos, qui étaient restés dans leurs stalles, à en descendre, et les amène aux pieds du roi. Comme étrangers, ils doivent prêter un serment particulier; ils le prêtent, et reçoivent des mains de Sa Majesté les insignes des ordres. Après la signature de leur serment, ils sont reconduits à leurs places.

Le roi descend du trône du sanctuaire et va s'asseoir sur le trône élevé à l'entrée du chœur, après avoir fait les révérences. Sa Majesté étant assise, on chante les complies. Après ce dernier office, tous les membres de l'ordre reconduisent le roi dans ses appartemens, de la même manière et avec le même appareil qu'il avait été amené à la cathédrale. Sa Majesté est également accueillie à son retour par les plus vives acclamations.

La cérémonie s'est terminée à quatre heures. La musique de la chapelle en a un peu animé la physionomie. Plusieurs morceaux à grand chœur, composés par M. Lesueur; deux marches, l'une guerrière et l'autre religieuse, par M. Cherubini; un *Salve Regina*, par M. Plantade, se sont heureusement entremêlés à un cérémonial monotone. La plupart des chevaliers ont exécuté les salutations d'une manière un peu confuse; mais le roi y a mis autant de précision que de noblesse et de grâce.

Après la cérémonie, Sa Majesté a tenu, suivant l'usage, un chapitre de l'ordre du Saint-Esprit; elle y a nommé vingt-un chevaliers commandeurs, ou cordons bleus. Ce sont MM. les ducs d'Uzès, de Chevreuse, de Brissac, de Mortemart, de Fitz-James, de Lorges, de Polignac, de Maillé, de Castries, de Narbonne; le maréchal comte Jourdan, les maréchaux ducs de Dalmatie et de Trévise; les marquis de La Suze, de Brezé, de Pastoret; le comte de La Ferronays; le vicomte d'Agoult; le marquis d'Autichamp; M. Ravez et M. le comte Juste de Noailles.

CHAPITRE XV.

Cavalcade. Visite à l'hôpital de Saint-Marcoul. Station au tombeau de saint Remi. Restauration de l'église de Saint-Remi.

Le 31, à dix heures du matin, le roi sortit du palais archiépiscopal, accompagné d'un magnifique cortége, précédé par les hussards de la garde, et suivi de son état-major.

Sa Majesté, en habit d'officier-général, montait un cheval blanc richement caparaçonné et orné d'une housse de velours cramoisi brodée d'or. Les princes de la famille royale paraissaient à ses côtés, le Dauphin à sa droite, à sa gauche le duc d'Orléans et le duc de Bourbon. Les princesses suivaient Sa Majesté, en calèche découverte. Ce cortége rappelait l'antique *Cavalcade*, promenade brillante qui avait pour but d'aller prier sur le tombeau de l'apôtre des Français. En effet, Sa Majesté prit le chemin de l'église de Saint-Remi. Mais elle voulut remplir le même jour un autre objet pieux, et elle s'arrêta devant l'hôpital de Saint-Marcoul[1].

[1] Ou des Scrofuleux. L'établissement de cet hospice date

C'est une idée touchante, dont il faut rendre grâces à la religion, d'avoir appelé les rois dans ce séjour de la souffrance, et placé parmi les plus belles prérogatives du trône, celle de répandre des consolations sur la misère. Mais on sait que Charles x aime à voir l'Hôtel-Dieu des fenêtres de son palais. Les acclamations du peuple ont accompagné le roi jusqu'aux portes de l'hôpital. La joie semblait plus vive et en même temps plus raisonnée; on eût dit que la majesté royale n'avait jamais été plus aimable qu'au moment où elle allait s'oublier parmi les malheureux.

Autrefois, après son sacre, le roi allait en pélerinage à l'abbaye de Corbeny, village à quelques lieues de Reims, pour faire une neuvaine à saint Marcoul, dont la châsse était déposée dans ce monastère. Ce saint, que les Rémois révèrent le plus après saint Nicaise et saint Remi, était issu du sang royal de France. C'était par son intercession, disent les uns, que les successeurs de Clovis guérissaient les écrouelles et d'autres maladies incurables, prérogative héréditaire, et dont Clovis lui-même avait joui[1]. D'autres ont pensé que

de 1650. La maladie des humeurs froides, commune alors dans la ville, était attribuée à la mauvaise qualité des eaux de puits. Elle a en effet disparu en grande partie depuis l'établissement des fontaines. Qu'on juge maintenant du bienfait de l'abbé Godinot! (*Voir* p. 94.)

[1] Un gentilhomme de la cour de Clovis, nommé Lanicet, af-

c'était par la vertu de l'huile céleste, et surtout de l'onction faite aux mains[1]. Au reste, ce privilége n'appartenait pas exclusivement aux monarques français. Saint Édouard, roi d'Angleterre, avait possédé et transmis à ses descendans un droit semblable. D'autres princes guérissaient le mal caduc, la jaunisse; les rois de Castille délivraient les possédés.

Jusqu'à saint Louis, le roi de France se contentait de porter la main sur le malade, en prononçant ces paroles : *Le roi te touche, Dieu te guérisse.* Ce prince y ajouta le signe de la croix, par humilité, disent les historiens, et pour éviter toute louange personnelle, afin que le miracle ne lui fût pas attribué, mais à Dieu. Il semble pourtant que la simple formule ne laissait pas d'équivoque à cet égard, et qu'elle renvoyait bien à Dieu le mérite de la guérison soudaine.

C'est encore saint Louis qui institua le pélerinage à Corbeny. Mais l'exercice de la prérogative royale n'était pas restreint à l'époque du sacre; il se répétait ordinairement aux quatre grandes fêtes de l'année, Pâques, la Pentecôte, la Toussaint et Noël; le roi s'y préparait

fligé d'une maladie de ce genre, voulait quitter la cour, afin de cacher sa difformité. Une nuit, Clovis rêva qu'il touchait le mal de son écuyer et qu'il le guérissait. A son réveil, il se ressouvint de sa vision et la mit en pratique sur le malade, qui guérit.

[1] *Voir* page 239.

en approchant des sacremens. Louis xi touchait les malades toutes les semaines; il prétendait soulager l'humanité souffrante, et, de sang-froid, il ordonnait de sanglantes exécutions.

La neuvaine miséricordieuse fut encore pratiquée au sacre de Louis xvi. Il y vint deux mille quatre cents malades; ils étaient rangés dans les allées du parc de l'Abbaye. Le premier médecin appuyait sa main sur la tête de chaque malade, dont un des capitaines des gardes tenait les mains jointes. Le roi, la tête découverte, étendait la main droite du front au menton et d'une joue à l'autre du malade, formant ainsi le signe de la croix, et disant : *Le roi te touche, Dieu te guérisse.*

S'il ne s'opère plus de guérisons instantanées, en est-elle pour cela moins touchante cette confiance des peuples qui, voyant dans leur roi la vivante image de leur Dieu, se portent sur son passage, et espèrent en lui, même pour les maux du corps?

Charles x fut reçu à l'entrée de l'hôpital par M. le grand-aumônier, accompagné de M. l'évêque de Nancy et de plusieurs autres prélats. Conduite à la chapelle par M. de Saint-Félix, aide des cérémonies, et par M. Vacherot, secrétaire, Sa Majesté y fit sa prière à genoux, puis elle monta dans les salles. M. Alibert, son premier médecin ordinaire, M. Dupuytren, son premier chirurgien, M. Thévenot de Saint-Baise, son premier chirurgien ordinaire, l'y attendaient. Cent vingt-un malades lui furent successivement présentés. Le roi les toucha tous, suivant l'ancienne forme et en prononçant les anciennes paroles; Sa Majesté se baissa même, pour donner cette bénédiction à des enfans de quatre ou cinq ans. Tout le monde était attendri jusqu'aux larmes. Un aumônier distribua des aumônes à tous les malades que le roi avait bénits. En sortant, le roi leur dit avec l'accent du plus tendre intérêt : « Mes chers amis, je vous ai apporté des paroles de consolation; je souhaite bien vivement que vous guérissiez. »

Ces paroles de consolation ont été accueillies avec enthousiasme; les plus vives acclamations montraient assez que les souffrances de ces infortunés étaient suspendues par la présence d'un monarque charitable; les malades avaient réellement oublié leurs maux en prenant part à la fête du peuple français. Qui sait même ce que peut produire cette joie vive et inattendue? La pitié, qui a tant de puissance quand elle descend de si haut, ne peut-elle pas provoquer des effets merveilleux, et les consolations d'un bon prince ne sont-elles pas un don du ciel?

Un des malades disait, après la visite du roi, que Sa Majesté était le premier médecin de son royaume; un autre, bravant les dangers d'une convalescence brusquée, sollicitait la permission de sortir de l'hospice, pour revoir son roi, heureux d'y rentrer, disait-il, après l'avoir revu.

Les sœurs qui dirigent l'hôpital de Saint-Marcoul ont reçu de Charles x et de Mme. la Dauphine mille témoignages de satisfaction. Elles ont demandé au roi sa bénédiction. Plusieurs d'entre elles avaient reçu celle de Louis xvi à son sacre. Ces pieuses femmes ont été admises à la faveur de baiser la main de SA MAJESTÉ. Accoutumées à n'avoir d'autres témoins de leurs vertus que Dieu et les malheureux qu'elles soulagent, elles regarderont comme le plus beau jour de leur vie celui où d'augustes personnages ont applaudi à leur dévouement, et l'honneur d'avoir obtenu le suffrage de leur roi sera pour elles un avant-goût des récompenses célestes. SA MAJESTÉ, en leur tendant la main, leur disait : « Mes sœurs, vous avez bien soin des pauvres ; je vous en remercie. »

Au sortir de l'hôpital, le roi se rendit à l'église de Saint-Remi, l'un des plus anciens monumens de Reims ; elle date de la fin du xie siècle. Sa forme est celle d'une croix latine. Sa façade, dont la masse n'a rien d'imposant, est flanquée de deux tours ; le style de son architecture primitivement gothique est entaché des traces qu'ont dû y laisser les nombreuses restaurations ultérieures, nécessitées par une mauvaise construction originaire.

Malgré ces réparations partielles, l'empreinte de la ruine était partout; d'innombrables crevasses sillonnaient les murs, et tous les signes de la décrépitude annonçaient une chute prochaine; trois emmarchemens dégradés, permettant à peine d'entrer dans l'église, semblaient donner le conseil de n'y point pénétrer. Néanmoins, son aspect a quelque chose de noble et de touchant, qui excite l'intérêt; le nom de l'apôtre des Français s'y attache.

Quoique, par le mauvais état de l'extérieur, on fût préparé à trouver l'intérieur dans un état pareil, l'impression qu'on éprouvait après avoir franchi le seuil, rassurait d'abord l'œil et l'esprit. On admirait avec tranquillité les belles proportions de la vaste nef, du chœur, du sanctuaire et du rond-point. Plus large et moins élevée que la cathédrale, la basilique de Saint-Remi offre dans tout son pourtour de belles arcades ogives qui séparent la nef des bas-côtés, et au dessus de celles-ci, des tribunes hautes, surmontées par un pareil nombre d'arcs. Une rangée de croisées au dessus des tribunes prépare et explique l'effet grandiose que produit la voûte d'arêtes, avec ses courbes multipliées et ses nombreuses nervures. Dans le prolongement de la nef, la croix et toutes les arcades qui enveloppent le sanctuaire sont séparées du reste de l'église par de petites colonnades en marbre de différentes couleurs, embellissement où la richesse de la matière et l'originalité de l'intention font pardonner la différence du style. C'est au milieu de cette séparation à jour, dans cette espèce de grille en marbres précieux, que s'élève, derrière le maître-autel, le nouveau monument où reposent les ossemens du saint apôtre. Rien dans sa composition ne rappelle l'antique mausolée, que d'anciennes gravures nous font encore admirer. Cette rotonde, formée par des colonnes en marbre entre lesquelles sont placées les statues des pairs laïques et ecclésiastiques, ne pourrait être que blamée sous le rapport du goût et du caractère, si le zèle religieux qui en détermina la construction ne désarmait la critique.

Mais en parcourant l'église, l'œil, frappé des objets qu'il n'avait pas aperçus d'abord, ne tardait pas à découvrir le danger qui menaçait, et la pieuse station des fidèles, et même les pas fugitifs du simple curieux. Au dessus de l'entrée principale, la voûte se détachait entièrement du mur de face, et le mur lui-même se soutenait à peine; car sa construction presque à jour, dont l'aspect est si attrayant, manque des qualités essentielles qui rendent les productions de l'architecte solides et durables. Les colonnes des ogives, frêles appuis de ces frêles arceaux, avaient fléchi; les arcs étaient gercés, la grande rosace affaissée sous son propre poids et la voute ouverte; les pierres s'en détachaient une à une, et les nervures, en partie brisées, se roidissaient en vain contre le fardeau d'un clocher que leur fit supporter l'ignorance; les murs des bas-côtés, considérablement surplombés, faisaient craindre aussi leur chute prochaine; des contreforts chancelans, qui se suffisaient à peine à eux-mêmes, ne pouvaient opposer qu'une faible et inutile résistance.

Telle était la situation du monument lorsque SA MAJESTÉ annonça qu'elle voulait visiter le tombeau de l'apôtre. C'est donc en cet état que M. le vicomte de la Rochefoucault, M. de Jessaint et M. le baron de la Ferté, directeur des fêtes et cérémonies, le visitèrent avec MM. Lecointe et Hittorf.

Une somme de 25,000 francs avait déjà été accordée pour les préparatifs nécessaires à la visite royale. Mais les architectes représentèrent que ces fonds seraient mieux employés à une réparation radicale qu'à une décoration éphémère. Prompt à juger par ses propres yeux, M. le vicomte voit l'urgence du péril. Dès lors, il veut tout examiner lui-même. Ni la toiture délabrée, ni la charpente dont les bois sont décomposés de toutes parts, ni le clocher qui chancelle, ni la déhiscence des voûtes, ni les claveaux vacillans, ne le retiennent. Je l'ai vu suivre en ami des arts les pas des architectes dans les endroits les plus menacés, affronter des dangers personnels pour se livrer à une reconnaissance approfondie, et acquérir par lui-même la conviction qu'un prompt secours pouvait seul sauver l'édifice.

Conserver un monument public et un monument religieux, c'était doublement servir le roi. Le chef du département des beaux-arts fut leur avocat auprès de Sa Majesté; il plaida leur cause avec cette chaleur qui emporte le succès. Par une proposition faite de concert avec M. de Jessaint et M. le ministre des cultes, il obtint une somme de 225,000 francs pour être employée à la restauration entière de Saint-Remi, et payable, un tiers par la ville de Reims, un autre tiers par le ministère; le roi accorda le troisième tiers sur sa cassette.

Trois mois seulement avant le jour du sacre, les architectes furent autorisés à commencer les travaux. Il fallait dans ce court espace concevoir, combiner et faire exécuter tous les échafaudages, cintres et étagemens nécessaires pour soutenir la façade principale, les voûtes de la nef et du chœur, les murs, arcs-boutans et contreforts des faces latérales; il fallait, en soutenant à l'instant même un édifice qui s'écroulait, disposer la charpente d'appui de manière à ce qu'elle offrît toute sécurité au monarque pour le jour de sa pieuse visite, et ultérieurement, toute solidité aux architectes pour les constructions qui devaient se continuer; il fallait de plus que ce travail se fît sans interrompre le service divin; car la ville de Reims, autrefois si riche en églises, en a vu tomber le plus grand nombre; il fallait enfin que rien n'obstruât la nef à l'endroit où le roi devait s'agenouiller; de sorte que les réparations graves à faire sur deux travées de la voûte en cette partie ne pouvaient pas même être favorisées par un échafaudage de fond. Ces difficultés jointes à un travail matériel considérable, dans une ville où les travaux de la cathédrale et de l'archevêché absorbaient déjà toutes les mains et tous les matériaux, n'ont pu ralentir le zèle des architectes. Le résultat le plus heureux et, j'ose dire, le plus étonnant, a couronné leurs efforts. Ils ont eu achevé à temps.

Aujourd'hui des étais puissans supportent les arcs affaiblis de la façade; une charpente artistement combinée remplace la rosace de pierre qui s'en allait par fragmens; les murs ont été sondés partout, et toutes les pierres suspectes ont été scrupuleusement enlevées;

le clocher, qui surchargeait l'édifice, a été démoli, la charpente refaite et la couverture rétablie à la place du clocher; les emmarchemens dégradés ont été couverts d'un grand perron longeant toute la façade et qui prépare bien l'abord du temple.

C'est sur ce perron que Mgr. l'archevêque de Reims et M. le curé de Saint-Remi attendaient le roi. Mme. la Dauphine, Madame, duchesse de Berry, Mme. la duchesse d'Orléans et Mlle. d'Orléans, arrivées quelque temps auparavant dans une calèche, après avoir visité l'intérieur de l'église, s'étaient groupées autour du prélat et du pasteur.

Le curé, dans une courte harangue, exprima la joie qu'éprouvait son cœur, en voyant Charles x sous ces antiques voûtes dont le temps allait faire un monceau de décombres, dans ce vieux temple qui, grâce à la munificence royale, se trouvait en état de recevoir dignement SA MAJESTÉ, près de ce tombeau vénéré où le roi de France allait appeler la protection de saint Remi sur tout le royaume. « Oui, monsieur le curé, répartit le roi, approchons-nous de ce saint tombeau; prions pour le bonheur de mon peuple; tâchons d'obtenir la force et la sagesse de le bien gouverner et de le rendre heureux. »

SA MAJESTÉ fut conduite sous le dais, jusqu'à l'endroit où le fauteuil et le prie-dieu étaient préparés[1]; le Dauphin, le duc d'Orléans, le duc de Bourbon, les princesses, et plusieurs grands-officiers de la Maison du roi l'accompagnaient. Le curé, après un court office, présenta les reliques de saint Remi au roi, qui les toucha avec une grande vénération; la ferveur avec laquelle la famille royale fit ses prières pendant cette cérémonie, pénétra d'édification les personnes qui en furent témoins.

La charpente qui soutenait la voûte de la nef attenante au mur de face était recouverte de châssis sur lesquels la peinture, aidée d'une mousseline transparente, avait parfaitement simulé la décoration qu'elle cachait et les vitraux colorés des croisées ogives; l'imitation de la pierre recouvrant le bois, dérobait à l'œil les soutiens factices et les échafaudages étrangers au monument. Aussi, au moment de sortir et pendant que les princes montaient à cheval et les princesses en voi-

---

[1] Arrivée à l'entrée du chœur et étant encore sous le dais, Sa Majesté aperçut les architectes et leur dit à voix basse, à cause de la sainteté du lieu, mais avec un intérêt qui montrait son besoin de leur témoigner sa satisfaction sur leur succès de la veille à la cathédrale : « Ah! messieurs, c'était beau, très-beau. » Après un tel suffrage, me sera-t-il permis d'en rapporter un autre, qui est flatteur pour la France, puisqu'il vient d'une nation rivale? Des Anglais instruits, artistes et amis des arts, placés près de moi pendant la cérémonie, n'ont cessé de dire aussi : *C'est beau, très-beau; on ne fait ces choses-là qu'en France.*

ture, Sa Majesté, n'apercevant dans toute l'église aucune trace de dégradation ni de réparation, dit à l'archevêque : « On m'avait annoncé que l'église de Saint-Remi tombait en ruines; elle me semble plutôt toute neuve. »

CHAPITRE XVI.

Camp de Saint-Léonard. Revue du roi. Promenade dans la ville. Visite au Bazar.

A une demi-lieue de la ville, sur la droite de la route qui conduit à Châlons, dans une plaine spacieuse, entre la route et la Vesle qui serpente dans cette plaine, le camp de Saint-Léonard a été formé. Il occupe un développement de quinze cents mètres de long sur sept cent cinquante mètres de large. La longue ligne de ses tentes se développe et fuit dans un lointain à perte de vue.

Le 31, jour fixé pour la revue, à onze heures du matin, toutes les troupes étaient sous les armes, la garde séparée de la ligne par un autel de gazon où l'aumônier avait dit la messe, l'extrême droite et l'extrême gauche appuyées par des batteries.

En sortant de Saint-Remi, Charles x prit le chemin du camp; avant de s'y rendre, il avait annoncé à M. le maréchal duc de Bellune son intention d'accorder des décorations militaires. A midi, les deux batteries firent feu pour saluer le roi à son arrivée.

Parvenue à un pavillon élégant construit pour la recevoir, Sa Majesté s'est arrêtée sur ce point, qui regardait le centre de la ligne; les princesses l'y attendaient. Elle a quelque temps considéré l'ensemble du camp, qui offrait un coup d'œil singulier et pittoresque, chaque tente étant surmontée d'un petit drapeau blanc, et tout le front étalant les préparatifs d'une fête. Elle est ensuite entrée dans le camp, et l'a parcouru dans toute sa longueur; elle en a examiné les détails avec le plus vif intérêt, charmée des soins que les soldats avaient pris pour embellir leur demeure; elle en a témoigné sa satisfaction.

On ne peut expliquer que par l'enthousiasme ces embellissemens improvisés qui s'offraient de toutes parts aux yeux du spectateur. Dans l'espace de quelques jours, et comme par enchantement, les larges chemins de séparation entre les alignemens des tentes, formant les rues du camp, avaient été aplanis, sablés et bordés de gazon; la redoutable baïonnette, dirigée par une main pacifique, y avait dessiné de toutes parts les chiffres de la famille royale. De jolis jardins, tracés avec beaucoup de régularité et de goût, présentent mille formes agréables. Chaque régiment a son drapeau planté sur un tertre de gazon, qu'entoure un parterre fleuri. Ces fleurs, ces gazons, ces chiffres, annoncent un camp de paix. L'allégresse des soldats se peint sur leur visage; plus guerrière et plus imposante, elle est aussi vive que celle des citoyens.

Ici, au dessous des armes de France, entre deux sabres en sautoir, on lit : *Vive le roi Charles* x! *Vivre pour le servir, mourir pour le défendre!* Là, au bas d'une couronne : *Dieu la lui a donnée, nous devons la lui conserver;* ailleurs, sous un buste du roi : *Un instant dans notre camp, et dans nos cœurs toujours.* Des forteresses de gazon, des colonnes de verdure surmontées du portrait de SA MAJESTÉ, tous les noms chers aux Français, peints avec des bleuets, des coquelicots, de la mousse, et agréablement enlacés, mêlent partout les riantes images du printemps à l'appareil de la guerre, montrent partout les signes fleuris de l'affection, du dévouement et de la fidélité.

Le roi a parcouru toute la ligne, accompagné des princes, et suivi des princesses en calèche découverte. LL. AA. RR. saluaient les soldats avec bonté. Le Dauphin saluait, était salué en connaissance; il retrouvait les braves qu'il avait conduits à la victoire, sous la bannière des lis. Un brillant état-major entourait SA MAJESTÉ. On y remarquait M. le baron de Damas, ministre des affaires étrangères, MM. les maréchaux ducs de Bellune, de Raguse, de Trévise, de Dalmatie;

M. le maréchal marquis de Lauriston, M. le duc de Polignac, premier écuyer, plusieurs lieutenans-généraux et maréchaux de camp, un grand nombre d'officiers étrangers de la suite des ambassadeurs.

Sa Majesté s'étant placée à l'entrée du pavillon préparé pour elle, les colonels firent sortir du camp les officiers et soldats qui devaient recevoir la croix de Saint-Louis ou celle de la Légion-d'honneur. Le roi leur remit de sa main ces décorations en leur adressant des paroles de bienveillance. Les uns étaient ivres de joie, les autres émus jusqu'aux larmes; on en vit quelques-uns trembler pour la première fois de leur vie; tous étaient pénétrés de reconnaissance.

« Vos blessures vous font-elles souffrir? a demandé le roi à M. de Baillon, officier du sixième régiment de la garde royale, qui a dix-huit ans de service. — Non, Sire. — Vous pouvez donc me servir long-temps? — Ah! Sire, de bien bon cœur. »

Après la distribution, M. le duc de Bellune ayant pris les ordres du roi, les troupes ont défilé en colonne, le maréchal à leur tête. En voyant passer les quatre escadrons des gardes-du-corps, *Aussi beaux que bons*, a dit Sa Majesté.

Pendant cette revue, une population immense couvrait la plaine. On s'en ferait une fausse idée d'après ces masses de peuple qui se répandent autour de Paris dans les occasions semblables, multitude rassemblée de tous les pays, et qui, offrant un mélange de toutes les physionomies, n'a pas elle-même de physionomie. C'étaient, comme sur la route de Tinqueux, les paysans des campagnes environnantes, en blouse de toile bleue, portant de longs bâtons en guise de cannes, naïvement curieux, sans que leur curiosité ait rien de stupide ou de frivole. Ces flots de spectateurs champêtres inondaient le pavillon de Sa Majesté; ils se pressaient autour de sa personne, l'approchant de toutes parts sans obstacle, mais sans désordre. Quelle est la consigne qui ne devient superflue dans un tel jour?

Vivement émue des transports qu'elle avait partagés en les faisant naître, Sa Majesté dit au duc de Bellune : « M. le maréchal, dites à ces troupes que je désire qu'elles soient aussi contentes de moi, que je suis satisfait d'elles. » Insérées dans l'ordre du jour au camp, ces paroles furent sans doute pour les soldats la plus douce des récompenses.

A trois heures, Charles x entra dans Reims, et de la place Royale où il s'était arrêté quelques instans pour contempler la statue de Louis xv, il s'achemina vers la place de la maison-de-ville, où le corps municipal l'attendait. M. le maire de Reims s'étant approché de Sa

Majesté, lui fit remarquer l'hôtel-de-ville, commencé sous le règne de Louis XIII et fini sous le sien. Par une sorte de prévision, que j'oserai appeler l'instinct des bons rois, parce qu'elle les porte à deviner le bien qui est à faire, Sa Majesté, se retournant du côté de la place Royale d'où elle venait, demanda quel était ce grand édifice qu'elle y avait vu. « Sire, répondit le magistrat, c'est l'ancienne douane, et la ville changerait d'aspect, elle serait très-embellie, par une percée qui mettrait l'hôtel-de-ville en regard de ce bâtiment. » Le roi accueillit cette idée et voulut bien ajouter qu'il en verrait l'accomplissement avec plaisir[1]. Pour embellir une ville ancienne, le moyen est moins d'y construire que de la désobstruer. Faites-y circuler l'air, la lumière; agrandissez l'espace; rendez le plus possible de ces élémens naturels dont l'aglomération des hommes sur un seul point les a plus ou moins privés. Ainsi l'état social est le plus heureux possible, quand la loi y dévore le moins de cette liberté individuelle qui est le premier trésor de l'homme.

L'excursion royale devait se terminer à la Promenade, et ne pouvait se terminer plus heureusement. Il était naturel d'amener en dernier lieu les pas du mo-

---

[1] Le lendemain, Mme. la Dauphine visita l'hôtel-de-ville, et donna aussi son approbation à ce projet.

narque dans ces vastes et magnifiques plantations, si artistement symétriques et si noblement régulières, qui font l'orgueil de la ville et l'admiration du voyageur. Là, sur le boulingrin, était établi le Bazar rémois, disposition préparée pour recevoir les produits de l'industrie du département. M. de Jessaint, dont la longue administration s'est attachée à la faire fleurir, avait pensé avec raison que le spectacle de la prospérité publique intéresserait plus SA MAJESTÉ que les funambules, les saltimbanques et les joueurs de gobelets qui accouraient autrefois, pendant les fêtes du sacre, dans la vue de récréer la cour, les habitans de Reims et les étrangers, par leurs divertissemens insipides. L'appel du magistrat fut entendu des manufacturiers. Tous s'empressèrent de montrer à l'Europe ce que peut un seul département de la France.

Une suite de loges contiguës et adossées aux arbres qui bordent les deux hémicycles du boulingrin, forme l'enceinte. Ces loges ou portiques sont au nombre de vingt-six. En face de l'entrée, une décoration peinte figure une espèce de temple, composé de quatre colonnes d'ordre corinthien, et offre, dans l'entre-colonnement du milieu, le portrait en pied du roi, avec des inscriptions en vers français[1]. La disposition des por-

[1] Citées textuellement dans le *Moniteur* du 2 juin 1825.

tiques est bien entendue, parce qu'elle est simple, conforme à la localité, et bien adaptée à une exposition industrielle. Mais pourquoi la décoration est-elle si triviale? Pourquoi le cadre du portrait de Charles x surtout est-il d'un goût aussi dépravé? Ces compartimens chantournés, ces ornemens tourmentés, sont du siècle de Louis xv. On a dû s'étonner qu'en général le caractère de la décoration adoptée par M. Isabey fût plutôt un emprunt fait aux anciennes décorations de l'Opéra qu'une inspiration de notre époque. L'étonnement n'a pu que s'accroître, si l'on s'est rappelé que cet artiste avait lui-même concouru à la gloire de l'école, en portant la miniature au plus haut degré de perfection. Que M. Isabey se souvienne de lui-même; c'est par des productions d'un style sévère et classique qu'il a établi sa juste célébrité; il ne lui appartient pas d'y être infidèle.

Le roi mit pied à terre à l'entrée du Bazar, ainsi que les princes, les princesses et les principaux officiers de leur suite. Le corps municipal s'y était rendu pour recevoir l'auguste cortége. M. le maire de Reims prononça le discours suivant :

Sire,

« Le commerce de Reims et du département dont
« j'ai l'honneur d'être l'organe, expose aux regards de

« Votre Majesté les produits variés à l'infini de ses
« manufactures. Il va recevoir de la visite que vous dai-
« gnez lui accorder une nouvelle vie. Ces produits,
« presque tous à l'usage du peuple, ont le mérite de la
« solidité et du bas prix. Ils sont connus jusque dans les
« régions les plus éloignées. La protection éclairée que
« Votre Majesté n'a cessé de donner au commerce,
« l'a relevé de ses ruines. Il ne peut manquer de prendre
« un nouvel essor sous le règne de Votre Majesté;
« que Dieu le prolonge pendant de longues années pour
« le bonheur de vos fidèles sujets, heureux de vivre sous
« le gouvernement du meilleur des rois. J'ai l'honneur
« de présenter à Votre Majesté les membres de la
« chambre du commerce, et MM. les commissaires qui
« ont donné leurs soins à l'exposition. »

Sa Majesté a répondu qu'elle voyait avec beaucoup
d'intérêt et de satisfaction les produits de l'industrie de
la ville de Reims et du département de la Marne; qu'elle
ferait tout ce qui dépendrait d'elle pour la prospérité des
manufactures; qu'elle avait été touchée de voir avec quel
zèle les manufacturiers s'étaient empressés de concourir
à cette exposition.

Deux jours auparavant, dans l'audience accordée au
tribunal de commerce, Sa Majesté avait déclaré

qu'elle plaçait au premier rang dans sa sollicitude les progrès du commerce et de l'industrie; elle avait promis sa protection aux négocians [1]; elle comble aujourd'hui les vœux des fabricans et surpasse leurs espérances.

Chaque manufacturier l'attend dans le lieu qui lui est assigné. Des draps, des casimirs, des flanelles, des mérinos, des tissus de laine de toute espèce et de toute qualité [2], articles fondamentaux de la fabrique de Reims, de beaux tapis de pied, des chapeaux de bourre de soie imitant la paille [3], des meubles de bon goût, en bois du département [4], d'élégans nécessaires, de grands ouvrages de mécanique [5], des ouvrages précieux d'horlogerie [6], telle est l'exposition industrielle. L'école des arts et métiers établie à Châlons ne pouvait pas laisser échapper cette occasion de payer son tribut; elle proteste, par des produits nombreux et variés, contre les préventions dont elle a été l'objet; elle se disculpe par des chefs-d'œuvre [7].

[1] *Voir* page 103.
[2] Fabriqués principalement par MM. Assy-Guérin et Givelet, Jobert, Lucas et Ternaux fils.
[3] Fabriqués par les demoiselles Manceau, d'Épernay.
[4] Par M. Thérion.
[5] Par M. Fauvereau, de Châlons.
[6] Par M. Henriot.
[7] Une ordonnance du roi du 6 juillet 1825, maintient à Châ-

Le roi visite avec intérêt tous les étalages, entre dans les détails de chaque chose, examine, questionne, encourage, loue, demande surtout si l'on emploie beaucoup d'ouvriers, et chaque fois qu'il reçoit une réponse affirmative, il témoigne sa vive satisfaction. Il dit à celui-ci : *Je vois avec plaisir que vous avez des étoffes à tout prix et qu'on peut s'habiller chez vous à bon marché*; à celui-là : *Je me suis servi long-temps de flanelles anglaises, je me sers maintenant de flanelles françaises, et je m'en trouve bien;* à un autre : *La France n'a plus rien à envier à l'Angleterre.* Il remarque les *circassiennes* [1]; cette étoffe rivalise avec le nankin, et il en est fait des exportations jusque dans l'Inde. « Les commandes pour ce pays sont-elles nombreuses ? » dit Sa Majesté aux fabricans; et sur la réponse affirmative : *J'en suis bien aise,* continua-t-elle; *c'est la nouvelle la plus agréable que vous puissiez me donner; j'espère que mon sacre portera bonheur au commerce, et je le désire de tout mon cœur.*

C'était avec l'Espagne que Reims faisait autrefois le plus d'affaires. Un manufacturier [2] le disait au Dau-

---

lons-sur-Marne l'École royale des arts et métiers, qui devait être transférée à Toulouse.

[1] Des fabriques de MM. Assy-Guérin et Givelet.
[2] M. Assy-Guérin.

phin, ajoutant que, depuis que la campagne de 1823 avait rouvert ce royaume aux Français, l'industrie rémoise avait pris une nouvelle activité, et qu'ainsi Son Altesse Royale avait personnellement acquis des droits à la reconnaissance de la ville du sacre. Le roi qui marchait devant, entendit cette conversation; une douce joie fit tressaillir le cœur paternel; SA MAJESTÉ se retourna et sourit. Cependant, on lui représenta que le débouché de l'Espagne serait plus avantageux s'il existait un traité de commerce avec ce pays. Mais le moyen de faire un traité de commerce avec un pays qui n'a pas de gouvernement?

C'est en ce lieu que M. Derodé-Gérusez, membre du conseil municipal de la ville de Reims, présenta au roi un mémoire sur la navigation de la Vesle[1]; c'est là que SA MAJESTÉ le reçut avec tant de bienveillance, et qu'elle promit de donner une attention particulière à un projet qui devait être d'un si haut intérêt pour le pays. « Mais, ajouta-t-elle, votre rivière a-t-elle assez d'eau pour permettre d'y établir une navigation? » Sur la réponse que l'examen des ingénieurs ne laissait aucun doute à cet égard, et que par ce plan Reims pourrait bientôt communiquer avec la Meuse et la Seine, *Tant mieux*, répliqua le roi; *votre ville peut compter*

[1] *Voir* page 16.

que j'irai au devant de tout ce qui pourra être utile à son commerce.

Charles x continuait de faire le tour de l'amphithéâtre, passant de loge en loge, déployant partout sans effort cette affabilité innée chez les Bourbons; s'occupant spécialement du commerce, mais sans oublier les autres objets dignes de ses regards. M. Anot, jeune professeur de rhétorique au collége de Reims, lui offre un recueil d'*Élégies rémoises*, et lui dit : « Sire, recevez l'ouvrage d'un volontaire royal, d'un jeune homme qui fut votre soldat à une époque où malheureusement Votre Majesté n'en comptait pas beaucoup. — C'est vrai, répond le roi avec bonté; il y avait alors du courage à se montrer; mais aujourd'hui tous les Français sont animés du même esprit. » Touchante expression de la confiance d'un prince magnanime dans un peuple généreux, expression qui doit mettre un terme à toutes les démarcations de parti, gage assuré d'une fusion générale. Sa Majesté aperçoit les architectes de l'église, à qui elle n'avait pu encore témoigner sa satisfaction qu'à voix basse[1]. « Messieurs, leur dit elle, vous devez être bien fatigués. — Sire, vous avez bien voulu nous honorer de votre suffrage, et la réussite repose. — Oubliez donc toutes vos fatigues, car vous avez bien réussi;

---

[1] *Voir* page 320.

c'était très-beau. » Une dame lui présente une ode composée par son mari, vétéran du sacre de Louis XVI, l'excusant de ce que le grand âge du poète le prive d'avoir lui-même cet honneur. Le sujet est l'*Avénement et le Sacre de Charles* X. « Madame, dit le roi, en acceptant cette pièce, je vous charge de dire à votre mari que j'ai bien du regret de ne pas le voir. »

Cependant SA MAJESTÉ exprimait à chaque pas son extrême surprise, n'ayant pas cru, disait-elle, le département de la Marne aussi riche en productions indigènes. Elle faisait plus; elle achetait elle-même au Bazar. Elle fit l'acquisition d'une belle tabatière, industrieusement tirée par M. Thérion de la racine d'un orme de la Promenade. Elle acquit encore un nécessaire, garni d'une élégante coutellerie en or et en nacre. De leur côté, les princesses firent plusieurs emplettes; elles demandèrent même qu'on leur envoyât la liste des fabricans, et le lendemain, Mme. la duchesse de Berry retourna au Bazar, pour y faire de nouveaux achats.

Les gardes nationaux de la ville de Reims faisaient le service autour de l'enceinte. Le roi leur adressa plusieurs fois la parole. Au moment où il venait de dire des choses flatteuses à un fabricant, un de ces gardes lui présente vivement les armes, comme pour le remercier. Sa Majesté pénétra l'intention, et dit : « Est-ce que vous êtes aussi fabricant, monsieur le garde national ? — Oui, Sire, et je m'en fais honneur. — Tant mieux, reprit le roi, vous avez bien raison. » Un autre s'avance, présentant aussi les armes, et dit : « Sire, je vous demande, au nom de tous mes camarades, à monter demain la garde auprès de votre personne. — Je vous remercie, répond le roi, et je vous prie de remercier de ma part tous vos camarades; mais je ne puis accepter votre offre; je pars demain de très-bonne heure, et je ne veux pas vous réveiller si matin. »

Ainsi se dévoilait, par une foule de propos obligeans et affectueux, l'âme aimante de Charles x. Il était cinq heures. La visite du Bazar était terminée. Le roi, en sortant de l'enceinte, passa en revue toute la garde nationale de Reims, rangée en bataille sur la Promenade, puis il regagna son palais. Malgré les exigences et les distractions du moment, Sa Majesté a régulièrement travaillé avec ses ministres, comme au palais des Tuileries, où elle a cru en effet se retrouver, ainsi qu'elle l'a exprimé avec tant de grâce [1].

L'hospitalité cordiale des Rémois envers les étrangers s'explique par le bonheur qu'ils éprouvent; heureux, ils veulent que tout soit heureux dans leur ville.

---

[1] *Voir* page 98.

Partout l'abondance et l'ordre; partout les précautions d'une autorité vigilante, pour prévenir la licence sans gêner la liberté; partout les démonstrations les plus généreuses de la munificence publique et privée. M. le préfet du département a tous les jours dans son hôtel une table de cent couverts. Trois tables, de cent cinquante couverts chacune, sont préparées à l'hôtel-de-ville, pour toutes les personnes de distinction que l'auguste cérémonie appelle à Reims, et, indépendamment de ces repas municipaux, M. le maire a, en quelque sorte, table ouverte chez lui. De splendides banquets sont offerts aux ambassadeurs, aux grands-dignitaires et grands-officiers, aux maréchaux de France, aux pairs, aux députés, aux officiers de la Maison du roi, des princes et des princesses, aux maires des bonnes villes, aux présidens des chambres de commerce, aux présidens et secrétaires des académies, aux colonels des gardes nationales. Dans ces réunions, des toasts sont portés au roi et à la famille royale, ou échangés entre les autorités de la ville et leurs hôtes. Un de ces hôtes, M. le vicomte de la Rochefoucault, colonel de la garde nationale parisienne[1], prié par les convives de porter,

---

[1] On a vu, page 61, que la garde nationale à cheval de Paris faisait partie du cortége d'entrée.

au nom de tous, un toast à la ville de Reims, l'a fait en ces termes :

« MM. les maires des bonnes villes du royaume et MM. les colonels des gardes nationales me font l'honneur de me choisir pour porter en leur nom une santé à la ville de Reims. Je sens vivement, Messieurs, tout le prix d'une telle mission. Honneur donc aux habitans de cette cité fidèle! Nous pourrons rivaliser de zèle avec eux; mais il ne nous sera jamais possible de les surpasser dans les témoignages d'amour et de dévouement qu'ils viennent de donner au meilleur des rois. »

Pendant les fêtes du sacre, Reims présentait une physionomie originale. Comme les distances n'y sont pas assez grandes pour qu'on soit généralement obligé de faire les courses en voiture, c'était un spectacle assez curieux de voir tous les rangs de la société pêle-mêle au milieu des rues, le brillant uniforme de cour à côté du simple habit bourgeois, les grands avec la multitude. Jamais fête n'eut un air plus national. Ce mélange de toutes les classes, unies d'intention, confondues de fait, pour une réjouissance commune, réalisait complétement ce qu'avait annoncé le Festin royal[1], la grande famille française.

Deux vaudevilles composés pour la circonstance,

[1] *Voir* page 290.

l'*Heureux jour* ou *une Halte militaire*, par M. de Saint-Hilaire, et *Louis* XII ou *le Sacre d'un bon roi*, par M. Alissan de Chazet, ont été joués sur le théâtre de Reims. Les nombreuses allusions ont été avidement saisies. Le public a fait répéter plusieurs couplets qui ont été applaudis avec enthousiasme [1]. Un bal brillant a été donné par le ministre de la guerre, dans la maison de M. Ruinart de Brimont, qui avait permis de faire toutes les dispositions locales nécessaires pour une réunion de ce genre.

Chaque soir, du 28 au 31, la ville fut illuminée. Le 31, jour de la visite au Bazar, la Promenade le fut également. Toutes les allées étaient dessinées par des ifs et des guirlandes de feu. Des orchestres de danse avaient été disposés dans la magnifique allée qui conduit à la patte-d'oie, et pour que la triste idée du besoin ne vînt pas se mêler à l'allégresse générale, des distributions de secours avaient été faites au domicile du pauvre. Dans la

---

[1] De ce nombre est celui-ci, où M. de Chazet n'est qu'historien :

> De rendre la grandeur aimable
> Il a le secret enchanteur ;
> Humain, doux, accessible, affable,
> Il n'est fier que dans le malheur.
> A-t-on du sort éprouvé le caprice,
> On est certain d'être son protégé ;
> Et si quelqu'un lui demande un service,
> C'est lui qui dit : « Bien obligé ! »

soirée, le roi, les princes et les princesses allèrent voir les illuminations de la Promenade, et parcoururent les rues de la ville, au milieu des acclamations. SA MAJESTÉ, le sourire sur les lèvres, saluait avec une bonté infinie toutes les personnes qui s'approchaient d'elle. Une jeune fille lui présenta une pétition avec timidité. *Donnez, mon enfant,* lui dit le roi, *je suis venu la chercher.*

Le mot est charmant, mais il ne l'est pas plus que celui-ci à M. le marquis de Rivière : *A propos, j'ai oublié de te dire que je t'ai fait duc.* Ne croirait-on pas entendre Henri IV parlant à Crillon ? Aussi tout le monde trouvait autant de justesse que d'à-propos dans l'expression d'un soldat du camp, à qui SA MAJESTÉ avait donné de sa main la croix de la Légion-d'honneur, ornée, comme on sait, de l'effigie du bon Henri : « Le roi, disait ce militaire, m'a donné son portrait. »

CHAPITRE XVII.

Départ du roi et de sa famille. Événement de Fismes. Arrivée à Compiègne, puis à Paris.

Le 1er juin, à huit heures du matin, le roi, accompagné de M. le Dauphin et de Mme. la Dauphine, s'est rendu à la cathédrale, où il a été reçu par M. l'archevêque de Reims; il y a entendu la messe; il a examiné de nouveau avec beaucoup d'intérêt cette basilique, et il a dit à M. de Latil que quoique le public et les bougies n'y fussent plus, la décoration ne lui en paraissait pas moins d'un très-bel effet.

A neuf heures, SA MAJESTÉ est montée dans une voiture à six chevaux avec M. le Dauphin. De la plateforme du palais archiépiscopal, Mme. la Dauphine faisait ses adieux au roi et à son auguste époux.

A la sortie de la ville, SA MAJESTÉ a reçu de nouveau les hommages du corps municipal, ayant M. le maire à sa tête. Elle a répondu « qu'elle était touchée des sentimens d'attachement à sa personne qu'avaient manifestés les habitans de Reims, et qu'elle n'oublierait jamais l'accueil que lui et sa famille avaient reçu dans la ville du sacre. » La garde nationale rémoise, rangée sur deux lignes à la grille de la porte de Vesle, a escorté le roi jusqu'au premier relais, où SA MAJESTÉ est montée dans sa voiture de voyage. Elle a fait remettre à M. Ruinart de Brimont, une tabatière enrichie de son chiffre en brillans, comme témoignage de sa satisfaction, en lui donnant de plus le titre de vicomte. Elle avait accordé la croix de la Légion-d'honneur à plusieurs magistrats et fonctionnaires publics de Reims.

J'ai parlé d'un accident grave qui avait empêché M. le comte Curial [1] et M. le duc de Damas [2] d'assister à la cérémonie. Je n'en ai pas dit plus à cet égard, afin de ne pas ouvrir par de pénibles détails le récit d'un voyage de fête, et pour ne pas attrister le lecteur dès les premières pages, quand, à l'exception de cet accident imprévu, je n'avais à lui offrir que des tableaux enchanteurs. J'y reviens pour ne pas laisser cette histoire incomplète; l'événement de Fismes n'a pas eu les suites funestes qu'on avait d'abord craintes, et il a mis dans tout son jour la bonté du roi.

Le 28 mai, lorsque SA MAJESTÉ partit de Fismes dans la même voiture que M. le Dauphin, les batteries de la

---

[1] *Voir* page 202.
[2] *Voir* page 297.

garde, placées dans un vallon sur la gauche de la route, ayant fait une décharge pour annoncer le départ, le bruit du canon fut doublé par un écho très-sonore. Les chevaux de la voiture où étaient MM. les ducs d'Aumont et de Damas, MM. les comtes de Cossé et Curial, furent effrayés par ce tonnerre inattendu, et peut-être la pluie qui tombait alors par torrens ajouta-t-elle à leur épouvante. Ils prennent le mors aux dents. Les huit chevaux de la voiture du roi s'effraient à leur tour et s'emportent. « Nous allons verser, dit le roi à son fils, en baissant les glaces de la voiture. » Mon père, répond le Dauphin avec sang-froid, un grand danger nous menace ; mais la Providence veille sur nous. » Le général Vincent, écuyer de service, eut l'heureuse présence d'esprit de crier au postillon : « Toujours le pavé, et ventre à terre. » Le jeune postillon n'est plus maître de retenir les chevaux ; mais il l'est encore de les diriger ; quand il se croit sûr de ne pas s'écarter de la chaussée, intrépide, il stimule encore leur ardeur ; au bout de quelques minutes, les chevaux s'arrêtent essoufflés. Le roi et le Dauphin sont hors de péril.

Cependant l'autre voiture avait été entraînée et précipitée dans un ravin avec les quatre voyageurs. M. le comte Curial et M. le duc de Damas furent grièvement blessés, le premier surtout, qui eut plusieurs côtes endommagées et l'oreille droite coupée par les glaces. M. le comte de Cossé fut blessé, mais il se trouva en état de faire son service à la cérémonie, avec un bandeau noir autour de la tête. M. le duc d'Aumont n'eut que quelques contusions.

MM. de Damas et Curial furent transportés à Fismes; les premiers soins leur furent donnés par M. Mopinot, habile chirurgien de la ville; le roi leur envoya de Reims son premier chirurgien, et son premier médecin ordinaire. On fut bientôt rassuré sur l'état des malades. Mais le roi, pendant son séjour dans la ville du sacre, voulut avoir de leurs nouvelles tous les jours, et en repassant par Fismes, son premier soin fut de les visiter.

Sa Majesté s'arrêta d'abord auprès de M. le comte Curial; elle avait envoyé d'avance M. Dupuytren pour lever le premier appareil; elle alla ensuite chez M. le duc de Damas. Ces messieurs avaient été beaucoup moins sensibles à leurs maux personnels qu'au danger que le roi et le Dauphin avaient couru. Le roi passa deux heures auprès de ses serviteurs alités, les interrogeant avec le plus tendre intérêt sur leurs souffrances, sur leur traitement, s'entretenant des précautions qu'ils avaient à prendre, rassurant, consolant leurs épouses, faisant oublier aux uns leurs douleurs, aux autres leurs inquiétudes, pour tout convertir en reconnaissance. Sa Majesté fut touchée d'apprendre que les habitans de Fismes avaient renoncé à la danse champêtre du dimanche, à cause du malheur de la veille; et les blessés, attendris par ce trait d'une générosité toute française, promirent aux Fismois de leur donner, ou plutôt, de leur rendre un bal.

Sa Majesté, arrivée à Soissons, descendit à l'église et y entendit un *Te Deum*. Elle se rendit ensuite à pied à l'évêché, où elle reçut les autorités de la ville et un grand nombre de dames. Mme. Rigaud, sœur du général Valin, lui ayant été présentée, le roi eut la bonté de lui dire qu'il n'avait point oublié que c'étaient la bravoure et la fidélité de son frère qui avaient ouvert au Dauphin le chemin de Madrid.

En quittant Compiègne pour se rendre à Reims, sensible à l'empressement et aux regrets de la population, Charles x avait dit : « Puisque les bons habitans de Compiègne ont tant de plaisir à me voir, à mon retour, je traverserai la ville avant de rentrer au château. » Plusieurs dames qui se trouvaient près de la voiture, dirent au roi : « Sire, daignez rentrer par le Cours, afin qu'un plus grand nombre de personnes puissent vous voir, et vous voir plus à leur aise et plus long-temps. — C'est bien, reprit le roi avec un accent plein d'affabilité, je rentrerai par le Cours. » Sa Majesté tint parole. Un arc de triomphe avait été dressé à l'extrémité de la promenade, du côté du château, et décoré avec les produits des manufactures départementales. Tout le peuple de la ville et des campagnes, à quatre ou cinq lieues à la ronde, s'était porté sur le passage du roi ; l'air retentit des acclamations de plus de vingt mille âmes.

L'arrivée de Mme. la duchesse de Berry à Compiègne avait précédé de deux heures celle de Sa Majesté. La princesse avait comblé les vœux des départemens qu'elle avait parcourus. En se rendant à Reims, à son passage par Châlons, elle avait visité l'école royale des arts et métiers, applaudi aux travaux, encouragé les études, et laissé des marques de sa bienfaisance entre les mains du maire. A Bar, un sentiment pieux l'avait portée à se rendre à l'église de Saint-Pierre, où repose la dépouille mortelle de ses parens, les princes de Lorraine et de Bar. Elle avait voulu aussi, malgré le mauvais temps, voir les manufactures du pays. La filature du colonel Jacqueminot, mue par une pompe à feu, la filature hydraulique de M. Henri, celle de M. Herbillon, dans la vallée de Jean-d'Heure, la forge de Pont-sur-Saulx, dans la même vallée, attirèrent successivement son attention. Partout les chefs de ces établissemens obtinrent des témoignages de sa satisfaction; partout les ouvriers en reçurent de sa munificence. Le propriétaire de cette dernière usine, M. Roussel, avait eu l'heureuse idée de faire couler en fonte, devant la princesse, le portrait de Son Altesse Royale. Madame, contemplant avec surprise cet hommage gracieux d'une industrie sévère, fit ses remercîmens de la manière la plus flatteuse. M. Roussel lui ayant dit : « Vous avez la bonté d'encourager l'industrie et de protéger le commerce, en visitant nos ateliers; mère de l'enfant auguste et chéri qui doit un jour régner sur la France, Votre Altesse Royale l'est aussi de tous les Français. » Madame répondit : « Je suis heureuse d'être la mère d'aussi braves gens. »

Mme. la Dauphine a passé à Reims toute la journée du 1er juin; elle a parcouru toute la ville, et visité plusieurs établissemens industriels. A l'exposition, les *circassiennes* avaient fixé ses regards; elle en a voulu voir la fabrication, et a daigné en recevoir une pièce, que MM. Assy-Guérin et Givelet ont eu l'honneur de lui offrir pour le duc de Bordeaux. De là, elle s'est rendue à la filature de laines cardées et peignées, établie dans les plus vastes proportions par MM. Sellière et Legrand. La belle manufacture de tissus-cachemires de MM. Jobert, Lucas et Ternaux fils, a été ensuite honorée de la présence de Son Altesse Royale, qui a été frappée de la beauté comme de la variété des produits. Après avoir vu avec une curiosité éclairée la magnifique bibliothèque de la ville, elle a adressé au savant conservateur, M. Siret, les éloges les mieux mérités. La princesse est entrée dans l'église de Saint-Maurice, à l'hôpital général, au collége; elle s'est fait conduire au Calvaire, et pour terminer son utile promenade par un acte de bienfaisance, elle s'est rendue à une réunion de la société de charité maternelle, dirigée par Mme. Ruinart de Brimont, présidente de l'association.

Le lendemain matin, Son Altesse Royale voulut encore voir la cathédrale. Elle visita le tombeau de Jovin. En passant sous les charpentes qui servent d'appui aux tribunes et aux amphithéâtres, elle en examina l'appareil. A la vue de ces échafauds plus élevés que la plupart des maisons de Paris, et calculés, non-seulement pour supporter le poids, mais encore pour soutenir les chocs et les mouvemens irréguliers de plus de six mille personnes, elle exprima sa surprise et réitéra le témoignage de sa satisfaction; Son Altesse Royale voulut bien dire aux architectes que la partie de leurs travaux qu'on ne voyait pas l'étonnait autant que celle qu'on voyait.

Le même jour, Mme. la Dauphine se mit en route

pour Châlons. Avant son départ pour la ville du sacre, elle avait bien voulu promettre à M. de Jessaint qu'à son retour, elle passerait par le chef-lieu du département de la Marne. A l'audience où elle reçut les autorités, elle dit « qu'elle se souviendrait toujours des marques d'intérêt que les habitans de Châlons lui avaient données, ainsi qu'à sa famille, dans une circonstance malheureuse. » Cette expression de la reconnaissance royale pour une ville qui avait compâti à d'augustes infortunes, toucha tous les spectateurs. La princesse visita l'école des arts et métiers, encore émue des souvenirs que Madame y avait laissés peu de jours auparavant. La libéralité charitable de Son Altesse Royale n'oublia pas les pauvres.

Le 3 juin, Mme. la Dauphine était arrivée de bonne heure à Montmirail; elle avait bien voulu accepter un déjeuner chez M. le duc de Doudeauville, dans cet antique et noble asile, où les rois brillans de gloire reçurent une magnifique hospitalité, où les rois malheureux conservèrent des amis fidèles. La princesse partit de Montmirail à midi et demi, et arriva à Compiègne dans la soirée.

Jamais voyage de souverain ne fut marqué par plus de traits de bienfaisance. On peut dire à la lettre que la marche de la famille royale n'a été qu'une suite de bienfaits. Parmi ces bienfaits, quelques-uns deviennent plus saillans par l'intérêt qui s'attache aux noms des personnes. Deux descendantes du frère de Jeanne d'Arc, le chevalier du Lys, habitantes de l'arrondissement de Commercy, où elles vivaient dans une situation génée, ont reçu chacune, sur la proposition de M. le ministre de la Maison du roi, une pension annuelle de 300 francs.

D'un autre côté, jamais voyage de souverain ne fut plus populaire. Dans cette fête nationale, Charles x a été constamment mêlé avec son peuple. Les manufactures et le commerce ont été l'objet spécial de sa sollicitude. On se souvient que l'industrie manufacturière, de son côté, avait ouvert la fête, en pavoisant la grande route, depuis Tinqueux jusqu'à Reims. Pour achever son itinéraire dans le même esprit, le 6 juin, jour de son entrée à Paris, SA MAJESTÉ, accompagnée de M. le Dauphin, descendit à la Villette chez MM. Charles Lefebvre et Cousin, négocians en vins, où la voiture du sacre l'attendait. Le même jour, Mme. la Dauphine et Mme. la duchesse de Berry s'y rendirent des Tuileries. Elles ont fait le plus gracieux accueil à Mme. Cousin, dont les enfans ont présenté des fleurs à LL. AA. RR. Les princesses ont reçu les fleurs avec une gracieuse affabilité, en rendant heureux les enfans par les plus aimables caresses.

CHAPITRE XVIII.

Résumé. Parallèle sommaire des sacres de Louis XVI et de Charles X. Coup d'œil sur l'état actuel des arts dans l'école française.

LE sacre a eu lieu. Nos libertés reposent maintenant sous la sauve-garde du *Serment du royaume*, et, en effet, toutes les garanties publiques sont comprises dans la promesse d'*observer fidèlement la Charte constitutionnelle* [1]. On a vu avec quelle franchise Charles X a fait cette promesse devant Dieu et devant les hommes. Il a dit aux magistrats civils qu'*il prierait le ciel de doubler ses forces pour assurer le bonheur de son peuple* [2]; il a dit au clergé, que *ce qu'il ferait pour la religion, il le ferait pour le bonheur de son peuple* [3]; il a dit aux ambassadeurs étrangers qu'*il espérait que la cérémonie de son sacre profiterait au bonheur de son peuple* [4]. Ainsi, dans cette sainte et auguste cérémonie, le bonheur du peuple français n'a cessé d'occuper le monarque, et le mot a

---

[1] *Voir* page 224.
[2] *Voir* page 70.
[3] *Voir* page 279.
[4] *Voir* page 292.

été constamment sur ses lèvres, parce que la pensée est toujours au fond de son cœur; c'est un sentiment dont ce cœur royal est plein, qui a besoin de s'épancher, et Sa Majesté n'a exprimé qu'un regret; c'est que *sa voix ne fût pas assez forte pour être entendue de toute la France*[1]. Bon, loyal, généreux, Charles x a mis au jour toute sa grande âme, et la France qui ne croyait pas pouvoir aimer davantage un souverain dont le premier acte a été de lui rendre la plus précieuse de ses libertés, la France a pourtant senti redoubler son amour.

Le nouveau rituel fera époque dans la monarchie constitutionnelle; les prières, les allocutions, toutes les formules de la nouvelle liturgie honorent le caractère et les sentimens de M. l'archevêque de Reims. Elles montrent toujours la religion investie de cette autorité qui, suivant l'institution primitive du sacre, pose une limite céleste à la puissance terrestre des rois[2]. Mais elles n'expriment plus, elles ne laissent pas même percer l'intention d'empiéter sur cette puissance : elles respectent toutes les libertés publiques; elles respirent le désintéressement ecclésiastique et la tolérance religieuse; en un mot, elles sont l'ouvrage d'un prêtre sage, d'un

---

[1] *Voir* page 69.
[2] *Voir* le chapitre Ier.

prélat gallican, d'un bon français. M. le cardinal de Latil ne mérite pas seulement nos éloges; il a des droits à notre reconnaissance.

Les formes extérieures du sacre se sont beaucoup perfectionnées; cependant quelques améliorations dans le cérémonial sont encore nécessaires. Ce n'est pas d'après moi que je les ai indiquées. Historien véridique, j'ai rapporté les impressions dont j'avais été témoin. Les idées d'un peuple éprouvent de grandes variations dans le cours d'un demi-siècle, surtout quand ce période a vu tout remettre en question, soumettre tout à l'examen, dans l'ordre moral comme dans l'ordre social.

Les frais de la cérémonie ne sont plus imposés à la ville de Reims ni à son archevêque; ils ne deviennent plus l'occasion de rixes et de procès entre les bourgeois et le prélat; il n'y a plus d'échevins en prison ou en otage pour payer la dépense de la cour, et l'indigence n'est plus exposée à ces charités humiliantes qui dégradent l'homme encore plus que la misère. Le sacre lui-même n'est plus un spectacle réservé à une classe privilégiée. C'est une solennité qui intéresse tout un peuple; c'est une fête dont ce peuple paie la dépense généreusement et avec plaisir, parce qu'il y trouve une nouvelle caution de ses libertés. De là ce caractère grand et auguste imprimé à la cérémonie, ce développement d'activité sur toute la surface d'un royaume, cette restauration de plusieurs grands monumens, cette pompe des arts français et de l'industrie nationale, glorieusement étalée aux yeux des étrangers.

Le sang-froid avec lequel tous les travaux ont été conduits, un résultat prodigieux obtenu à temps et sans parcimonie comme sans gaspillage, la convenance parfaite de chaque chose avec son objet et avec l'esprit du siècle, mille détails d'une exécution minutieuse, où rien n'a été omis, rien négligé, signalent une administration sage et prévoyante. Tout ressortait du ministère de la Maison du roi, confié à M. le duc de Doudeauville. Le succès d'ensemble fait honneur au ministre ; il atteste sa haute impulsion et sa haute surveillance.

Il faut louer MM. les gentilshommes de la Chambre pour les soins qu'ils ont donnés aux objets désignés sous la dénomination de *cadeaux du roi*, et qui comprennent l'orfèvrerie, la joaillerie des présens, les bronzes, les dentelles, les costumes des dignitaires et du clergé, et les médailles[1]. Un résultat très-satisfaisant a couronné leurs efforts. C'est surtout à M. le duc d'Aumont, premier gentilhomme de service, que s'adressent ces

[1] *Voir* pages 82, 83, 193, 194, 201 et 263.

éloges; les morceaux dont il a dirigé l'exécution seront beaux dans tous les temps¹.

Ces nobles efforts ont été bien secondés par ceux des chefs des différens services. Que ne puis-je les faire valoir tous? Mais dans la précipitation avec laquelle j'écris, ma crainte est d'avoir oublié beaucoup de choses, en parlant d'une fête où rien n'a été oublié.

Toutes les dispositions relatives au magnifique cortége d'entrée, en y comprenant la voiture, étaient dans les attributions de M. le duc de Polignac, premier écuyer; tout ce qui concerne le riche ameublement de l'archevêché, dans celles de M. le baron de Ville-d'Avray, intendant du Garde-Meuble. Ces deux brillantes parties ont obtenu d'unanimes suffrages.

Ce qui tient à la décoration proprement dite, regar-

---

¹ Une distinction est pourtant nécessaire par rapport aux médailles. Un journal grave et qui a de l'autorité dans l'Europe, où il circule, ayant avancé que la grande médaille était peut-être la plus belle qui eût été frappée en France, je dois protester contre ce jugement. L'école française peut se glorifier d'un grand nombre de médailles qui valent mieux que celle-ci. La gravure de la pièce est faite avec adresse et facilité; il y a de la main, beaucoup de main, et c'est en ce sens que j'ai loué l'artiste (page 263, *note*). Mais le type manque de caractère et de sévérité. Cependant un monument numismatique est une véritable sculpture; la composition doit même en être plus sévère, plus précise; car l'art numismatique est à l'art statuaire ce qu'est le style lapidaire au style proprement dit.

dait M. le baron de la Ferté, directeur des fêtes et cérémonies de la cour. Beaucoup d'activité, l'esprit d'ordre et d'économie au plus haut degré, dix années d'expérience, la faculté précieuse de ne rien laisser échapper, soit dans les choses d'ensemble, soit dans celles de détail, par l'habitude de passer continuellement des unes aux autres; tels sont les titres qui recommandent cet administrateur. Ces qualités ont puissamment concouru à la réussite.

Mais si, dans une fête où les beaux-arts après la religion jouent le rôle principal, le succès ne laisse vraiment rien à désirer, la plus grande part en doit revenir au chef spécial du département des beaux-arts, qui, par sa position élevée, a pu embrasser à la fois les diverses parties d'un aussi vaste tout. Placé depuis peu à la tête de ce brillant domaine, M. le vicomte de la Rochefoucault a eu l'excellent esprit de maintenir une administration éprouvée et d'accorder sa confiance à des artistes qui l'avaient justifiée d'avance; mais il a communiqué à tout sa direction et son activité; il a voulu tout voir par ses yeux; il ne s'en est rapporté qu'à lui seul. Par des voyages réitérés à l'atelier central de Reims, par de nombreuses visites dans les ateliers partiels de Paris, il a soutenu la persévérance des ouvriers, excité leur émulation, intéressé leur amour-propre; il a su leur parler leur langue : les élémens du succès ont été mis en commun par mille mains industrieuses et zélées; M. de la Rochefoucault a créé un résultat.

Observateur impartial et ami désintéressé des arts, je me laisse aller au plaisir de publier le bien qu'on leur fait. Le début de M. de la Rochefoucault dans sa noble magistrature a été l'acquisition d'un cabinet célèbre, qui seul formerait un musée[1]; il a depuis sauvé d'une ruine imminente la basilique de Saint-Remi, monument précieux par sa destination, par son architecture et par ses souvenirs[2]. Ce sont deux signalés services que M. de la Rochefoucault a rendus aux arts, et dont ils sont reconnaissans.

Ici sans doute son haut rang dans la société a utilement secondé son zèle. Une grande existence sociale, une grande fortune, un grand nom, l'accès libre auprès du souverain, tels sont les avantages personnels que le chef des beaux-arts doit réunir; et comme son affection doit être égale pour tous, en même temps que ses encouragemens doivent se proportionner à l'importance relative de chaque genre, c'est presque toujours un avantage de plus que le chef des beaux-arts n'en

---

[1] Le cabinet de M. Durand.
[2] *Voir* le chapitre XVI.

pratique aucun, et qu'il n'y tienne que par son amour. Qu'il soit, s'il m'est permis d'employer ce mot qui, déjà exclu de nos institutions, finira par l'être de la langue, qu'il soit assez grand seigneur pour n'avoir pas besoin de le paraître, de sorte que l'artiste timide puisse l'aborder sans embarras, que l'amateur animé par le seul amour du bien s'approche de lui sans crainte, que le mérite sans protecteur en trouve un en lui, et qu'il soit ainsi l'unique intermédiaire entre le trône et le talent. Alors disparaîtront, au profit de l'un et de l'autre, toutes ces puissances du second ordre, officiellement échelonnées sur la route du génie. Pour que l'homme de génie conserve sa vigueur et son ressort, il faut qu'il ne se fasse pas courtisan, ou qu'il ne soit pas réduit à le devenir malgré lui, et, pour cela, qu'il ne rencontre pas, chemin faisant, cette multitude de cours subalternes, aujourd'hui si malheureusement inévitables; il vous rendra en nobles pensées, en généreux sentimens, ce que vous lui aurez épargné en complaisances et en courbettes.

Les rapprochemens que cet écrit contient entre le sacre de Louis XVI et celui de Charles X ne sont que des aperçus; la nature et l'étendue de l'ouvrage n'en comportaient pas d'autres; mais ils suffisent pour rendre sensible l'immense progrès des arts, non pas pendant plusieurs générations successives, mais dans le cours d'une seule génération, et quand le sceptre est passé aux mains, non d'un petit-fils, mais d'un frère. A la première époque, une décoration mesquine, sans style et sans caractère, toutes les convenances politiques, religieuses et artielles méconnues ou blessées; à la seconde époque, toutes ces convenances senties, respectées, un appareil du style le plus noble et le plus grand, obtenu par mille prodiges d'exécution. Il est certain qu'on n'eût jamais fait il y a cinquante ans ce qu'on vient de faire, ou, en supposant qu'on l'eût fait, il eût fallu trois fois plus de temps, trois fois plus de dépense, et jamais les finances d'alors n'eussent pu y subvenir.

Pendant ce période, il y eut un intervalle où le talent fut affranchi d'entraves. Un grand mouvement fut imprimé à l'esprit humain par une révolution terrible, mais énergique, qui, semblable à un volcan, a ravivé tout ce qu'elle n'a pas englouti. De là cet essor de jeunesse, cette force de virilité, qui a fait grandir les arts comme la nation, et porté la peinture, de l'étroit lambris d'un boudoir, à l'immense coupole de Sainte-Geneviève, c'est-à-dire, du lieu où elle se prostituait, au lieu où elle remplit sa sublime destination. De là cette Charte constitutionnelle qui rend Charles x si puissant; qui fait que la France peut le doter aussi richement qu'il le veut, en trésors, en soldats, en chefs-d'œuvre, et lui procurer au besoin les moyens de bâtir un temple égal à Saint-Pierre de Rome, sans qu'il en coûte un sacrifice à la raison des peuples.

Le sacre nous promet encore plusieurs belles choses. M. Gérard est occupé à peindre en grand cette solennité. M. Ingres doit coopérer aux dessins dont s'ornera la relation officielle, heureusement enrichie d'un talent si précieux. Il y aura entre cet ouvrage et ceux qui furent faits pour les sacres de Louis xv et de Louis xvi, la même distance qu'entre les cérémonies mêmes, distance qui ne se mesure point par les intervalles de temps, mais par la progression des lumières. Voyez nos campagnes fertilisées, toutes les mers couvertes de notre commerce, la nature physique subjuguée par notre industrie, nos lois et nos libertés servant de modèles à tout l'univers ; voilà ce qu'a fait un demi-siècle. Ajoutez que les chefs-d'œuvre de la Grèce et de l'Italie, pompeusement exposés dans nos musées, et reproduits chez nous par des compositions d'une sévérité antique, avaient commencé à former en France un public pour les arts.

Ainsi, au rebours de l'adage ancien, nous valons mieux que nos pères. Voulons-nous que nos enfans vaillent encore mieux que nous, et surtout qu'ils nous surpassent dans la plus noble carrière? laissons à l'artiste toute son indépendance, et comme il ne peut fortifier son talent que dans la solitude, faisons en sorte qu'à l'exemple du Poussin, il préfère sa retraite studieuse aux séductions d'un monde dissipateur. Le plus sûr moyen d'indépendance est sans doute le désintéressement. Inspirons donc cette vertu aux maîtres de l'art; qu'ils se rendent plus sévères dans le choix et l'admission de leurs élèves; qu'on ne voie plus un appât mercenaire peupler leurs ateliers de mille vocations malheureuses, médiocrité en herbe, qui ne donnera jamais que des fruits de sa nature. Redoutons l'amour de la domination dans les nourrissons des muses. Du moment où l'influence des places vient se mêler à celle du talent, on aime mieux des créatures dociles que des artistes capables, on veut une clientelle plutôt qu'une école, on préfère des complaisances à des chefs-d'œuvres. Les arts doivent être un pays libre; le rôle de l'autorité y est à peu près passif; faites peu, laissez beaucoup faire, et bornez-vous à diriger par une action imperceptible; mais ayez soin que les institutions ne contredisent pas les principes et ne portent point atteinte à la liberté. Prenez bien garde aussi à ces corporations érigées en aréopages des arts, où le talent est à la merci des ambitions de coterie, où le savoir peut avoir pour juge l'ignorance, et dont les arrêts, toujours inutiles au génie, le garottent souvent dans les liens de Lilliput. Avec une commission de beaux-arts dans la Grèce, à coup sûr, le Parthénon et sa Minerve seraient encore dans les cartons des bureaux d'Athènes.

FIN.

TABLE

DES

CHAPITRES CONTENUS DANS CE VOLUME.

                              Pages.

CHAPITRE Ier. Origine du sacre; ses effets.   1

II. Prérogative de Reims pour le sacre des rois. Utilité de cette prérogative. Convenances locales de la ville. Coup d'œil sur l'origine des sacres.   12

III. Voyage du roi. Préparatifs faits sur la route. Fismes, Tinqueux. Description de la voiture du sacre.   45

IV. Entrée du roi à Reims; son arrivée à la cathédrale. Premières vêpres. Présens faits par SA MAJESTÉ à l'église métropolitaine. Arrivée du roi au palais de l'archevêché. Prisonniers mis en liberté.   66

V. Description du palais de l'archevêché. Réception des autorités ecclésiastiques, civiles et militaires.   90

VI. De l'architecture d'église en général. Description de la cathédrale de Reims; peinture de la voûte.   100

VII. Disposition générale de l'église. Emplacement du trône, premier élément de la distribution. Tribunes, gradins, amphithéâtre.   138

VIII. Décoration de l'église. Portraits des rois et

Pages.

des prélats. Statues des bonnes villes. Trophées militaires. 155

CHAPITRE IX. Effet de la décoration. Revue des rois de France. Parallèle historique entre cette décoration et celle de la coupole de Sainte-Geneviève. 174

X. Arrivée du public invité au sacre. Coup d'œil de l'église métropolitaine. Marche du roi, s'y rendant pour la cérémonie. 190

XI. De la sainte ampoule. 204

XII. Sacre du roi. Sermens. Tradition des insignes militaires. Consécration. Tradition des insignes royaux. Couronnement. Intronisation. Description du trône. Messe du sacre. 221

XIII. Retour du roi à l'archevêché. Description de la couronne. Réception du clergé. Festin royal. 272

XIV. Réception du corps diplomatique. Cérémonie de l'ordre du Saint-Esprit. 291

XV. Cavalcade. Visite à l'hôpital de Saint-Marcoul. Station au tombeau de saint Remi. Restauration de l'église de Saint-Remi. . 308

XVI. Camp de Saint-Léonard. Revue du roi. Promenade dans la ville. Visite au Bazar. . . 322

XVII. Départ du roi et de sa famille. Événement de Fismes. Arrivée à Compiègne, puis à Paris. 341

XVIII. Résumé. Parallèle sommaire des sacres de Louis XVI et de Charles X. Coup d'œil sur l'état actuel des arts dans l'école française. 351

FIN DE LA TABLE.

Deux Travées de l'Église du Sacre de Louis XVI — Deux Travées de l'Église du Sacre de Charles X

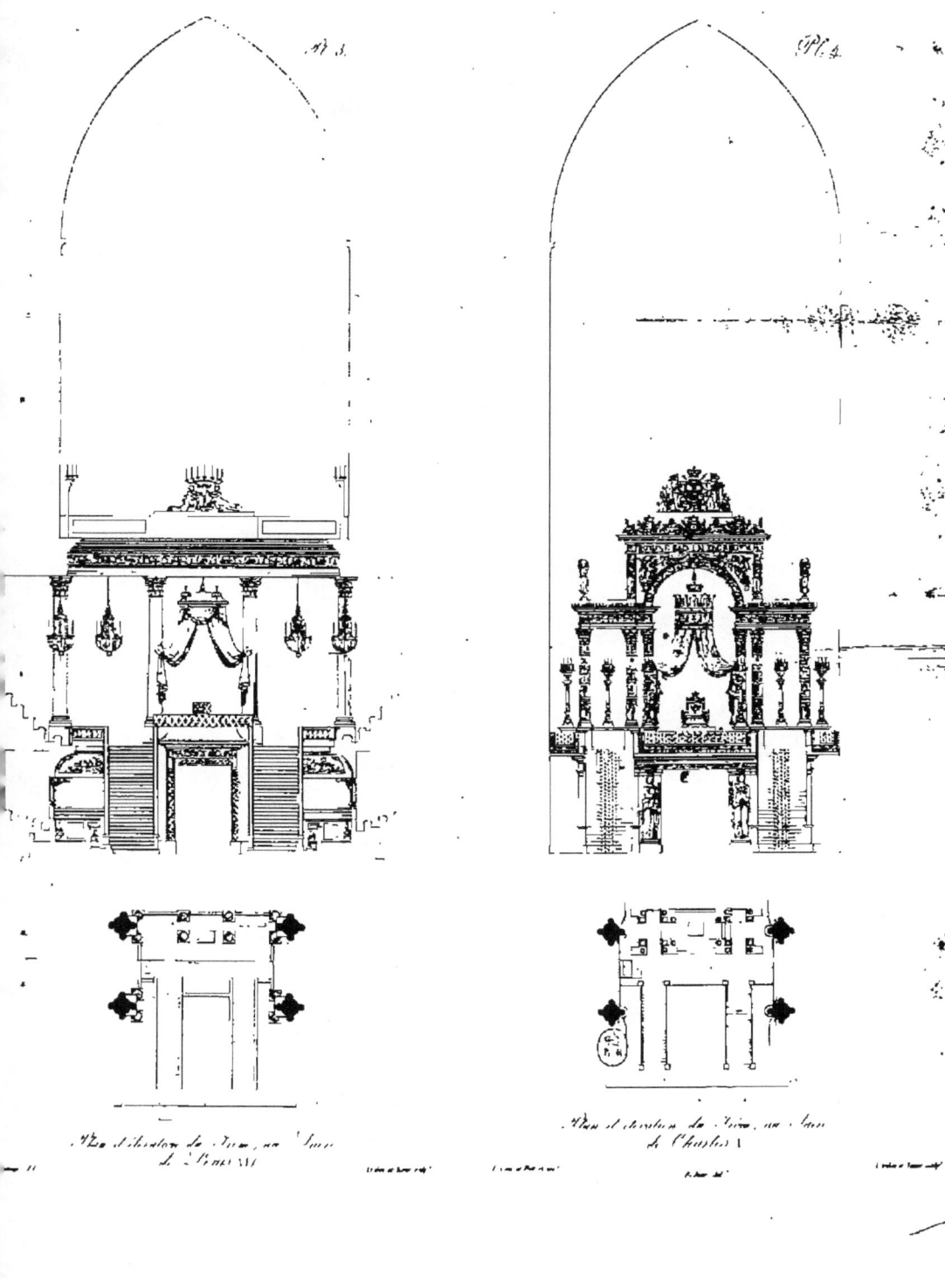

www.ingramcontent.com/pod-product-compliance
Lightning Source LLC
Chambersburg PA
CBHW060615170426
43201CB00009B/1024